Dave Andrews

Der Jesus-Dschihad

Über den Autor

Dave Andrews hat vierzig Jahre seines Lebens in Lebensgemeinschaften mit Angehörigen von Randgruppen in Australien, Afghanistan, Pakistan und Indien verbracht. Er ist Sozialarbeiter und Friedensaktivist, Lehrer an einer Hochschule, Redner und Autor mehrerer Bücher. Gemeinsam mit seiner Frau und seinen beiden Töchtern lebt er in Australien.

Dave Andrews

DER JESUS DSCHIHAD

Der gewaltfreie Weg aus dem Konflikt zwischen Islam und Christentum

Aus dem Englischen von
Florian Hönisch & Kai S. Scheunemann

GerthMedien

STIMMEN ZUM BUCH

„Kritik am Anderen beginnt mit Selbstkritik. Dieser Grundsatz gilt im Islam ebenso wie im Christentum, wird aber nur von wenigen beherzigt. Andrews ist einer der wenigen. Dadurch gelingt es ihm, Perspektiven für eine gerechte Gesellschaft aufzuzeigen. Nach Vorbild des Propheten Jesus zeigt er einen Weg für Muslime und Christen auf, wie sie gemeinsam gewaltfrei für eine gerechte Welt kämpfen können."

Dr. Mohammed Khallouk, 2. Vorsitzender des Zentralrats der Muslime in Deutschland

„Ich kenne kein anderes Buch – wissenschaftlich oder populär – das drei Aspekte derart wirkungsvoll auf den Punkt bringt: 1) Die dunkle Seite des Christentums und des Islam wird erzählt 2) das positive Potenzial für Frieden im Christentum und Islam wird herausgearbeitet, und 3) die Lehren des christlichen Erlösers Jesus und muslimischen Propheten Isa werden aufzeigt, die in der heutigen Welt einen bedeutenden Unterschied bewirken können. Ich wünschte, wir könnten jedem jungen Christen und Muslim dieser Welt ein Exemplar dieses Buches schenken – und auch deren Eltern und Großeltern."

Brian McLaren – prominenter christlicher Pastor, Aktivist und Autor von Why did Jesus, Moses, the Buddha and Mohammed Cross the Road, USA.

„Dave Andrews ist bekannt für seine positive Arbeit mit beiden Glaubensgemeinschaften (Muslimen und Christen). Sein Anliegen erwächst aus dem Erbarmen, auf das sich der Koran bezieht, wenn er verkündet: ‚Nach diesen (Botschaftern) sandten wir Jesus, den Sohn von Maria: Wir gaben ihm das Evangelium und legten Erbarmen und Gnade in die Herzen seiner Nachfolger' (57;27). Ich habe keinerlei Zweifel, dass wir durch einen gemeinsamen, respektvollen Dialog Brücken des Verständnisses bauen können. Daves Ansatz wird uns mit Sicherheit helfen, diesem edlen Ziel näherzukommen."

Dr. Mohamad Abdalla – Dozent an der Griffith University, Direktor der Griffith Islamic Research Unit (GIRU) und Direktor des National Centre of Excellence for Islamic Studies (NCEIS), Queensland, Australien

„Dave Andrews fordert uns mit Der Jesus-Dschihad prophetisch heraus. Er deckt das Unterdrückungspotenzial von Religion auf, die in zunehmend zerstörerischen Kreisläufen religiöser und ethnischer Gewalt gefangen ist und diese Konflikte weiter anheizt. Die radikale Herausforderung der gewaltlosen Revolution Jesu, verkörpert in seinem Leben, Tod und seiner Auferstehung, ruft uns neu heraus und weist uns einen Weg in die Zukunft."

Rev. Justin Duckworth – Anglikanischer Bischof von Wellington, Neuseeland.

„Ich habe das Buch am Stück durchgelesen, ich konnte es nicht weglegen. Und auch mein Sohn, der gerade die Schule beendet hat, las das ganze Buch (in Englisch). Es hat ihn fasziniert und inspiriert."

Christian Schneider, Autor von „Himmel und Straßenstaub", Schweiz

„Dieses Buch ist sehr herausfordernd. Als Mitglied einer weltweiten christlichen Solidargemeinschaft, die sich für Christen einsetzt, die gewöhnlich von einer muslimischen Gruppierung verfolgt wird, konnte ich mein Herz nur schwer für die Botschaft dieses Buches öffnen. Ich habe es gelesen, nachgedacht, mit anderen darüber diskutiert und denke immer noch darüber nach. Dieses Buch ist meiner Ansicht nach ein wahrer Edelstein und hat viele meiner falschen Annahmen nachhaltig verändert, die ich über unseren Glauben hatte. Es zeigt auf, wie wir – Muslime und Christen – unsere Heiligen Bücher zur Rechtfertigung von Macht und Geiz so häufig falsch gelesen haben. Und es zeigt eine Alternative auf, wie wir den wahren Dschihad, den Jesus-Dschihad, verfolgen können: den Weg der Selbstaufopferung, Geduld, Güte und Nicht-Aggression, um in dieser Welt konstruktive Veränderungen herbeizuführen."

Dr. John Herbert – Der Graf von Powis, Mitglied der Christian Solidarity Worldwide, Chirbury, Wales, Großbritannien.

„Dies ist ein großartiges und notwendiges Buch. Würden Christen und Muslime gemeinsam mehr um gegenseitiges Verständnis und wirklichen Frieden ringen, könnte der ‚Krieg gegen den Terror' tatsächlich gewonnen werden. Daves Buch ist eines der wenigen Bücher, das seine Lösung direkt an der problematischen Wurzel der bitteren Frucht von Terrorismus und Gegen-Terrorismus formuliert. Die Möglichkeiten zu wahrem Frieden sind im Christentum, wie auch im Islam gegeben: in dem gewaltfreien Kampf für Gerechtigkeit des Messias oder Masih – für die Christen bekannt als Jesus und für die Muslime als Isa.

Dr. Paul Tyson – Dozent für theologische und religiöse Studien an der University of Nottingham, Großbritannien und Autor von Returning to Reality.

INHALT

VORWORT

Ich schreibe dieses Buch nicht als Experte. Der bin ich nicht.

Ich schreibe dieses Buch nicht als Spezialist. Der bin ich auch nicht.

Ich schreibe dieses Buch als einfacher Christ, der im Gespräch mit muslimischen Freunden einen Weg zu finden versucht, wie wir für Liebe und Gerechtigkeit einstehen können – beides zentrale Werte unser beider Traditionen.

Ich schreibe dieses Buch für Christen, die sich Sorgen darüber machen, wie Jesus von bekannten militant missionierenden Pastoren wie Mark Driscoll (falsch) dargestellt wird.

Ich schreibe dieses Buch für Muslime, die sich Sorgen darüber machen, wie der Dschihad von bekannten militant extremistischen Predigern wie Abubakar Shekau (falsch) dargestellt wird.

Ich schreibe dieses Buch aber auch für Menschen, die sich keiner der beiden Religionen zugehörig fühlen, doch mit Schrecken beobachten, dass Christen und Muslime einander im Namen Gottes abschlachten.

Für viele Menschen sind Dschihad und Jesus zwei absolute Gegensätze, die einander ausschließen. Man muss sich für das eine oder das andere entscheiden und kann nicht beides haben. Muslime entscheiden sich heute eher für den Dschihad und Christen eher für Jesus.

Aber ich behaupte, man kann – wenn man ein richtiges Verständnis von beidem hat – das eine nicht ohne das andere haben.

Obwohl Muslime und/oder Christen dies für Gotteslästerung halten mögen, würde ich behaupten, dass man dem Dschihad nicht ohne Jesus nachgehen, aber auch Jesus nicht ohne den Dschihad wahrhaft nachfolgen kann.

Reza Aslan schreibt in seinem Buch *Zealot*, es bestehe kein Zweifel daran, dass Jesus nicht einfach nur ein frommer, geistlicher Lehrer war, sondern tatsächlich ein radikaler, messianischer Aktivist. Muslime wie Christen glauben, dass Jesus der *Masih* war, der Messias. Aslan geht darauf ein, wie Jesu radikaler, messianischer Aktivismus in den historischen Kontext seiner Zeit einzuordnen war und was sein radikaler, messianischer Aktivismus vor dem Hintergrund von Gewalt und Gegengewalt in unserer heutigen Zeit bedeuten kann. Wenn Reza Aslan – wie manche behaupten – recht hat, könnte Jesus ein Modell für den gewalttätigen Dschihad sein.

Wenn jedoch, wie ich behaupten würde, der ägyptische Dichter Ahmed Shawqi recht hat, wäre Jesus ein Modell für den gewaltlosen Dschihad:

Güte, Tugend und Demut wurden an dem Tag geboren, an dem Jesus zur Welt kam. Er brauchte weder Drohungen, Tyrannei, Rache noch Schwert, Überfälle oder Blutvergießen, um zu seinem neuen Glauben einzuladen.[1]

Und *Der Jesus-Dschihad* beschreibt genau das: den heiligen, gewaltfreien Kampf für Gerechtigkeit.

Dave Andrews
Brisbane, 2015

Was können Christen von Muslimen lernen, und Muslime von Christen?

Interview zur deutschen Ausgabe mit Dr. Mohammed Khallouk (Zentralrat der Muslime in Deutschland) und Ekkehart Vetter (Deutsche Evangelische Allianz). Das Interview führte Kai Sutrisno Scheunemann.

Herr Vetter, wie erging es Ihnen, als Sie das erste Kapitel des Buches „Der Jesus-Dschihad" gelesen haben: die schreckliche Unheilsgeschichte der christlichen Heiligen Kriege und Kreuzzüge der letzten 2000 Jahre?

Vetter: Keine Frage, das ist in weiten Teilen ein widerliches Szenario unglaublicher Grausamkeiten. Und wir reden ja nicht nur über Gemetzel, die 1000 Jahre und mehr zurückliegen, sondern in vielen Teilen der Welt waren und sind „Christen" bis in die jüngste Vergangenheit und Gegenwart in brutalste Verbrechen verwickelt. Der Holocaust in Deutschland und Europa und der Genozid in Ruanda sind furchtbare Beispiele. Und Schuld haben nicht nur die auf sich geladen, an deren Fingern Blut klebt, sondern ebenso diejenigen, die geschwiegen, verharmlost oder wider besseres Wissen nicht widerstanden haben. Menschen, die sich Christen nannten und zu Kirchen gehörten, haben im Laufe der letzten zwei Jahrtausende unfassbare Schuld auf sich geladen.

Herr Dr. Khallouk, im Vergleich zu den sogenannten „Heiligen Kriegen" der Christen haben die Muslime sehr viel weniger Menschenleben als Opfer ihrer sogenannten „Heiligen Kriege" auf dem Gewissen. Und dennoch berufen sich gerade heute immer mehr Muslime auf den Koran und ziehen in den Dschihad. Haben diese Leute alle den Koran missverstanden?

Khallouk: *Ich glaube nicht, dass sie generell den Koran missverstanden haben, denn es existieren in der Tat einige Verse, in denen die Aufforderung zum Dschihad gleichbedeutend mit einem gewaltsamen Widerstand gegen Feinde bzw. Unterdrücker der Muslime verbunden wird. Wenngleich Dschihad wörtlich übersetzt „Anstrengung" bedeutet, geschieht eine Form dieser Anstrengung tatsächlich auch als „Kampf" für Bedingungen zur ordnungsgemäßen Praktizierung der Religion. Dies ist jedoch immer in einem bestimmten Kontext zu verstehen und bedeutet keinesfalls grundsätzlich die Anwendung von Gewalt. Grundlose Gewalt und besonders das willkürliche Auslöschen von Menschenleben ist den Muslimen vielmehr untersagt – unabhängig davon, ob es sich bei den Betreffenden um Muslime handelt oder nicht. So heißt es in Sure 5,32:* „(…) Wenn jemand einen Menschen tötet (…), so ist es, als hätte er die ganze Menschheit getötet; und wenn jemand einem Menschen das Leben erhält, so ist es, als hätte er der ganzen Menschheit das Leben erhalten."

Aber hat nicht der Prophet Mohamed selbst zum Schwert gegriffen?

Khallouk: *Ja, er ist mit seinen Getreuen in den Krieg gegen die Quraisch von Mekka gezogen, nach dessen siegreichen Ende der Übertritt der meisten Mekkaner zum Islam stand. Begonnen hatte diesen Krieg jedoch die andere Seite. In der Bekehrung der Quraisch lag zudem nicht das Hauptkriegsziel, sondern zum einen, die Unterdrückung* *und Ungerechtigkeit ihrer Herrschaft zu beseitigen, und zum anderen, denjenigen, die bereits Muslime waren, in ihrer Heimat ein menschenwürdiges, ihrer Religion gemäßes Leben zu ermöglichen.*

Wenn heutzutage zum „Heiligen Krieg" aufgerufen wird, werden diese einzelnen, auf kriegerische Auseinandersetzungen bezogenen Textpassagen aus Koran und Sunna meistens aus ihrem Kontext herausgerissen und als Rechtfertigung für politisch motivierte Gewalt, Unterdrückung divergenter Weltanschauungen oder Zwangsbekehrungen instrumentalisiert. Ich würde deshalb weniger von „Missverständnissen" als mehr von „instrumentellen Umdeutungen" sprechen.

Der Autor beschreibt zu Recht, dass sowohl Christen als auch Muslime diese Gräueltaten nicht leugnen, aber alles tun, um sie als „zeit-, kultur- oder kontextgebunden" herunterzuspielen. Die „Leben-oder-Tod-Frage", die Dave Andrews stellt, ist: Sind diese Gräueltaten, die im Namen des Christentums oder des Islam begangen wurden, im Wesen des Christentums oder des Islam verankert, oder nicht? Sind die muslimischen Gräueltaten im Wesen des Islam verankert, Herr Vetter?

Vetter: Zum ersten Teil Ihrer Frage: Ich kann wahrlich nicht für alle Christen sprechen, erlebe aber eigentlich nicht die in Ihrer Frage unterstellten intensiven Bemühungen, diese Gräueltaten „herunterzuspielen". Sicher rede ich aus deutscher und europäischer Perspektive, die möglicherweise nicht alle wesentlichen Äußerungen der globalen Christenheit wahrnimmt, aber ich teile die von Ihnen beschriebene Intention in Bezug auf Christen heute so nicht mehr.

Und bei den Muslimen?

Vetter: Ich nehme auch hier wahr, dass es in den aktuellen Ausprägungen nicht *den* Islam, sondern offensichtlich verschiedene Richtungen verbunden mit großen Unterschieden gibt. Ich sehe die radikale Seite des Islam, wo Menschen im Namen Allahs unglaubliche Gräueltaten vollbringen, und ich erlebe muslimische Menschen in meinem Freundeskreis, für die diese Brutalitäten nichts, aber auch gar nichts mit dem Islam zu tun haben. Ähnliches höre ich von vielen muslimischen Experten aus unserem Kulturkreis. Ich bin kein Experte in islamischer Theologie. Aber ich möchte insbesondere die, die als islamische Politiker, islamische Theologen und sonstige Muslime öffentlichen Einfluss haben und die Friedfertigkeit des Islam betonen, bitten: Widersprechen Sie laut und deutlich jeder Form von Gewalt im Namen islamischer Religion!

***Khallouk**: Aber Imame und Gelehrte aus aller Welt haben die Propaganda des sogenannten „Islamischen Staates" bereits zu einer Zeit als „unislamisch" verurteilt, wo die westliche Politik ihre hemmungslose Gewalt noch zu ignorieren schien.*

Vetter: Ich weiß, dass viele dies tun, aber ich hätte es gern flächendeckender, deutlicher, nachhaltiger und gezielter an die Adresse muslimischer politischer Entscheidungsträger. Sorgen Sie dafür, dass in Moscheen in Deutschland zum Frieden und zur Religionsfreiheit aufgerufen wird. Setzen Sie sich laut und deutlich für praktizierte Religionsfreiheit gerade in Ländern mit muslimischer Mehrheit ein! Religionsfreiheit beinhaltet das Recht, seine Religion öffentlich zu bekennen, auszuüben, zu verbreiten und zu wechseln. Mir ist dies so wichtig, weil Religionsfreiheit der Lackmustest eines friedlichen Miteinanders von Religionen ist. Diese Freiheit entspringt unmittelbar aus der Würde des Menschen, die ihre Grundlage in der Erschaffung aller Menschen als Ebenbild Gottes hat. Treten Sie dafür ein, dass Christen ihren Glauben öffentlich leben, Kirchen bauen und publizieren dürfen, sei es im Iran, in Saudi-Arabien, in der Türkei, im Sudan oder wo auch immer in der muslimischen Welt! Treten Sie dafür ein, dass Menschen frei und ohne Androhung von Repressalien ihre Religion wechseln dürfen! Sie müssen dies nicht gut finden, weil jeder von uns wünscht, dass Menschen im eigenen Glauben bleiben! Aber treten Sie dafür ein, dass jeder Muslim das Recht hat, Christ zu werden, ohne familiäre Ausgrenzung und gesellschaftliche Ächtung zu erleben oder gar um Leib und Leben fürchten zu müssen! Umgekehrt gilt dies natürlich genauso!

Setzen Sie sich lautstark nicht nur für das Existenzrecht, sondern auch für den Frieden mit Israel ein! Sie dürfen natürlich israelische Politik kritisieren, aber sorgen Sie dafür, dass T-Shirts und Schulbücher mit Landkarten verschwinden, auf denen der Staat Israel nicht existiert! Diese kann man an jeder Ecke in Jerusalem im arabischen Basar erwerben.

Khallouk: *Wichtiger als Worte und Symbolgesten wäre, dass die Menschen vor Ort, also Muslime wie Christen wie auch Juden im Nahen Osten wie anderenorts, sich gemeinsam in die Öffentlichkeit begeben, um zu demonstrieren: „Diese Völker- und Menschenrechtsverletzer repräsentieren weder unsere Religionen noch unser bestehendes Miteinander!" Diese Aufforderung richtet sich an die Muslime auch aus eigenem Interesse, denn die insgesamt größte Gruppe der aktuellen weltweiten Opfer politischer Unterdrückung wie auch religiös gerechtfertigter Gewalt sind Muslime. Die zahlreichen öffentlichen Verurteilungen der IS-Gräueltaten durch Islamgelehrte beweisen allerdings, dass die muslimische Stimme für Menschlichkeit nicht verstummt ist. Sie findet nur in den westlichen Medien weniger Resonanz als zum Beispiel ein Ägyptenbesuch des Papstes.*

Sind die christlichen Gräueltaten im Wesen des Christentums verankert?

***Khallouk**: Da ich mich zwar nicht als Experte für das Christentum bezeichnen würde, jedoch in meinem Leben hier in Deutschland schon häufig mit Christen und Christentum konfrontiert war, würde ich sagen, diese Gräueltaten sind nicht im Wesen des Christentums verankert. Es bestehen in der Bibel, die im Islam ja auch als eine Heilige Schrift gewürdigt ist, Passagen, die sich für Gewalt gegen Andersdenkende instrumentalisieren lassen. Dave Andrews verweist beispielsweise auf Jesu Aussage im Matthäusevangelium:* „Denkt nicht, ich sei gekommen, um Frieden auf die Erde zu bringen. Ich bin nicht gekommen, um Frieden zu bringen, sondern das Schwert!" *(Matthäus 10,34).*

Als Muslim würde ich den Text jedoch eher derart verstehen, wie ihn Andrews interpretiert hat, dass sich Jesus nicht mit einem ungerechten Status quo zufriedengegeben hat. Diesem Vorbild entsprechend sollte ein Christ sich auch permanent für Gerechtigkeit einsetzen. Die Anmaßung vieler Christen – wie leider auch vieler Muslime – immer genau zu wissen, wie die absolute Gerechtigkeit aussieht und zu glauben, den anderen mit allen Mitteln zur Änderung seines Verhaltens nach den eigenen Maßstäben zu drängen, lässt sich aus diesem Text jedenfalls nicht herauslesen.

Wenngleich ich derartige von „Christen" ausgeübte Gewalt, wie von Andrews für die Historie beschrieben, bislang nicht habe erfahren müssen, stelle ich fest, dass auch gegenwärtig von einigen Christen Muslime als „das bedrohliche Andere" konstruiert und mit Verweis auf eine „christliche Leitkultur" hier lebende Muslime zu einem „Norm"-gemäßen Verhalten zu drängen versucht werden. Jene Christen unterscheiden sich nur in der Auswirkung, nicht aber im intoleranten Geist von den Kreuzzugspredigern des Mittelalters und ebenso wenig von radikalen Islamgelehrten, die zum „Heiligen Krieg" aufrufen. Die Kenntnis zahlreicher unvoreingenommener Christen bewahrt mich jedoch davor, jene Intoleranz auf das Christentum als Religion zurückzuführen.

Vetter: Auf „christlicher Seite“ muss man sich dringend die Frage stellen, wen man alles als „Christen“ bezeichnet. Einerseits ist das nicht meine Kompetenz, denn ich kann nicht in das Herz von Menschen schauen. Andererseits sind Menschen als „Christen“ unterwegs, denen Jesus laut eigener Aussage egal ist, die weder die Bibel kennen noch sie für ein geistlich bedeutsames Buch halten, die mit dem Heiligen Geist absolut nichts anzufangen wissen usw. Von wem reden wir, wenn wir von „Christen“ reden?

Khallouk: *Andrews stellt in seinem Buch sehr anschaulich heraus, dass nicht die Aussage der Religionen selbst, sondern eine in uns Menschen – Muslime wie Christen wie Andersgläubige – innewohnende Tendenz zur Identitätssuche in der Abgrenzung immer wieder dazu führt, religiöse Texte, in denen Gewalt in bestimmtem Kontext gerechtfertigt erscheint, als Legitimation zu nehmen, die eigene Kollektividentität durch Gewalt gegen ein konstruiertes „Anderes“ zu verteidigen.*

Der Theologe Robert Brinsmead meint: „Eine ‚in sich geschlossene Weltsicht‘ von Religion zieht Demarkationslinien mitten durch die menschliche Rasse. Die erwählten Menschen unterscheiden sich von den nicht erwählten, die Insider von den Outsidern, die Reinen von den Unreinen, die Gläubigen von den Ungläubigen, die Erleuchteten von den Nicht-Erleuchteten. Menschen innerhalb jeder dieser Abgrenzungen können nicht nachhaltig miteinander kommunizieren. Was für die eine Gruppe die richtige Lehre ist, ist für die andere eine Gotteslästerung und umgekehrt. Jede Religion schafft ihre eigene Elite, die sich über den Rest der Menschheit erhebt, weil sie glaubt im Besitz der Wahrheit zu sein. Eine solche Überheblichkeit bringt Entfremdung

und am Ende Feindschaft hervor. Es gibt unzählige Beispiele grober Missachtung der Menschlichkeit als unweigerliche Folge einer derartigen Hingabe an die Religion.“ Ist das die Krux mit den konservativen Christen und Muslimen?

Khallouk: *Ich würde das nicht auf die Religion verengen. „Geschlossene Weltsichten“ existieren auch bei areligiösen oder sogar dezidiert antireligiösen Weltanschauungen – ob es sich dabei um Rassismus, Stalinismus oder explizit orthodoxen Antitheismus handelt. Der Begriff „konservativ“ hat in Bezug auf Religion in unserer westlichen Gesellschaft häufig einen abwertenden Klang. Dabei können sogenannte „liberale Muslime und Christen“ genauso intolerant sein, wenn sie allein zu wissen glauben, was die zeitgemäße, „liberale“ Religionsauslegung ist, und alles andere als „reaktionär“ abstempeln.*

Ein konservatives, religiös begründetes Wertegerüst bei Akzeptanz von Verschiedenheiten kann stattdessen eine Basis für eine Humanität inmitten unseres von Nützlichkeitserwägungen bestimmten Zeitalters darstellen. Insofern könnte der „große Dschihad“, verstanden als gewaltloser Kampf für Gerechtigkeit, gerade in der heutigen Zeit einen Beitrag zum Miteinander leisten und von konservativen wie liberalen Muslimen wie Christen gemeinsam geführt werden. Aktuell möchte ich daran erinnern, dass eine wichtige Opposition gegen Islam- und Fremdenfeindlichkeit in Deutschland von den christlichen Kirchen ausgeht.

Herr Vetter, meine Eltern – sie waren Missionare in Indonesien – haben mich davor gewarnt, das Buch „Der Jesus-Dschihad“ zu nennen. Jesus und Dschihad, das ist wie Feuer und Wasser. Das passt einfach nicht zusammen.

Vetter: Apropos Indonesien: Meine Kirche hat dort seit Jahrzehnten eine Partnerkirche. Ich selbst habe Indonesien besucht und je nachdem, welchen Landesteil man ins Auge fasst, von weitgehend friedlichem Zusammenleben von Christen und Muslimen bis hin zu schärfster Unterdrückung der christlichen Minderheit alles wahrgenommen.

Von Jesus weiß ich, dass er seine Nachfolger aufgefordert hat, zu segnen, statt zu fluchen, die Feinde zu lieben, nicht Böses mit Bösem zu vergelten, radikal zu vergeben und von Herzen sanftmütig zu sein. Es mag ja unterschiedliche Definitionen von Dschihad geben, aber das öffentliche Bild wird halt auch durch gewalttätige Organisationen geprägt, die den Namen Dschihad, z. B. Islamischer Dschihad, tragen. Meine Meinung: Den Namen und die Lehre Jesu mit Dschihad in Verbindung zu bringen, da muss man schon sehr viel erklären – und hoffen, dass es keine Missverständnisse gibt, wenn Menschen nur den Buchtitel wahrnehmen.

Was genau ist der Dschihad? Was unterscheidet den kleinen vom großen Dschihad? Und wann genau ist im Islam der Gebrauch von Gewalt erlaubt – oder sogar geboten?

***Khallouk**: Wie bereits erwähnt, heißt Dschihad „Anstrengung". Der „große Dschihad" ist dementsprechend die Anstrengung für ein individuelles gottgefälliges Leben. Der „kleine Dschihad" ist jedoch die Anstrengung für gesellschaftliche Bedingungen, in denen ein Leben den religiösen Geboten gemäß möglich ist. Für Letzteres kann unter Umständen auch der Einsatz von Gewalt legitim sein.*

Der Islam kennt jedoch für den mit kriegerischen Mitteln durchgeführten Dschihad klare Einschränkungen. Er ist in erster Linie als Verteidigungskampf gedacht, und zwar vor allem dort, wo ein Gegner bestrebt ist, Muslimen die freie Praktizierung ihrer Religion zu verhindern, zumindest aber elementare Menschenrechte nicht gewährleistet. Gewalt ist nur so lange erlaubt, solange die andere Seite auch Gewalt anwendet. So heißt es beispielsweise in Sure 8,61: „Sind sie jedoch zum Frieden geneigt, so sei auch du ihm geneigt und vertraue auf Allah. Wahrlich, Er ist der Allhörende, der Allwissende."

Ebenso ist den Muslimen nicht mehr Gewalt zugebilligt, als zur Erreichung des angestrebten Ziels notwendig ist, d. h. zum Beispiel eine Ermordung von Kriegsgefangenen, die bereits entwaffnet sind, kann sich nicht berechtigterweise auf den Dschihad berufen. Es bestehen außerdem noch weitere Einschränkungen für Gewalt im Dschihad wie beispielsweise das Verbot, an heiligen Stätten oder religiösen Feiertagen zu kämpfen, sofern der Gegner sich ebenfalls an dieses Prinzip hält. Fast alle neuzeitlich von politischen wie religiösen Führern propagierten „Dschihads" sind mit dem Dschihadverständnis von Koran und Sunna daher nicht vereinbar. Nicht zuletzt vor diesem Hintergrund geht die schärfste intellektuelle Opposition dagegen auch von Islamgelehrten aus.

Herr Vetter, woran liegt es, dass – besonders in konservativen christlichen Kreisen – das Misstrauen gegenüber dem Islam so groß ist? Für viele ist der Islam nur böse.

Vetter: Ich glaube, dass sich hier etwas wandelt. In meinem Umfeld begegnen mir solche Leute kaum noch. Ich will zunächst sehr persönlich antworten: Unser direktes Nachbarhaus hat seit einigen Jahren einen türkischen Besitzer. Der ist sehr nett. Ich hoffe, dass er das auch von mir sagt. Wir verstehen uns gut. In meinem Stadtteil leben Menschen aus ca. 90 Nationen. Mein Friseur ist ebenfalls Türke. Ich gehe gern zu ihm. In meiner lokalen freikirchlichen Gemeinde haben wir viel Kontakt zu Flüchtlingen. Wir geben Sprachunterricht, laden in ein internationales Café ein, eine ganze Reihe besucht den Gottesdienst. Einige wenige gehören zu traditionellen orientalischen christlichen Konfessionen, die meisten aber sind Muslime. Einige sind Christen geworden, andere bisher nicht. Weil wir zahlreiche neue iranische Freunde gewonnen haben, sind meine Frau und ich 2016 drei Wochen in den Iran gereist. Wir waren zu zweit auf eigene Faust unterwegs, haben viel Kontakt zu Iranern gehabt bis dahin, dass wir einige Nächte privat bei einer uns bis dahin unbekannten Familie übernachtet haben. Wir sind schon viel in der Welt herumgekommen, haben aber kaum so gastfreundliche Menschen wie im Iran erlebt. Wir haben zahlreiche Gespräche über den Glauben geführt, die sich fast selbstverständlich immer dann ergaben, wenn ich nach meinem Beruf gefragt wurde. Diese und andere Geschichten erzähle ich, wenn Leute mir mit Pauschalverurteilungen begegnen.

Und trotzdem sind die Ressentiments den Moslems gegenüber groß.
Vetter: Daher lade ich Christen ein, Kontakt zu Muslimen zu suchen, sie wertzuschätzen wie jeden anderen Mitbürger auch und ihnen als Repräsentant eines liebenden Gottes zu begegnen, der alle Menschen nach seinem Bild geschaffen hat. Ich weiß, dass diese sehr persönliche Sicht nicht jedes politische Problem löst. Mir ist klar, dass das Problem des gewalttätigen Islamismus nicht mit netten Geschichten aus der Nachbarschaft gelöst werden kann, aber den „konservativen christlichen Kreisen“ empfehle ich sehr nachdrücklich, Kontakt und Freundschaft zu Muslimen zu suchen – und sie werden liebenswerte Menschen entdecken, denen es sicher auch guttut, Christen persönlich kennenzulernen.

Sie sind selbst viel in Jordanien und Israel unterwegs und haben auch in Ihrer Gemeinde viel mit Muslimen zu tun. Was können wir Christen vom Islam lernen, Herr Vetter?
Vetter: Hier unterscheide ich die alltägliche Frömmigkeit und die Theologie. Was man in islamischen Ländern beobachten kann, ist

eine wie selbstverständlich öffentlich gelebte Frömmigkeit. Menschen beten auf offener Straße. Glaube ist keine Privatsache, über die man nicht redet. Auch einige der Werte, die ich bei Muslimen beobachte, z. B. Zusammenhalt in der Familie und ausgesprochene Wertschätzung alt gewordener Menschen, beeindrucken mich positiv.

Im Westen steht das Individuum im Zentrum der Weltanschauung. Religion ist nur ein Lebensbereich unter vielen und findet, wenn überhaupt, meist im privaten Raum statt. In islamisch geprägten Ländern hingegen ist die Religion der Mittelpunkt des Lebens. Deshalb ist es meiner Erfahrung nach vergleichsweise einfach, mit Muslimen über den Glauben zu reden, weil der Glaube ihr ganzes Leben umfasst. Muslime sind religiöse Menschen, die hierzulande religiöse Menschen suchen, um mit ihnen ins Gespräch zu kommen. Das beeindruckt mich.

Und von der Religion?

Vetter: Was die Theologie betrifft, ist mir sehr wohl bewusst, dass z. B. Jesus bzw. Isa als Prophet einige Male im Koran erwähnt wird und berichtet wird, wie er Wunder getan hat (Sure 5:110). Allerdings wird die Mitte biblischer Theologie, die Heilsbedeutung des Todes Jesu – er starb für unsere Sünden – und seine Auferweckung zum ewigen Leben, von islamischer Theologie nicht geteilt. Theologisch gesprochen: Soteriologie und Christologie werden ihres Kerns beraubt. Jesus ist im Koran ein guter Muslim, nicht mehr. Ich aber bete zu dem einen Gott, der sich in Jesus als Vater, Sohn und Heiliger Geist offenbart hat.

Ich denke, es hilft uns auch deutliche Unterschiede zwischen Religionen zu benennen, solange das beherzigt wird, was in dem 2011 auch von der Evangelischen Allianz mitunterzeichneten Dokument „Das christliche Zeugnis in einer multireligiösen Welt“ gesagt wird:

Christ(inn)en müssen aufrichtig und respektvoll reden; sie müssen zuhören, um den Glauben und die Glaubenspraxis anderer kennenzulernen und zu verstehen, und sie werden dazu ermutigt, das anzuerkennen und wertzuschätzen, was darin gut und wahr ist. Alle Anmerkungen oder kritischen Anfragen sollten in einem Geist des gegenseitigen Respekts erfolgen. Dabei muss sichergestellt werden, dass kein falsches Zeugnis über andere Religionen abgelegt wird. Wenn man respektvoll redet, dann kann man sicher Gemeinsames suchen, aber man kann auch unproblematisch Unterschiede benennen. Dies zu lernen ist m. E. von größerer Bedeutung als Gemeinsamkeiten zu suchen in Religionen, die sich im Kern sehr deutlich unterscheiden.

Was können Muslime vom Christentum lernen, Herr Dr. Khallouk?

***Khallouk**: Vom Christentum als Religionsgemeinschaft nicht so sehr viel, denn das meiste, was das Christentum lehrt, besonders bezogen auf ethisches Verhalten, lehrt der Islam auch. Muslime können sich aber sehr wohl vom gegenwärtigen Christentum inspirieren lassen. So können Islamgelehrte beispielsweise von zeitgenössischen christlichen Theologen und Ethikern im Westen sich abschauen, wie man sich kritisch, aber ohne eigene Machtansprüche in die Politik einmischt und die Religion als Stimulus versteht, in der Gesellschaft als Mahner für die Einhaltung von Menschenrechten aufzutreten, und Unrecht offen als solches benennt, auch wenn es nicht opportun erscheint. Das Beispiel von den Kirchen in Deutschland, die öffentlich gegen Fremdenhass und Islamfeindschaft Stellung beziehen, wäre hier zu nennen. Schließlich sind die Kirchenfunktionäre sich bewusst, dass Islamressentiments auch von zahlreichen ihrer Mitglieder und Kirchensteuerzahler geteilt werden.*

Weiterhin können die Muslime am Christentum in Europa erkennen, wie eine Religion es verstanden hat, ihren eigenen, in der Historie durchaus vorhandenen politischen Herrschaftsanspruch zurückzunehmen. Beide großen Kirchen haben mittlerweile anerkannt, dass gesellschaftspolitische Verantwortung nicht derjenige am besten wahrnimmt, der ein „von Gott übertragenes Amt" besitzt, sondern der für sein Handeln bei den davon Betroffenen auf Zustimmung trifft und sich an humanen Werten orientiert, die nicht zuletzt in der Religion wurzeln.

Um zu dieser Erkenntnis zu gelangen, bedurfte es eines langen Prozesses in der europäischen Kirchengeschichte. Dazu gehörten Reformation, Gegenreformation und leider auch zeitweilige gewalttätige Auseinandersetzungen. Erst auf dem Zweiten Vatikanischen Konzil hat die katholische Kirche offiziell anerkannt, dass Juden wie Muslime mit den Christen die gleiche ethische, auf Abraham zurückgehende Wurzel besitzen. Eine Entschuldigung für Kreuzzüge und andere im Namen des Christentums begangene historische Verbrechen gegen die Menschlichkeit ist bis heute nur in Ansätzen erfolgt. Dessen ungeachtet zählen Vertreter des institutionalisierten Christentums zu den wichtigsten Opponenten gegen nach wie vor bestehende Versuche der Politik in mehrheitlich christlichen Gesellschaften, Juden oder Muslime zur „Gefahr" oder gar zum „Feindbild" heraufzubeschwören.

Und von den Christen?

Khallouk: *Von „den Christen" können sie ebenso wenig lernen wie von „dem Christentum", da es „die Christen" nicht gibt. Sie können aber sehr wohl anhand einer heutzutage verbreiteten Praxis sowohl unter katholischen, protestantischen als auch orthodoxen Christen erkennen, wie in der Öffentlichkeit über theologische, ethische oder politische Fragen debattiert und miteinander gestritten werden kann, ohne* *dem Vertreter der jeweiligen Gegenposition die Zugehörigkeit zur eigenen Religion abzusprechen. Gewalttätige Auseinandersetzungen um die „richtige" Auffassung von biblischen Aussagen finden heutzutage so gut wie überhaupt keine mehr statt.*

Die gesellschaftliche Diesseitsorientierung vieler Christen kann den Muslimen ebenfalls als Vorbild dienen, die ihre religiöse Ethik in Bezug zur gesellschaftlichen Gegenwart zu stellen bereit ist. Erinnert sei daran, dass es im Wesentlichen praktizierende Christen waren, die mit ihrer öffentlichen Thematisierung des staatlichen Unrechts in der damaligen DDR die friedliche Revolution 1989 eingeleitet haben, die ein Jahr später in der deutschen Einheit mündete. Christen sind bereit, aus ihrer Religion selbst in einem repressiven Staatssystem die Courage herauszuziehen, gewaltlos für Menschenrechte und gesellschaftliche Veränderungen einzutreten, wofür ihnen Kirchengemeinden, wie 1989 die Leipziger Thomaskirche, den notwendigen Raum bieten.

Die humane Ethik, die Staatsrechtslehrer wie John Locke vor vierhundert Jahren aus ihrer christlichen Religion herauszogen, haben muslimische Intellektuelle wie Ibn Ruschd (Averoes) oder Al Ghazali teilweise bereits Jahrhunderte vorher islamisch legitimiert formuliert. Muslime besitzen somit in ihrer eigenen Religion, zeitgemäß und human ausgelegt, durchaus ebenso die Basis für eine Gesellschaft, in der dem anderen die gleichen Werte und Rechte zuteilwerden wie dem Eigenen.

Wenn die Muslime sich heutzutage in gleicher Weise gesellschaftspolitisch engagiert zeigen, wäre hiermit eine wichtige Keimzelle für gesellschaftlichen Fortschritt in muslimischer Gesellschaft gelegt. Weltweite Probleme wie Umweltzerstörung, Rüstungswettläufe, Flüchtlingskrisen oder ökonomische Verteilungskämpfe könnten von Muslimen und Nichtmuslimen gemeinsam bewältigt werden und die Lösungskonzepte dafür müssten kaum noch von christlichen oder säkularisierten

Westlern in die muslimische Gesellschaft hineingetragen werden, die ihre Entwicklung stattdessen selbst und aus ihrem eigenen Moralverständnis in die Hand nimmt.

Können sich Muslime und Christen also an der Lebensführung Jesu für einen gemeinsamen Kampf für Gerechtigkeit orientieren, auch wenn sie dogmatisch nicht übereinstimmen?

***Khallouk**: Das können sie durchaus, wenngleich sie heutzutage mit vielen Lebenssituationen konfrontiert sind, mit denen Jesus vor 2000 Jahren wie auch Mohammed vor 1400 Jahren nicht konfrontiert waren. Wichtig ist deshalb, sich nicht am Buchstaben, sondern am Geist und der Ethik dieses „großen Dschihad" zu orientieren und sich hierauf basierend rational zu überlegen, was ein gemeinsamer Kampf für Gerechtigkeit im 21. Jahrhundert beinhaltet.*

Wer als Muslim, als Christ wie auch als Jude seine Religion ernst nimmt und sich an der gemeinsamen Ethik aller drei Religionen orientiert, ist aber auch ohne den spezifischen Bezug auf Jesus in der Lage, mit den Anhängern der beiden anderen Religionen sich gemeinsam für Gerechtigkeit einzusetzen. Sich am „großen Dschihad" auszurichten, bedeutet nicht, krampfhaft zu versuchen, das Leben der Propheten nachzuahmen. Stattdessen gilt es, sich für eine gegenwärtige Gesellschaft einzusetzen, in der Gerechtigkeit möglichst jedem zuteilwird.

Am 13. Oktober 2007, zu Eid al-Fitr al-Mubarak, schrieb eine Reihe muslimischer Führer – Vertreter einer großen Bandbreite muslimischer Gruppen, Organisationen und Denominationen weltweit – einen offenen Brief an die Leiter aller christlichen Kirchen: *„Muslime und Christen stellen gemeinsam weit über die Hälfte der Weltbevölkerung. Ohne Frieden und Gerechtigkeit zwischen diesen beiden religiösen Gemeinschaften kann es keinen*

***wirklichen Frieden in der Welt geben. Die Zukunft unserer Welt hängt am Frieden zwischen Muslimen und Christen. ( ) Im Gehorsam gegenüber dem heiligen Koran laden wir als Muslime daher alle Christen ein, mit uns auf Grundlage unserer Gemeinsamkeiten zusammenzukommen. Diese Gemeinsamkeiten, die zugleich die grundlegende Wahrheit unseres Glaubens und unseres Handelns ist: Die zwei Gebote der Liebe. Im Namen Gottes, des Barmherzigen, des Gnädigen möge Frieden und Segen sein auf dem Propheten Mohammed.*" Herr Vetter, was hindert uns Christen daran, diesen Weg gemeinsam mit den Muslimen zu gehen?**

Vetter: Ich teile den Wunsch nach friedlichem Zusammenleben komplett, aber, ich formuliere es zugespitzt: Als Christ brauche ich keine religiösen Gemeinsamkeiten, um mit Menschen in Frieden zusammenzuleben. In Deutschland leben Millionen von Atheisten und Agnostikern, also Menschen, deren „religiöse" Überzeugung weit weg von meiner ist. Aber natürlich will und soll ich mit ihnen in Frieden leben. Ähnliches gilt für das Zusammenleben von Menschen unterschiedlicher Religionen. Schön, wenn man Gemeinsamkeiten herausfiltert, aber selbst, wenn dies nicht der Fall ist: Christen sind als Nachfolger Jesu der Nächstenliebe verpflichtet. Ich habe kein Recht, Menschen anderer Religionen niederzumachen oder zu missachten, sondern bin aufgefordert, respektvoll mit ihnen umzugehen. Ich zitiere noch einmal die Erklärung „Das christliche Zeugnis in einer multireligiösen Welt": *Christ(inn)en sollten von Respekt und Vertrauen geprägte Beziehungen mit Angehörigen anderer Religionen aufbauen, um gegenseitiges Verständnis, Versöhnung und Zusammenarbeit für das Allgemeinwohl zu fördern.*

Lassen Sie mich deutlich sagen: Ich glaube, uns hilft eine Verharmlosung und Verschleierung der großen Unterschiede zwischen Islam und christlichem Glauben überhaupt nicht. Vielmehr führt beiderseits ein klares Bekenntnis des eigenen Glaubens zum gegenseitigen Verstehen. In diesem Sinne sind Verständnis füreinander und auch Dialog und Mission keineswegs Gegensätze, sondern im freiheitlichen Rechtsstaat möglich und tragen letztlich zum Frieden zwischen den Religionen bei.

Herr Dr. Khallouk, Herr Vetter, vielen Dank für dieses Gespräch!

Dr. Mohammed Khallouk *ist Politologe, Arabist und Islamwissenschaftler. Khallouk wohnt seit 1998 in Marburg und ist 2. Vorsitzender des Zentralrats der Muslime in Deutschland.*
Ekkehart Vetter *ist Autor, evangelischer Theologe und Präses des Mülheimer Verbands Freikirchlich-Evangelischer Gemeinden. Vetter wohnt in Mülheim an der Ruhr und ist Vorsitzender der Deutschen Evangelischen Allianz.*

EINFÜHRUNG

DSCHIHAD

Dschihad ist ein islamischer Begriff, der eine religiöse Pflicht für Muslime beschreibt:

Im Arabischen bedeutet der Begriff „Dschihad" als Nomen übersetzt „Kampf".

Eine Person, die sich im Dschihad *befindet, wird als* Mudschahed *bezeichnet, die Mehrzahl davon sind* Mudschahedin.

Es gibt zwei allgemein anerkannte Bedeutungen des Begriffes „Dschihad": ein inneres geistliches Ringen und ein äußeres physisches (körperliches) Kämpfen.

Der „große Dschihad" *ist das innere Ringen eines Gläubigen um die Erfüllung seiner oder ihrer religiösen Pflichten. Diese gewaltfreie Bedeutung wird von muslimischen wie nicht muslimischen religiösen Autoren unterstrichen.*

Der „kleine Dschihad" *ist der körperliche Kampf gegen Unterdrücker, einschließlich der Feinde des Islam. Dieser Kampf kann gewaltsam oder gewaltfrei geführt werden. Die Befürworter der gewaltsamen Variante (des Kampfes) übersetzen (oder vielmehr interpretieren)* Dschihad *als* „Heiligen Krieg".[1]

Seit den Terrorangriffen vom 11. September hat sich der Begriff „Dschihad" in das Bewusstsein der Menschen auf der ganzen Welt eingegraben.

TEIL I

DER DSCHIHAD DES DADDSCHAL (ANTICHRIST)

Christen glauben, wie Muslime übrigens auch, an die Wiederkunft des Messias Jesus oder *Isa*. Vor dem Kommen des *Masih* wird jedoch *al-Masih ad-daddschal* kommen, der von Christen als der Antichrist bezeichnet wird. *Daddschāl* bedeutet in der arabischen Umgangssprache „Täuscher". *Al-Masih ad-daddschal* mit bestimmtem Artikel bezeichnet „den täuschenden Messias", den Täuscher der Endzeit. Abdullah bin Umar zitiert den Propheten mit den Worten:

Ich erzähle euch etwas über ihn, was noch kein Prophet vor mir gesagt hat: Ihr sollt wissen, dass er einäugig ist. Allah ist nicht einäugig.[1]

Manche bezeichnen das Christentum als solches als den Antichristen.[2] Und als Christ muss ich gestehen, dass vieles von dem, was aus dem Christentum mit seiner „einäugigen" Arroganz und Aggression geworden ist, das genaue Gegenteil von dem darstellt, worum es seinem Gründer, dem entschlossenen, aber sanften Christus, ging. Andere wie Maulana Wahiduddin Khan sprechen davon, dass „der einäugige Daddschāl mitten unter Muslimen geboren und die Sprache des Koran sprechen wird, um ein Täuscher der Muslime zu sein". Maulana Wahiduddin Khan betrachtet den Daddschāl als „ideologischen Teufel (oder *fitna*), der eine aus Hass und Gewalt geborene Bewegung anführen wird – im Namen des Islam"[3].

Vielleicht haben beide recht.

1

DIE SOGENANNTEN CHRISTLICHEN „HEILIGEN KRIEGE"

Ich wurde als Christ in dem Glauben erzogen, dass die Geschichte des Christentums eine Geschichte christus-ähnlicher Spiritualität ist, die durch die Jahrhunderte hindurch wie ein Licht in der Finsternis leuchtete. Auch wenn Dawkins, Hitchens und Harris das Gegenteil behaupteten, bin ich immer noch davon überzeugt: **Es besteht kaum ein Zweifel daran, dass das Christentum als Religion viel Licht in die Dunkelheit dieser Welt gebracht hat**.

Die Würde des Einzelnen basiert auf der jüdisch-christlichen Vorstellung, dass Menschen nach dem Bild Gottes geschaffen wurden; die Idee von der Gleichheit geht auf den christlichen Glauben zurück, dass alle Menschen geliebt und vor Gott gleich sind, unabhängig von ihrer Hautfarbe, sozialen Herkunft, Kaste oder ihren religiösen Überzeugungen.

Und es gab im Laufe der Geschichte immer wieder Christen, die an vorderster Front standen im Kampf für Barmherzigkeit, Freiheit, Gerechtigkeit und Frieden. Menschen wie Telemachus, Nikolaus von Myrna, Patrick von Irland, Aiden von Lindisfarne, Franz von Assisi, Klara von Assisi, Menno Simons, George Fox, John Wesley, William Wilberforce, Charles Finney, Sojourner Truth, Florence Nightingale,

Henri Dunant, Mary MacKillop, Pandita Ramabai, Toyohiko Kagawa, Albert Luthuli, Helder Camara, Oscar Romero, Clarence Jordan, Martin Luther King, Dorothy Day, Desmond Tutu, Jean Vanier und Mutter Teresa.

Aber ich musste erkennen, dass das Christentum auch eine dunkle Seite hat. Seine Geschichte hinterließ nicht nur ein reiches Erbe der Barmherzigkeit, sondern ist auch in tragischer Weise eine endlose Liste an Grausamkeiten. An dieser Stelle will ich mich einmal dieser endlosen Liste an Grausamkeiten zuwenden. Ich werde im Folgenden keinen allzu ausführlichen Bericht präsentieren, um mich hier nicht in Details zu verlieren. Auch auf die Gefahr hin, dass man mir vorwirft, nur ein Zerrbild zu zeichnen, werde ich versuchen, mit einigen kurzen Pinselstrichen einen groben historischen Überblick über das Christentum zu geben, der vor allem unsere dunkle Seite beleuchtet.[1]

Nicht nur Christen tragen sogenannte „Heilige Kriege" aus. Viele Christen, Muslime und Juden haben ihre abrahamitischen Brüder und Schwestern niedergemetzelt und sich darauf berufen, dass in der hebräischen Bibel ja Gewaltanwendung befürwortet wird. Schließlich habe Mose gesagt: „Wenn aber ein Schaden entsteht, so sollst du geben: Leben um Leben, Auge um Auge, Zahn um Zahn, Hand um Hand, Fuß um Fuß" (2. Mose 21,23–24).

Jesus hat seine Ansichten häufig in einer einprägsamen Bildsprache ausgedrückt. Einmal warnte er seine Jünger ganz eindringlich davor, andere Menschen zu verurteilen:

Was siehst du aber den Splitter im Auge deines Bruders, und den Balken in deinem Auge bemerkst du nicht? Oder wie kannst du zu deinem Bruder sagen: Halt, ich will den Splitter aus deinem Auge ziehen! – und siehe, der Balken ist in deinem Auge? Du Heuchler, zieh zuerst den Balken aus deinem Auge, und dann wirst du klar sehen, um den Splitter aus dem Auge deines Bruders zu ziehen! (Matthäus 7,3–5).

Ich werde als Christ also dem Gebot Christi folgen und „den Balken aus meinem eigenen Auge ziehen", bevor ich versuche, den Splitter aus dem Auge meines muslimischen Nachbarn zu entfernen.

Konzile, Bekenntnisse und Zwang: etwa 100–500 n. Chr.

Das Christentum mag vielleicht als gewaltfreie Bewegung begonnen haben, der es um Lebensveränderung und geistliches Wachstum ging. Aber **es dauerte nicht lange, und das Christentum wurde zu einer gnadenlos reaktionären Kraft,** die unermüdlich die persönliche Entscheidungsfreiheit der Menschen einschränkte und alle jene grausam unterdrückte, die eine abweichende Meinung vertraten.

Während der Herrschaft von Kaiser Konstantin wurde das Christentum im Römischen Reich Teil des herrschenden Status quo. Konstantin erkannte, dass sich ihm durch die christliche Religion die Möglichkeit bot, sein zersplittertes Reich zu einen, und die Kirche betrachtete die Zusammenarbeit mit dem Staat als Chance, sich eine privilegierte Stellung zu verschaffen. Damit war der Handel perfekt.

Als Gegenleistung dafür, dass man die Menschen zum Gehorsam gegenüber den Herrschenden aufrief, dass man sie anhielt, ihre Steuern zu zahlen und in der Armee zu dienen, mussten sich Vertreter des Klerus nicht länger säkularen Gerichten unterwerfen[2], Steuern zahlen[3] und selbst in der Armee dienen.[4]

Die Kirche stellte Kaiser Konstantin darüber hinaus für dessen Eroberungszüge das Zeichen des Kreuzes zur Verfügung. Als Dank sicherte er der Kirche auf dem Konzil von Nicäa seine vollkommene Zustimmung zum nicänischen Glaubensbekenntnis zu und drohte jedem Bischof mit dem Bann, der eine andere Meinung vertrat.[5]

Während der anschließenden Herrschaft der Kaiser Theodosios und Flavius Honorius gelang es dem Christentum insgesamt und der katholischen Kirche im Besonderen tatsächlich, zum allgemeinen Maßstab gesellschaftlichen Handelns zu werden.

Kaiser Theodosios verabschiedete 380 n. Chr. folgenden Erlass:

Wir glauben an die eine Gottheit … die Heilige Dreieinigkeit. Wir ordnen an, dass die Menschen, die diesem Gesetz folgen, den Namen Katholische Christen anzunehmen haben. Die anderen aber … welche die Unverschämtheit des gotteslästerlichen Dogmas aufrechterhalten … die wir als rückständig und irrsinnig verurteilen, werden zuerst von göttlicher Rache geschlagen, dann aber auch unsere persönliche Vergeltung zu spüren bekommen, von der wir annehmen, dass sie im Einklang steht mit dem göttlichem Gericht.[6]

Kaiser Flavius Honorius verabschiedete 410 n. Chr. folgendes Dekret:

Mögen sich alle, die im Widerspruch zu den heiligen Gesetzen handeln, bewusst sein, dass ihr Festhalten am häretischen Aberglauben und der Anbetung entlegenster Orakel mit Exil und Blutvergießen bestraft werden kann.[7]

435 wurde ein Gesetz erlassen, das jeden „Häretiker" im Kaiserreich mit dem Tod bedrohte. Das Wort „Häresie" geht auf das griechische Wort *hairesis* zurück und bedeutet „Wahl". Diese Gesetzgebung bedeutete also, dass die Menschen im Kaiserreich von nun an bei der Frage der Religion keine Wahlfreiheit mehr hatten.[8]

Pelagius, ein irischer Mönch von „edlem Charakter“, tauchte zu Beginn des 5. Jahrhunderts in Rom auf und nahm öffentlich Anstoß an dieser „Wahllosigkeit“. Er erklärte, das Konzept einer „Wahlmöglichkeit“ sei die Grundlage von Tugend und Freiheit. Wenn es keinen Raum für eine „Wahl“ gäbe, gäbe es auch keinen Raum für Tugend oder Freiheit. Nach Pelagius war „die Möglichkeit, Gutes zu tun, die Vorhalle der Tugend und die Möglichkeit, Böses zu tun, der Beweis für Freiheit“[9].

Augustinus, Bischof von Hippo, prangerte die Gedanken von Pelagius als Gefahr für Recht und Ordnung an. Er erklärte, der „freie Wille“ könne sehr wohl das Fundament untergraben, auf dem das Kaiserreich errichtet war.

Später vertrat er die Auffassung, dass „der Gebrauch von Gewalt“ notwendig sein könne, all die Menschen „zu zwingen hereinzukommen“, die außerhalb des „wahren“ Glaubens „an Häresie und Spaltung“ beteiligt seien. Weiter sagte er: „Die Menschen (die gezwungen werden) sollten sich nicht dagegen auflehnen, gezwungen zu werden!“[10] Menschen wie Pelagius, die sich dennoch gegen das „Gezwungenwerden“ auflehnten, wurden auf Geheiß von Augustinus exkommuniziert.[11]

Von nun an stand jede öffentliche Debatte über religiöse Themen unter Strafe.[12] Es wurden darüber hinaus über 270 000 Dokumente verbrannt, die Ptolemaios II. Philadelphos gesammelt hatte, sowie 700 000 klassische Schriftrollen, die in der Bibliothek von Alexandria aufbewahrt wurden, und das nur, weil man sie als verdächtig betrachtete.[13]

Kaiser, Päpste und die Macht: etwa 500–1000 n. Chr.

Als das Römische Reich zerfiel und das Heilige Römische Reich daraus hervorging, gewann das Christentum weiter an Macht. Und die Kirche versuchte langsam, aber sicher, die Kontrolle über den Staat zu erlangen.

Der westliche Teil des Römischen Reiches fiel an die christlichen Westgoten[14], und der östliche Teil wurde von der zerstörerischen Beulenpest heimgesucht, die täglich bis zu 10 000 Menschenleben forderte. Man schätzt heute, dass damals 100 Millionen Menschen starben. Die Kirche erklärte diese Plage zu einer „Strafe Gottes", weil sich der Staat ihrer Autorität widersetzt habe.[15] Die Bewohner des westlichen Römischen Reiches und des östlichen Römischen Reiches flohen aus Angst in den Schoß der katholischen Kirche, da diese ihnen Schutz versprach.[16] Auf diese Weise gewann die Kirche immer mehr Kontrolle über den Staat.[17]

Diese Machtfülle gab dem Papst als Stellvertreter Christi die Macht über alle irdischen Obrigkeiten, einschließlich des Kaisers.[18] In einer Zeit, in der die Menschen daran glaubten, dass Könige und Kaiser von Gott eingesetzt wurden, war die Bestätigung ihrer Macht durch den Papst also von höchster Bedeutung. So konnte der Papst Herrscher nach Belieben ein- und absetzen.[19]

Dies zeigte sich am deutlichsten an der feierlichen Krönung von Karl dem Großen, den der Papst im Jahre 800 mit großem Prunk zum uneingeschränkten Kaiser des Heiligen Römischen Reiches krönte.

Phillip Schaff erläutert die Macht der Päpste:

Prinzen absetzen, Untertanen der Treuepflicht entbinden, das bewusste Anzetteln einer Rebellion … die Vergabe von Kronen … Armeen segnen … mithilfe von Drohungen Tribut erpressen, Abtrünnige mit unbefristetem Gefängnisaufenthalt bestrafen oder sie den Behörden ausliefern, in dem Wissen, dass ihnen dort die Todesstrafe drohte – dies waren die päpstlichen Vorrechte.[20]

Wo jemand Macht hat, schlägt er auch immer Profit daraus, und die Kirche blühte aufgrund dieser Privilegien auf.

Die Kirche machte Geschäfte mit dem Verkauf von Wahlrechten bei kirchlichen Ämtern, handelte mit Ablassbriefen zur Vergebung von Sünden, nahm Gelder von Machthabern ein und beschlagnahmte strittiges Eigentum, wenn nötig mit Gewalt.[21] Vor diesem Hintergrund überrascht es nicht, dass die Kirche in dieser Zeit enorme Reichtümer anhäufen konnte. Zu einem bestimmten Zeitpunkt besaß sie tatsächlich über ein Viertel der gesamten Landmasse Westeuropas – und Steuern musste sie dafür keine entrichten![22]

Gruppierungen wie die Paulikaner prangerten die offene Zusammenarbeit von Kirche und Staat und den sichtbaren Missbrauch päpstlicher und kaiserlicher Macht zum Zweck des Profits als „Abscheulichkeit“ an.

Die Paulikaner, auch Bogomilen genannt, „Gottesfreunde“ (von *Bog* – „Gott“ und *mil* – „lieb“), waren bekannt für ihre Frömmigkeit.[23]

Sie waren entsetzt über die Dreistigkeit, mit der die Kirche im Einvernehmen mit dem Staat handelte, und erklärten öffentlich, dass – soweit es sie betraf – die etablierte Kirche jedes Recht, die wahre Kirche zu sein, verwirkt habe.[24]

Die Anführer der etablierten Kirche entgegneten darauf, dass sie, und nur sie allein, die „Schlüsselgewalt" in Händen hielten. Durch den heiligen Petrus seien ihnen in apostolischer Nachfolge die Schlüssel des Himmelreiches anvertraut worden. Wollten die Bogomilen also errettet werden, sollten sie sich der Autorität der etablierten Kirche beugen.[25]

Die Bogomilen erwiderten, dass der entscheidende „Schlüssel zum Himmelreich" der „Schlüssel der Wahrheit" sei. Jeder Anspruch auf apostolische Autorität, der nicht mit apostolischer Ehrlichkeit und Integrität beglaubigt sei, sei einfach nur ein Witz, ein schlechter obendrein, und damit wollten sie nichts zu tun haben.[26]

Und so organisierten sich „die Menschen, die Gott liebten", in ihren eigenen autonomen Glaubensgemeinschaften, unabhängig von den Machenschaften von Kirche und Staat samt ihren Helfershelfern.[27]

Schon bald schossen solche friedlichen Protestgemeinschaften überall wie Pilze aus dem Boden. Die kirchlichen und staatlichen Behörden reagierten ungehalten auf diese einfache, aber direkte Herausforderung ihres göttlichen Herrschaftsanspruches. Schon bald stellten sie Truppen auf und schlugen die Bogomilen in mehreren rücksichtslosen Feldzügen vernichtend. Von 842 bis 867 wurden 100 000 Bogomilen systematisch hingerichtet – enthauptet, verbrannt oder ertränkt.[28]

Gregor Magistros, selbst für einen dieser blutigen Hinrichtungsfeldzüge verantwortlich, schrieb rückblickend: „Sie wurden dem Schwert übereignet, ohne Erbarmen, weder die Alten noch die Kinder wurden verschont, und … das zu Recht!"[29]

Kreuzzüge, Inquisition und Kontrolle: ca. 1000–1500 n. Chr.

Im Mittelalter baute die Kirche ihre Kontrolle durch Aufbau eines eigenen kirchlichen Rechtssystems und die erweiterte Gültigkeit des kanonischen Rechts aus. Zunächst integrierte sie das bürgerliche Recht und Gesetz, um es sich dann später ganz einzuverleiben.[30]

Die Kirche beanspruchte in all jenen Fällen die Rechtsprechung für sich, in die sie in irgendeiner Weise involviert war.[31] Außerdem in den Fällen, in denen es um Sakramente oder Eide ging.[32] Infolgedessen „gab es quasi keine Grenze der Intervention seitens der Kirche; denn in der mittelalterlichen Gesellschaft war nahezu alles mit einem Sakrament verbunden oder mit einem Eid besiegelt".[33]

Die Kirche erwartete von den Menschen absoluten Gehorsam gegenüber ihren Geboten und nichts weniger als die vollkommene Unterordnung unter ihr Diktat wurde akzeptiert.

Papst Urban II. rief 1095 zu einem Kreuzzug, einem „Heiligen Krieg", auf, angeführt von „christlichen Rittern", die zu den Waffen greifen und losziehen sollten, um gegen die „Feinde Christi" zu kämpfen.[34] „Verflucht sei, wer sein Schwert vom Blutvergießen zurückhält!", lautete der blutrünstige Ausruf Papst Gregors VII., der in den Ohren hingegebener „Soldaten Christi" gellte.[35]

Also zogen sie los und verschrieben sich in den darauffolgenden zwei Jahrhunderten mit Leib und Seele der Aufgabe, Tausende, wenn nicht sogar Hunderttausende „Ketzer" und „Heiden" zu ermorden.[36]

1096 eroberte der Bauernkreuzzug die Stadt Belgrad, neben Konstantinopel damals die größte nicht katholische orthodoxe Stadt.[37]

Und 1204 griffen die Kreuzritter Konstantinopel an – vergewaltigten, plünderten und brandschatzten diese großartige christliche Stadt gnadenlos im Namen Christi.[38]

In der Zwischenzeit gelang es ihnen auch, die Heilige Stadt Jerusalem einzunehmen, wo sie die jüdischen und muslimischen Bewohner ebenfalls gnadenlos niedermetzelten.[39] Es war ein Massaker. Niketas Choniates, ein byzantinischer Geschichtsschreiber, hielt damals in spürbarer Verzweiflung fest, dass „selbst die Sarazenen gnädig waren … verglichen mit diesen Männern, die das Kreuz Christi auf ihren Schultern trugen".[40] Raimund von Aguilers hingegen pries das Massaker als „gerechtes und wunderbares Gericht Gottes":

Es waren wunderbare Dinge zu sehen. Zahllose Sarazenen wurden enthauptet… andere mit Pfeilen durchbohrt oder gezwungen, von Türmen zu springen; andere wurden mehrere Tage lang gefoltert und anschließend im Feuer verbrannt. Auf den Straßen konnte man Berge von Köpfen, Händen und Füßen sehen. Überall ritt man zwischen den Kadavern von Menschen und Pferden hindurch. Im Tempel Salomos wateten die Pferde knietief bis zum Zaumzeug in Blut. Es war ein gerechtes und wunderbares Gericht Gottes, diesen Ort mit dem Blut der Ungläubigen erfüllt zu sehen.[41]

1231 führte Papst Gregor IX. offiziell die Inquisition als unabhängiges Tribunal ein, das nur dem Papst verantwortlich war. Hier sollten all jene Fälle untersucht werden, in denen jemand angeblich die Zustimmung zu vorgeschriebenen Meinungen und Sichtweisen verweigerte.[42]

Die Inquisition entwickelte sich zu einem ausgesprochen höllischen Tribunal. Der Inquisitor wurde nicht wegen seiner Unvoreingenommenheit für die Beurteilung eines Falles ausgewählt, sondern aufgrund seiner Begeisterung darüber, einen Fall zur Anklage zu bringen. Er war sowohl Ankläger als auch Richter.[43]

Der Inquisitor wie auch seine Assistenten durften Waffen tragen, und es wurde ihm zugesichert, dass seine Helfershelfer für die Gewaltanwendung nicht zur Rechenschaft gezogen würden.[44] Zudem wurde das allgemeingültige Gesetz der „Unschuldsvermutung bis zum Nachweis der Schuld" außer Kraft gesetzt.[45] Die Namen der Zeugen der Anklage wurden geheim gehalten.[46] Entsetzliche Folterungen wurden offiziell gebilligt und häufig auch angewandt, um von den Angeklagten ein Schuldgeständnis zu erpressen.[47]

Die Inquisition fügte ihren Opfern mit jedem auch nur vorstellbaren Mittel unerträgliche Schmerzen zu, von ausgekugelten Gelenken bis zu Zerstückelungen.[48] Manche Opfer wurden mit Seilen gebunden, in Wasser untergetaucht und langsam ertränkt. Andere mit Schweinefett eingerieben, über Feuer gehängt und langsam geröstet.[49] Eine weitere Foltermethode sah vor, das Opfer in eine Schlangengrube zu werfen. „Eine besonders grauenhafte Folter bestand darin, eine große Schüssel voller Mäuse verkehrt herum auf den Bauch des Opfers zu legen. Dann wurde auf der Schüssel ein Feuer angezündet. Voller Panik fraßen sich die Mäuse in den Magen des Opfers hinein."[50] Früher oder später bekannte sich jeder schuldig.

Die daraufhin verhängten Strafen waren drakonisch. Das Konzil von Narbonne ordnete 1244 an, dass „in der Bestrafung von Gotteslästerern kein Ehemann wegen seiner Frau verschont werden soll. Keine Ehefrau soll wegen ihres Ehemannes, keine Eltern wegen ihrer hilflosen Kinder und keine Strafe aufgrund von Krankheit oder hohem Alter abgemildert werden".[51]

Jede Strafe beinhaltete Geißelung oder Auspeitschung.[52] Eine gängige Strafe war lebenslange Kerkerhaft bei Wasser und Brot, häufig in Ketten. Gelegentlich wurde auch Einzelhaft verhängt.[53]

Daneben gab es noch den Scheiterhaufen. Nach den päpstlichen Statuten mussten alle nicht zur Buße bereiten Häretiker bei lebendigem Leib auf dem Scheiterhaufen verbrannt werden.[54] Der in jeder Hinsicht falsch benannte Papst Innozenz (Unschuld) III. verkündete zu seiner ewigen Schande, dass „jeder, der eine persönliche Ansicht vertritt… die im Widerspruch zu einem Dogma der Kirche steht, ohne Erbarmen verbrannt werden muss".[55]

Weltweite Evangelisation, Völkermorde und Hexenjagd: ca. 1500–2000 n. Chr.

In den vergangenen fünf Jahrhunderten hat sich das Christentum weltweit ausgebreitet. Im 16. und 17. Jahrhundert, zur Zeit von Reformation und Gegenreformation, erlebte das Christentum eine spirituelle Erneuerung. Christen stritten mit zunehmendem Eifer für Evangelisation und Weltmission.[56] Bis zur Mitte des 18. Jahrhunderts hatte sich das Christentum auf sämtlichen Kontinenten ausgebreitet, weiter als jede andere Religion.[57] Diese Verbreitung setzte sich auch Mitte des 20. Jahrhunderts fort. Das Christentum umfasste nun nicht nur mehr Gebiete, sondern hatte auch entsprechend mehr Anhänger und war einflussreicher als jede andere Religion.[58]

Dieser Einfluss brachte unglücklicherweise auch weitere Fälle mit sich, in denen die verhängnisvolle Verflechtung von Kirche und Staat zutage trat, sowie eine zum Teil völlige Missachtung der Menschenrechte, die vollständige Zerstörung von Stammeskulturen und eine direkte und indirekte Beteiligung an Völkermorden.

Martin Luther hatte durch das Studium der Bibel erkannt, dass jeder Mensch persönlich für seine Erlösung verantwortlich ist (und nicht die Kirche), was zu einer Reformation der zutiefst korrupten Kirche des 16. Jahrhunderts führte. Zugleich unterstützte er aber die Machthaber bei der brutalen Niederschlagung der Bauern während der Wirren des Bauernaufstandes, als diese sich erhoben, um für grundlegende Menschenrechte zu kämpfen![59]

Ein weiterer berühmter Protestant, Johannes Calvin, bestand auf seinem Recht, dem Katholizismus Widerstand zu leisten. Zugleich versuchte er jedoch – wie die Katholiken, denen er sich entgegenstellte –, den Bewohnern seiner Stadt seine Ansichten mit Gewalt aufzuzwingen. Im schlimmsten Fall wurden seine Gegner auf dem Scheiterhaufen verbrannt![60]

Ein berüchtigter englischer Anführer, der Puritaner Oliver Cromwell, machte die irische Stadt Drogheda dem Erdboden gleich, metzelte deren papsttreue Bewohner nieder und freute sich über das „gerechte Gericht Gottes", das er „über diese barbarischen Bösewichte" hatte bringen können.[61]

Mittlerweile war Christoph Kolumbus in Amerika gelandet, das er fälschlicherweise für Indien hielt. Er war fest entschlossen, „die heidnischen Indianer zu unserem heiligen Glauben zu bekehren".[62] Während Kolumbus seinem Auftrag nachging, „die Indianer zu bekehren", verpflichtete er sämtliche männlichen Einheimischen, die älter als vierzehn Jahre alt waren, zur Arbeit. Sie sollten die Flüsse nach Gold durchsieben. Die von ihm geforderten Quoten waren so hoch, dass es kaum möglich war, sie zu erreichen. Doch wer diese Quoten nicht erreichte, wurde der Faulheit bezichtigt oder, schlimmer noch, des Diebstahls angeklagt. Die Strafe, die ihnen dafür drohte: Abhacken der Hände. Als die Indianer wegen dieser Behandlung mit einem Aufstand drohten, nutzte Kolumbus dies als Vorwand, um sie zu versklaven.[63]

Eroberer wie Hernán Cortés und Francisco Pizarro entschlossen sich, den „glorreichen" Fußspuren von Kolumbus zu folgen. Cortés bahnte sich seinen Weg bis nach Tenochtitlan, der Hauptstadt des aztekischen Reiches in Mexiko, wo er anfangs unter großem Jubel als ihr Gott Quetzalcoatl begrüßt wurde. Er nutzte diese Gelegenheit, um ihren Herrscher Montezuma als Geisel zu nehmen, und kontrollierte dadurch das gesamte Aztekenreich. Als die Menschen rebellierten, tötete Cortés Montezuma, zerstörte Tenochtitlan, annektierte das Aztekenreich und schließlich ganz Mexiko.[64]

Nachdem die Bewohner des Landes erst einmal unterworfen waren, schrieb Peter von Gent, einer der ersten Missionare, dass Eingeborene sehr leicht zu bekehren seien: „Ich und ein Bruder, der mit mir in dieser Provinz Mexikos war, tauften mehr als 200 000 Personen – es waren tatsächlich so viele, dass ich keine genaue Zahlen nennen kann. Wir tauften häufig 14 000 Menschen an einem einzigen Tag."[65]

Während Cortés sich nach Tenochtitlan gewandt hatte, der Hauptstadt des mexikanischen Aztekenreiches, bahnte sich Pizarro seinen Weg nach Cusco, der Hauptstadt des peruanischen Inkareiches. Anders als Cortés wurde Pizarro nicht als Gott empfangen. Aber mit nur wenigen Männern gelang es ihm – wie Cortés – Inkakönig Atahualpa als Geisel zu nehmen und so das Inkareich zu kontrollieren. Obwohl die Menschen eine riesige Summe Lösegeld zahlten – man munkelte, das Lösegeld sei so hoch, dass es einen Raum voller Gold und zwei Räume voller Silber füllte –, wurde Atahualpa umgebracht und ein möglicher Aufstand niedergeschlagen.[66]

Wieder folgten Massenbekehrungen auf diese militärischen Eroberungszüge.[67] Die Eingeborenen, die nicht bereit waren, den neuen Glauben anzunehmen, wurden auf dem Scheiterhaufen verbrannt.[68] Die „Bekehrung der Indianer“ galt als „Hauptziel dieser Unternehmung“ und die meisten Christen betrachteten die Ausbreitung des Christentums durch Cortés und Pizarro als einen außergewöhnlichen Erfolg.[69]

Einige wenige, wie Bartolomé de Las Casas, der ein Zeitgenosse von Cortés und Pizarro war, beklagten offen, dass „alles, was wir den Indianern bis heute angetan haben, tyrannisch und falsch gewesen ist!“.[70]

In diesem Zusammenhang ist noch zu bemerken, dass es den Indern nicht viel besser erging als den Azteken und den Inkas, als westliche Missionare schließlich tatsächlich Indien erreichten: „Während der Evangelisierung Goas wurden bis zu 3800 Bewohner der Stadt ermordet!“[71]

Als das Evangelium schließlich auch meine Heimat Australien erreichte, wiederholte sich die gleiche alte Geschichte: Eindringlinge eroberten das Land und beraubten die Ureinwohner ihrer Rechte. Diejenigen, die mutig Widerstand leisteten, wurden ausgelöscht, und Tausende Ureinwohner wurden im Laufe der Zeit umgebracht. Einige Christen, wie John Gribble, protestierten gegen diese Ungerechtigkeit. Die meisten blieben jedoch stumm. Die Mehrzahl der Christen befürwortete schweigend die Invasion – auch deshalb, weil sie einen festen Anteil an der Beute erwarteten. Sie versuchten, wie John Dunmore Lang, die *im Namen Gottes begangene* Ungerechtigkeit rational zu erklären:

[Wir] *haben nur die Absicht des Schöpfers umgesetzt, als wir herkamen und uns auf dem Gebiet der Eingeborenen niedergelassen haben.*

Gottes erstes Gebot an den Menschen lautete: ‚Seid fruchtbar – und mehret euch und erfüllt die Erde.' Da nun die Aborigines dieses Gebot offensichtlich nicht erfüllt haben, war es kein Fehler, das Land zu nehmen, das bis dahin ihnen gehört hatte.[72]

Auf diese Weise setzte sich das christliche Schmierentheater weiter fort und vernichtete jeden, der sich ihm in den Weg zu stellen wagte.

Zur gleichen Zeit, als das Christentum sich weltweit ausbreitete, verstärkte es auch seine Kontrolle weltweit, unter anderem durch sogenannte „Hexenjagden".

Papst Johannes XXII. genehmigte die Hexenjagd offiziell, als er die Verfolgung von Hexerei autorisierte.[73] Hexerei wurde als Ursache aller möglichen Unglücke angesehen – und die naheliegendste Lösung eines Problems bestand dann darin, die dafür verantwortliche Hexe zu finden.

War man einmal der Hexerei angeklagt, war es nahezu unmöglich, der Strafe zu entgehen. Man deutete ganz gewöhnliche Warzen, Sommersprossen und Muttermale als Beweis für Widernatürlichkeit.[74] Ein Arzt, der damals in Gefängnissen tätig war, in denen Frauen einsaßen, die der Hexerei angeklagt waren, sagte: „Sie wurden durch regelmäßige Folter um den Verstand gebracht … in dauerhaftem Elend und der Finsternis ihrer Kerker belassen … immer wieder herausgezerrt, um sie grausamer Folter zu unterziehen."[75] Ein abtrünniger Priester aus dieser Zeit sagte, dass die „verhexten Kreaturen durch die Schwere der Folter dahin getrieben wurden, Dinge zu bekennen, die sie niemals getan hatten, und so wurden unschuldige Leben durch grausames Abschlachten ausgelöscht".[76]

Von der fürchterlichen Hexenjagd im Baskenland in der Alten Welt bis zur aufsehenerregenden Hexenjagd in Salem/Massachusetts in der Neuen Welt wurden weltweit zahllose unschuldige Menschen im Rahmen solcher Hexenjagden umgebracht.[77] Die von den Hexenjägern am häufigsten zitierte Bibelstelle lautete: „Denn Ungehorsam ist [wie] die Sünde der Wahrsagerei, und Widerspenstigkeit ist [wie] Abgötterei und Götzendienst" (1. Samuel 15,23).[78] Um also nicht des „Ungehorsams und des Widerstrebens" – der „Sünde der Hexerei" – angeklagt zu werden, verhielt man sich gefügig und willfährig und vermied auch noch den Anschein eines Disputs mit kirchlichen oder staatlichen Vertretern.

Die Hexenjagden erwiesen sich demnach als äußerst machtvolles Werkzeug politischer Kontrolle: „Prediger trauten sich nicht zu predigen, und wenn sie doch predigten, wagten sie nicht, strittige Themen anzusprechen, denn ihr Leben lag in den Händen von Ignoranten, und von denen kannte jeder einen Gesetzeshüter."[79]

Rossell Hope Robbins bezeichnete diesen „schockierenden Albtraum" vollkommener Unterdrückung – verursacht durch die Hexenjagden, in denen Menschen zwischen dem 15. bis ins 18. Jahrhundert hinein bedroht und verfolgt wurden – „als das schmutzigste Verbrechen und die tiefste Schmach der westlichen Zivilisation".[80]

Aber es sollte noch schlimmer kommen ...

In der ersten Hälfte des 20. Jahrhunderts wurden sechs Millionen jüdischer Männer, Frauen und Kinder systematisch mit gelben Sternen gekennzeichnet, aus ihren Wohnungen und Häusern gezerrt, geschlagen und erschossen, wie Tiere eingepfercht, auf Viehwagen geworfen und in Konzentrationslagern zusammengetrieben, wo man die Arbeitsfähigen zur Arbeit in Kolonnen zwang und die nicht Arbeitsfähigen in den Gaskammern dem Tod auslieferte. „Dies war die schrecklichste Gräueltat, die unsere Welt jemals erlebt hat.“[81]

Daniel Goldhagen schreibt in seinem viel beachteten, aber äußerst aufrüttelnden Buch, das den treffenden Titel *Hitlers willige Vollstrecker* trägt, über den Holocaust:

Jüdische Überlebende berichten fast einstimmig von Grausamkeiten und Morden, die die Deutschen noch bis zum letzten Augenblick begingen. Sie lassen keinen Zweifel daran, dass die Deutschen ihre Opfer mit rasendem Hass verfolgten. Diese Deutschen waren keine gefühlskalten, nüchternen Vollstrecker höherer Befehle oder kognitiv und emotional neutrale Bürokraten, die ihren eigenen Taten teilnahmslos gegenüberstanden. Sie handelten aus eigenem Antrieb ohne wirkliche Kontrolle von oben; sie orientierten sich an ihrer eigenen Weltsicht, ihrem eigenen Rechtsempfinden.[82]

Die Frage lautet natürlich: Warum? Warum hassten die Deutschen die Juden so sehr? Warum schien ihnen damals etwas so offensichtlich Falsches wie das Abschlachten von etwa sechs Millionen Juden richtig zu sein?

Goldhagen versucht in seinem Buch, eine Antwort auf diese Frage zu finden. Seine Schlussfolgerung lautet: „Diese ‚gewöhnlichen‘ Deutschen waren von Antisemitismus beseelt“, und zwar „eine besondere Form des Antisemitismus“, den Goldhagen als „Vernichtungsantisemitismus“ bezeichnet. Diese Weltsicht führte die Menschen zu dem Schluss, dass „die Juden sterben sollten“.[83] Goldhagen sieht nicht in Hitler, den Nazis oder der SS „die stärkste Ursache für die Entwicklung eines derart endemischen Antisemitismus“, sondern im Christentum selbst.[84]

Es begann damit, so Goldhagen, dass Christen den Juden vorwarfen, „Jesus Christus umgebracht“ zu haben. Dann verbreitete sich die Überzeugung, dass „Christen ihre Religion als die geistliche Ablösung des Judentums verstanden und die Juden als solche deshalb von der Erdoberfläche verschwinden mussten“.[85] Später entpuppte sich Martin Luther – der große Reformator, der die Grundlagen für den modernen deutschen Staat legte – als „größter Antisemit seiner Zeit“.[86] „Niemals“, schreibt Goldhagen weiter, „sprach sich ein deutscher Bischof, gleichgültig, ob Katholik oder Protestant, öffentlich zugunsten der Juden aus, wie es der französische Erzbischof von Toulouse getan hatte.“[87] Stattdessen äußerten Bischof Dibelius und Bischof Sasse öffentlich ihre Hoffnung auf eine „Lösung der Judenfrage“. Sie unterstützten die schon bestehende Nazipropaganda dadurch, dass sie ihrem Wunsch Ausdruck verliehen, dass die Juden aussterben würden.[88] „Damit“, schreibt Goldhagen, „wurde die Kirche zum willigen Unterstützer der nationalsozialistischen Judenpolitik.“[89]

Als Pastor Martin Niemöller im März 1946 in einer Vorlesung auf den Holocaust zurückblickte, nahm er bereits vorweg, was Goldhagen später im Rahmen seiner Forschungen herausfinden würde:

Das Christentum in Deutschland trägt eine größere Verantwortung vor Gott als die Nazis, die SS und die Gestapo. *Tragen wir als Christen nicht weitaus mehr Schuld, bin ich nicht viel mehr schuldig als viele von denen, die ihre Hände in Blut gebadet haben?*[90]

Es wäre zu hoffen gewesen, dass wir Christen aus dieser Lektion, aus unserer Verwicklung in „die schrecklichste Gräueltat, die unsere

Welt jemals erlebt hat", etwas gelernt hätten. Aber ich bin mir nicht sicher, ob wir überhaupt etwas daraus gelernt haben.

Christen unterstützten Ende des 20. Jahrhunderts immer noch aktiv Völkermordpolitik im Namen Christi. Wir alle wissen um die aktive Rolle, die die Kirche bei der Apartheid in Südafrika und dem Blutvergießen in Nordirland spielte. Aber wie viele von uns wissen um die Rolle der Evangelikalen in Zentralamerika, wo sie brutale Regime und Guerillagruppen unterstützen und unterstützt haben, die regelmäßig von *Amnesty International* für die Verletzung von Menschenrechten an den Pranger gestellt werden?

Evangelikale Christen arbeiteten in El Salvador direkt mit dem salvadorianischen Militär zusammen. „Schulter an Schulter mit den gleichen Männern, die im Schutz der Dunkelheit Menschen die Kehlen durchschnitten."[91] Einmal stellte die salvadorianische Armee der *Christian Anti-Communist Crusade* einen Hubschrauber zur Verfügung, damit diese über Dörfern, die von der FMLN (der *Farabundo Marti National Liberation Front*) gehalten wurden, antikommunistische Propaganda abwerfen konnten.[92]

John Steer, Evangelist von *Paralife Ministries*, besuchte während eines Einsatzes acht Militärbasen, sprach dort vor über 3500 Militärangehörigen und sagte: „Töten aus Freude ist falsch, aber Töten als Notwendigkeit im Kampf gegen ein antichristliches System – den Kommunismus – ist nicht nur richtig, sondern auch die Pflicht eines jeden Christen."[93]

In Nicaragua arbeiteten Evangelikale wie Colonel Oliver North direkt für die CIA mit den antikommunistischen Contras zusammen. Sie überwiesen in diesem Rahmen Millionen von Dollar, die aus Waffengeschäften mit dem Iran stammten, um diese in ihrem Kampf gegen die Sandinisten zu unterstützen.[94] Zur gleichen Zeit rief Pat Robertson in seinem „700 Club" – einer Sendung, die vom

Christian Broadcasting Network (CBN) produziert wird – zu mehr Unterstützung für die Contras auf.[95] CBN selbst unterstützte mit drei Millionen Dollar die *Nicaraguan Patriotric Association*, eine Organisation, die direkt mit den Contras in Verbindung stand.[96]

Auch in Guatemala arbeiteten Evangelikale direkt mit dem Militär des Landes zusammen. Während dieser Zeit tötete die guatemaltekische Armee mit Unterstützung der Evangelikalen zwischen „drei- bis zehntausend Zivilisten".[97] 1976 reiste die Gruppe *Gospel Outreach* nach Guatemala, um Hilfsdienste zu leisten. Während ihres Aufenthaltes kam ein Mann namens Efraín Ríos Montt zum Glauben.[98] 1982 wurde Ríos Montt, ein Armeegeneral, nach einem Militärputsch gebeten, die Regierung des Landes zu übernehmen. Nachdem er sich mit seinen Beratern von *Gospel Outreach* getroffen hatte, nahm Ríos Montt das Angebot an und wurde der erste „wiedergeborene" Präsident Guatemalas.[99]

Viele amerikanische Evangelikale waren begeistert. Im Juni 1982 traf sich der Berater von Ríos Montt mit evangelikalen Leitern, um für weitere Unterstützung für sein Regime zu werben.[100] Unter anderem wurde ihm sogar ein großes Kontingent an missionarischen Freiwilligen und eine Finanzhilfe von einer Milliarde Dollar zur Unterstützung von „Gottes Wunder in Guatemala" zugesagt.[101] **Doch als erste Amtshandlung setzte der erste „wiedergeborene" Präsident Guatemalas die Verfassung außer Kraft.**[102] Dann begann er eine Terrorkampagne gegen die Eingeborenen Guatemalas.[103] Nach Informationen des Buches *Garrison Guatemala* „verschwanden ganze Eingeborenendörfer von der Landkarte".[104] Die Menschenrechtsorganisation *The Americas Watch* berichtet:

Die Armee verschwendet ihre Munition nicht an Frauen und Kinder. Uns wurde wiederholt berichtet, dass Frauen vergewaltigt wurden, bevor man sie umbrachte, und dass Kinder an den Füßen aufgehängt wurden und man dann ihre Köpfe gegen Mauerwände schmetterte …[105]

Ein Pastor der *Verbo Church,* die auch zu *Gospel Outreach* gehört, rechtfertigte die Aktivitäten dieses Mannes, der unter ihrer Schirmherrschaft stand, mit den Worten:

Efraín Ríos Montt ist für uns wie ein Bruder, wie König David im Alten Testament. Er ist der König des Neuen Testaments. Die Armee tötet keine Eingeborenen, sondern ausschließlich Dämonen, und diese Eingeborenen sind von Dämonen besessen. Es sind Kommunisten.[106]

Dann ereignete sich gegen Ende des Jahrhunderts der schreckliche Völkermord in Ruanda.

Ich kann mich noch erinnern, mit Geschichten über die „große ostafrikanische Erweckung" aufgewachsen zu sein, eine evangelikale Erneuerungsbewegung, die eine Generation zuvor durch Ruanda geschwappt war. Christliche Experten sagten damals voraus, diese Bewegung würde „dem gesamten schwarzen Kontinent Afrika das Licht Gottes bringen".

Ich weiß nicht, welche Auswirkung die „große ostafrikanische Erweckung" hatte, aber ich weiß, dass das Land Ruanda nicht einmal eine Generation später – nachdem diese evangelikale Erneuerung gekommen und wieder gegangen war – Anfang April 1994 …

… in den Abgrund eines Blutrausches von Stammesgewalt gerissen wurde, der in die schlimmste Stammesfehde der Geschichte Afrikas

mündete ... Mehr als die Hälfte der Bevölkerung Ruandas musste fliehen, um ihr Leben zu retten! Eine Million Menschen – Männer, Frauen und Kinder, die weder rennen noch sich verstecken konnten – wurde gnadenlos dem Tod ausgeliefert.[107]

Viele Christen – insbesondere Quäker und Siebenten-Tags-Adventisten – versuchten heldenhaft, Menschen zu retten, die verfolgt wurden. Doch oft wurden sie gemeinsam mit den Flüchtenden zu Tode gehackt. Es gab jedoch unter Katholiken und Protestanten „Leiter", die sich nicht nur *nicht* gegen die Massaker aussprachen, sondern diesen Völkermord aus eigenem Interesse sogar befürworteten![108]

Tokenboh Adeyemo, der Direktor der *Association of Evangelicals* in Afrika, erklärt, dass „homogenes Gemeindewachstum" zum Entstehen ethnischer Kirchen führe. Das Wachstum solcher ethnischer Gemeinden entzünde wiederum Rivalitäten zwischen Stämmen und trage in letzter Konsequenz zu einem solchen Flächenbrand bei![109]

Die jüngsten Untersuchungen von John Steward deuten darauf hin – sehr zur Schande der christlichen Gemeinschaft –, dass Muslime aus dem Völkermord „sauberer" hervorgegangen sind als Christen! Von Muslimen – und nicht von Christen! – „wird gesagt, dass sie an Tötungen nicht beteiligt waren!".[110] Mit dem Ruf „Erschießung nur über meine Leiche" sollen sie sich schützend vor die Moscheen gestellt haben, in denen sie verfolgten Christen Schutz gewährten. Und man ging über ihre Leichen.

Ein neues Jahrtausend, die gleiche alte Geschichte, mehr Heilige Kriege: ca. 2000 n. Chr.

Am 11. September 2001 befahl Osama bin Laden einen Angriff auf die Zwillingstürme des World Trade Center, mitten in das Herz Amerikas. Während die Welt schockiert nach New York blickte, rief

Osama bin Laden öffentlich den Namen Gottes an. „Amerika wird hier von Gott dem Allmächtigen in einem seiner lebenswichtigen Organe getroffen, seine großartigsten Gebäude sind zerstört."[111]

Präsident George Bush ordnete einen Vergeltungsangriff auf Osama bin Laden in Afghanistan an – und gleichzeitig auf Saddam Hussein im Irak (der keine Massenvernichtungswaffen hatte oder in irgendeiner Weise in die Angriffe vom 11. September verwickelt war). Bush behauptet von sich, ein hingegebener, wiedergeborener, bibelgläubiger Christ zu sein: **„Gott sagte mir, ich solle al-Qaida angreifen, also griff ich an.** Dann forderte er mich auf, Saddam anzugreifen, also tat ich es."[112]

Die Problematik einer solchen Politik des „Auge um Auge" besteht darin, dass sie uns am Ende selbst blind macht: Wir können nicht mehr erkennen, was zu Frieden, Liebe und Gerechtigkeit führt – geschweige denn entsprechend handeln. Im Gegenteil, wir führen einen einäugigen Heiligen Krieg des Terrors gegen den Terror. Wir alle erinnern uns noch mit Schrecken an die Berichte über die daraus resultierende „Shock and Awe"-Kampagne der alliierten Streitkräfte. Bis heute wurden mehr als 100 000 unschuldige irakische Bürger umgebracht und ihre Zahl steigt weiter. Tausende Menschen haben aufgrund der häufig nicht explodierten alliierten Streubomben, die zu gefährlichen Landminen wurden, einen Arm oder ein Bein verloren. (Das amerikanische Militär flog darüber hinaus Angriffe auf Krankenhäuser, um zu verhindern, dass die Opferzahlen alliierter Angriffe an die Öffentlichkeit gelangten, die den offiziellen Zahlen der Kriegskoalition widersprachen.)

Städte wie Hafitha, Falludscha, Samarra und Ramadi stehen für mutwillige Zerstörung, Mord und den Angriff auf Menschenrechte und werden als Schandmal für immer in unserem Bewusstsein bleiben. Alliierte Streitkräfte brachen in unzählige Häuser ein, Männer wurden verschleppt, Frauen gedemütigt und Kinder traumatisiert. Die US-Streitkräfte inhaftierten seit Beginn der Invasion mehr als 50 000 Iraker, von denen jedoch nur ein äußerst geringer Teil jemals eines Verbrechens überführt wurde. Die USA unterhalten gemeinsam mit der neuen irakischen Regierung eine Reihe von Gefängnissen, in denen eine ganze Bandbreite an Folter- und Missbrauchsmethoden praktiziert wird, was zu zahllosen Zusammenbrüchen, Todesfällen und Selbstmorden führt.[113]

Im Rahmen der militärischen Großoperation *Enduring Freedom* in Afghanistan wurden Zivilisten durch Drohnen, Kreuzfeuer, improvisierte Sprengkörper, Hinrichtungen und Bombardierungen getötet. Nachts wurden die Häuser verdächtiger Rebellen überfallen. Bis heute wurden bis zu 20 000 unschuldige Zivilisten getötet und es werden jeden Tag mehr. Der Krieg in Afghanistan zerstört weiter Menschenleben – einerseits als direkte Folge des Krieges, andererseits aber auch durch den kriegsbedingten Zusammenbruch des öffentlichen Gesundheitssystems, der Sicherheit und der Infrastruktur.

Schlecht ausgerüstete und überlastete afghanische Krankenhäuser behandeln immer mehr Kriegsverwundete, darunter Amputations- und Verbrennungspatienten.[114] Hunderte Taliban, die sich ergeben hatten, wurden auf dem Weg ins Gefängnis erstickt. Und andere Gefangene wurden von alliierten Streitkräften auf grausame und unmenschliche Weise behandelt.[115]

Heute kämpft ein neues Bündnis gegen den sogenannten Islamischen Staat.

Und so geht es immer weiter.

2

DIE SOGENANNTEN MUSLIMISCHEN „HEILIGEN KRIEGE"

Als Christ, der mit Muslimen im Gespräch ist, möchte ich von Beginn an klarstellen, dass ich davon überzeugt bin, dass der Islam wie auch das Christentum uns viel Heiliges, Ganzheitliches und Gesundes gebracht haben.

Einer der größten Beiträge, den Muslime zu unserer Zivilisation geleistet haben, ist die Medizin. 872 n. Chr. wurde in Kairo das „Ahmad-ibn-Tulun-Krankenhaus gegründet und mit einer aufwändigen Ausstattung und einer Vielzahl medizinischer Bereiche ausgestattet". Wie andere islamische Krankenhäuser, die bald folgten, „war Tulun eine säkulare Einrichtung, die offen war für Männer und Frauen, Erwachsene und Kinder, die Reichen und die Armen sowie auch Muslime und Nichtmuslime". Tulun war wahrscheinlich „das erste Krankenhaus, das psychisch Kranken eine Behandlung gewährte".[1]

Einhundert Jahre nach Gründung von Tulun verfasste „ein Chirurg namens Abu l-Qasim (Abulcasis), der häufig auch als ‚Vater der Chirurgie' bezeichnet wurde, eine bebilderte Enzyklopädie, die in den darauffolgenden 500 Jahren als Richtlinie für europäische Chirurgen genutzt wurde". Die Operationsinstrumente von Abu l-Qasim, wie beispielsweise Skalpelle, Knochensägen und medizinische Zangen, werden bis heute von modernen Chirurgen genutzt. Abu l-Qasim war wahrscheinlich „der erste Chirurg überhaupt, der einen Kaiserschnitt durchführte".[2]

859 n. Chr. gründeten zwei muslimische Frauen, Fatima und Miriam al-Fihri, die erste Universität der Welt. Die spanischen Muslime Andalusiens waren klare Bildungsbefürworter und halfen, die „Finsternis" zu vertreiben, die sich in Europa während des Mittelalters ausgebreitet hatte. Andalusien war zwischen dem 8. und 15. Jahrhundert vielleicht sogar das Zentrum von Bildung und Erziehung. Spanische Universitäten in Cordoba, Granada und Sevilla nahmen christliche und jüdische Studenten auf, die von Muslimen Naturwissenschaften lernten. Frauen wurden ebenfalls ermutigt, im muslimischen Spanien zu studieren. Ein solches auf der Grundlage gegenseitiger Toleranz errichtete Bildungsumfeld gab es im christlichen Abendland erst im 19. und 20. Jahrhundert.[3]

Ein äußerst bedeutsamer Beitrag zur europäischen Zivilisation bahnte sich im 8. Jahrhundert seinen Weg, als „muslimische Gelehrte die Gedanken von Sokrates, Aristoteles und Plato nach Europa brachten". Muslime waren die wichtigsten Mitgestalter der europäischen Renaissance und Aufklärung, „zwei Bewegungen, welche die griechische Philosophie zum Leben erweckten und einem europäischen Kontinent neues Leben einhauchten, der in religiösen Dogmen versunken war". Zwei der bedeutendsten muslimischen Gelehrten waren Al-Ghazali, der im 11. und 12. Jahrhundert eine „mystische Philosophie" entwickelte, und Ibn Chaldun im 14. und 15. Jahrhundert, der noch heute weithin anerkannt ist als „Vater der modernen Soziologie".[4]

Selbst heute noch sind einige der renommiertesten Philosophen, Soziologen und Theologen Muslime, beispielsweise Tariq Ramadan, Malek Chebel und Maulana Wahiduddin Khan.

Wie das Christentum hat jedoch auch der Islam eine Seite, die nicht so heilig, ganzheitlich und gesund ist. Nachdem ich den Rat Jesu befolgt und zuerst meinen eigenen Balken entfernt und mich auf die christlichen „Heiligen Kriege" konzentriert habe, will ich nun versuchen, den „Splitter" aus dem Auge meiner Nachbarn zu ziehen und die muslimischen „Heiligen Kriege" unter die Lupe zu nehmen. Wo immer es mir möglich war, habe ich zum kritischen Hinterfragen muslimische statt christliche Quellen herangezogen.

Als ich mir die Konflikte zwischen Christen und Muslimen ansah, stellte ich fest, dass es zwischen christlichen Nationen, die einander bekämpften, weitaus zerstörerische Kriege gab als zwischen christlichen und muslimischen Staaten; und mehrheitlich christliche Staaten haben mehr Juden und Muslime umgebracht, als mehrheitlich muslimische Staaten Christen oder Juden getötet haben.[5]

Manche Muslime haben jedoch durchaus „Heilige Kriege" geführt und tun dies bis heute.

Wenn wir uns damit beschäftigen, unter welchen Voraussetzungen ein Krieg zu Recht als „Heiliger Krieg" bezeichnet werden kann, müssen wir fünf Faktoren berücksichtigen: Erstens ist Religion die treibende Kraft; zweitens ist deutlich, dass religiöse Führer diesen Krieg unterstützen; drittens geben politische Führer religiöse Motive vor und verwenden eine religiöse Sprache; viertens werden gezielt symbolträchtige religiöse Ziele angegriffen; fünftens wird Bekehrung der Menschen als Ziel formuliert.

Feldzüge, Massaker und Sklaverei: ca. 620–750 n. Chr.

Mohammed war Prophet und Mystiker, aber wie Mose auch ein politischer und militärischer Führer, der seine Ziele mit der Unterstützung von Armeen zu erreichen suchte. Der Islam mag in Medina als

Bewegung der Versöhnung zwischen einzelnen Stämmen begonnen, sich mit Blutfehden auseinandergesetzt und Friedensbündnisse mit den Völkern der Schrift – Juden wie Christen – etabliert haben. Aber über kurz oder lang veränderte sich die Strategie hin zu kämpferischen Militäroperationen, Massakern und Versklavung auch jüdischer Stämme.

Mohammed wanderte im Jahr 622 (Hidschra) mit seinen ersten muslimischen Nachfolgern von Mekka nach Medina aus, da er und seine Gemeinschaft in Mekka von nicht muslimischen Arabern bedroht und verfolgt wurden. In Medina verfasste er ein Dokument für die Bewohner Medinas, das als Verfassung von Medina bekannt wurde. Diese „Verfassung" definierte die Gemeinschaft (*Umma*) nach proto-islamischen Regeln und führte damit den Islam als Gemeinschaftsreligion ein.

627 verteidigte er Medina in der „Grabenschlacht" gegen die Belagerung einer übermächtigen Armee aus Mekka: Er ließ zur Verteidigung der Oase einen Graben um Medina ziehen, der die feindlichen Reiter aufhielt, und säte Zwietracht zwischen den arabischen und jüdischen Stämmen, die sich gegen ihn verbündet hatten. Im Anschluss an diese Schlacht wurden die Banu Quraisch, ein jüdischer Stamm aus Yathrib, die des Verrats an Mohammed beschuldigt wurden, besiegt. **Nach Aussage der Hadithen wurden sämtliche Männer (mehr als 900) enthauptet** und alle Frauen und Kinder versklavt.[6, 7]

Mohammed starb 632. Unter der Führung von Mohammeds Nachfolgern, den vier „rechtgeleiteten" Kalifen, breiteten die Muslime ihre politische Vorherrschaft in Palästina, Syrien, Mesopotamien bis nach Ägypten mit militärischen Mitteln aus.

Als sie 711 den Nahen Osten und Nordafrika erfolgreich erobert hatten, unterwarfen die arabischen Muslime unter dem Umayyaden den größten Teil des christlichen Iberien (das heutige Spanien und Portugal). Ihre weitere Ausbreitung Richtung Nordwesteuropa wurde 732 in Poitiers in Frankreich gestoppt, als sie die Schlacht gegen die christianisierten Franken verloren. Bis dahin hatten sie ein beeindruckendes arabisches Reich aufgebaut.[8]

In diesem Reich war jedoch nicht alles gut. 656 führte Aisha, die Witwe Mohammeds, in der Kamelschlacht nahe Basra (Irak) eine muslimische Armee gegen Ali, den Schwiegersohn Mohammeds. Diese Schlacht ging als erste *Fitna* (Aufruhr, Bürgerkrieg) in die Geschichte des Islam ein. Zehntausende Menschen verloren dabei ihr Leben.[9] Sie besiegelte die Spaltung des Islam in Sunniten und Schiiten.

Es ist sehr interessant, dass in den Eroberungskriegen die Bekehrung zum Islam weder gefordert noch gewünscht wurde. Die arabisch-muslimischen Eroberer „forderten nicht die Bekehrung, sondern vielmehr die Unterwerfung der nicht muslimischen Völker". Am Ende der Umayyad-Ära „waren weniger als zehn Prozent der Bevölkerung in Iran, Irak, Syrien, Ägypten, Tunesien und Spanien Muslime. Nur auf der arabischen Halbinsel war der Anteil der Muslime an der Gesamtbevölkerung höher".[10]

Doch nicht alle erlebten den Kampf der arabischen Muslime als Befreiung, denn für viel zu viele Menschen wurde er zu einer leidvollen Erfahrung. Hier ein Beispiel:

... von dem ersten Überfall auf Armenien während des Kalifats von Uthman, ausgeführt von Salman ibn Rabiah al-Bahili unter dem Befehl von al-Walid ibn Uqba, dem Herrscher von Kufa, wird gesagt: „Er

marschierte in Armenien ein und tötete, machte Gefangene und plünderte. Dann verließ er das Land, die Hände (mit Beutegut) beladen, und kehrte nach al-Walid zurück.“[11]

Eroberung, Herrschaft und Bekehrung: ca. 750–1250 n. Chr.

749 löste die Dynastie der Abbasiden die Umayyaden ab. Das arabische Reich erstreckte sich damals von Spanien und Portugal bis zum Punjab nach Indien.

Die Perser übernahmen die Verwaltung, die Türken die militärische Führung. Es entwickelte sich eine herrschende militärische Kaste mit dem Kalifen als Oberhaupt, der dem Regime die religiöse Autorität und Legitimation verlieh. Bagdad als neue Hauptstadt stand für eine Zeit relativen Friedens, Wohlstands und kulturellen Fortschritts: das sogenannte Goldene Zeitalter des Islam (750–1250).[12]

Aber **selbst im sogenannten Goldenen Zeitalter des Islam gab es Fälle gewaltsamer Bekehrung**. Zum Beispiel wurden 779 unter der Herrschaft des Kalifen al-Mahdi die christlichen Araber vom Stamm der Tannuk gezwungen, sich zum Islam zu bekehren:

Die Mahdi kamen nach Aleppo und die Tannuk lebten in Zelten in der Umgebung der Stadt Aleppo. Es wurde dem Kalifen berichtet, „diese sind alle Christen“, und er kochte daraufhin vor Wut und zwang etwa fünftausend Männer, Muslime zu werden.[13]

Vielen muslimischen Herrschern war es lieber, wenn ihre nicht muslimischen Untertanen auch Nichtmuslime blieben und ihre Steuern zahlten, als dass diese sich bekehrten. Die Umayyaden hatten nämlich die *Dhimmah* eingeführt – Steuern, die nur von den *Dhimmis* (nicht muslimische Untertanen) erhoben wurden und für die arabisch-muslimische Gemeinschaft ein wichtiger wirtschaftlicher Faktor waren. „Die Gouverneure reichten Beschwerde beim Kalifen ein, als dieser Gesetze zur Erleichterung der Bekehrung erließ, wodurch die Provinzen nämlich ihrer Einnahmen (von den *Dhimmis*) beraubt wurden."[14]

Während der Herrschaft der Abbasiden „wandelte sich die politische Wahrnehmung von einem in erster Linie arabischen Reich hin zu einem muslimischen Reich. Die Völker der Schrift (*Ahl al-kitāb*) – Christen und Juden – wurden gezwungen, eine Kopfsteuer (*Dschizya*) zu zahlen, um weiterhin unter der Führung des „Hauses des Islam" (*Dar al-Islam*)[15] leben zu dürfen. Viele islamische Gelehrte argumentierten, dass eine solche Schutzsteuer berechtigt sei, da die *Dhimmis* keinen Militärdienst leisten mussten. Für viele Christen handelte es sich bei dieser „Steuer" jedoch nur um Schutzgelderpressung.[16] „Somit war die Bekehrung zum Islam die einzige Möglichkeit, die eigene Familie vor Armut zu bewahren. Man hatte kaum eine Wahl und andere Ungläubige (nicht die der Schrift) hatten überhaupt keine Alternative: Bekehrung zum Islam oder Tod."[17]

Während dieser Zeit belästigten und schikanierten Seldschuken und Fatimiden zunehmend christliche Pilger im Heiligen Land. „1009 plünderte der Fatimiden-Kalif al-Hakim das christliche Pilger-Gästehaus in Jerusalem und zerstörte die Grabeskirche. Er verfolgte die Christen und zerstörte Tausende Kirchen."[18]

In den folgenden 250 Jahren überrollten europäische Christen mit insgesamt neun Kreuzzügen das Heilige Land, um die Heilige Stadt Jerusalem „zu befreien". Der berühmte Sultan Salah ad-Din führte den Kampf gegen die Kreuzzügler, die er besiegte und dann mit unerwarteter und unvorhergesehener Milde behandelte. Doch als Sultan Baibars die letzte Festung der Kreuzzügler zerstörte, metzelte er die Männer nieder und versklavte Frauen und Kinder.[19]

Als Baibars Antiochia dem Erdboden gleichmachte und alle dort lebenden christlichen Einwohner umbrachte oder verschleppte, schrieb er einen Brief an den damaligen christlichen Herrscher der Stadt, der zu dieser Zeit abwesend war:

Da kein Mann entkommen und dir die Geschichte hätte selbst erzählen können, werden Wir sie dir erzählen … Du hast nicht mit angesehen, wie deine Ritter unter den Hufen der Pferde niedergetrampelt wurden, man in deine Paläste eindrang und sie nach Beute durchwühlte, deine Frauen gekauft und dann für vier bis zu einem Dinar weiterverkauft wurden! Du hast nicht mit angesehen, wie sämtliche Kirchen zerstört, die Kreuze in ihre Einzelteile zersägt und die entstellten Evangelien vor Sonnenuntergang verhökert wurden, sonst hättest du gesagt: „Hätte mich Gott doch in Staub verwandelt!“[20]

Das Mogulreich, Unterdrückung und Verfolgung: ca. 1000–1700 n. Chr.

715 begannen die Streitkräfte des Umayyaden-Kalifats mit der Eroberung Indiens. Es folgte eine Invasionswelle nach der anderen; allein Mahmud von Ghazni leitete siebzehn Feldzüge. 1027 stand die indische Provinz Punjab unter islamischer Herrschaft.

1192 versammelte Mu'izz al-Din eine Streitmacht von 120 000 Reitern und rückte auf Delhi vor. Mit Delhi als Basis kontrollierte er Nordrajasthan und die nördliche Region zwischen den Flüssen Ganges und Yamuna. Seine Streitmacht eroberte Nordindien und drang weiter in Richtung Osten bis nach Bengalen vor. „Bei der Eroberung von Varanasi ‚zerstörten sie eintausend (Hindu-)Tempel und errichten auf deren Grundmauern (muslimische) Moscheen'.“[21]

Am Totenbett von Mu'izz al-Din erklärte sich Qutb-ud-Din Aibak, sein General, selbst zum ersten Sultan der Stadt Delhi.

Das Gebiet unter der Kontrolle der muslimischen Herrscher in Delhi vergrößerte sich rasch. Mitte des Jahrhunderts fielen Bengalen und ein großer Teil Zentralindiens unter die Herrschaft des Sultanats. Von Delhi aus regierten mehrere türkisch-afghanische Dynastien: die Mamluken (1206–1290), die Khalji (1290–1320), die Tughluq (1320–1414), die Sayyiden (1414–1451) und die Lodhi (1451–1526). Muslimische Herrscher erweiterten ihr Gebiet in Richtung Südindien. Das Reich der Vijayanagar leistete den Dekkan-Sultanaten bis zu seinem Fall im Jahr 1565 Widerstand.[22]

1398 erlitten die Sultanate aufgrund der Plünderung Delhis durch Timur große Verluste, erholten sich kurz unter der Lodhi-Dynastie, bevor diese dann 1526 von Babur besiegt wurde. In der Folge gründete dieser das Mogulreich, das Indien vom 16. bis zum 18. Jahrhundert regierte.

Timurs persönliche Erinnerungen an seine Eroberung Indiens beschreiben detailliert die Massaker an den Hindus:

„... plündern, brandschatzen und ihre Frauen und Kinder vergewaltigen, ihre erzwungene Bekehrung zum Islam und die Plünderung der Reichtümer Hindustans." Es werden Details beschrieben, „wie Siedlungen, Dörfer und ganze Städte ihrer männlichen Hindubevölkerung aufgrund von Massenhinrichtungen beraubt wurden, ebenso die zwangsweise Massenbekehrung ihrer Frauen und Kinder zum Islam".[23]

Timur ließ bei seinem Angriff auf die „götzendienerischen" Hindus keinerlei Gnade walten:

***Vor der Schlacht um Delhi „richtete Timur mehr als einhunderttausend Hindu-Gefangene hin"**, und nach der Einnahme der Stadt „wurde sie geplündert, zerstört und in Trümmern liegend zurückgelassen". Timur schrieb mit eigenen Worten: „... mit Ausnahme des Stadtviertels der Sayyiden, der Ulama und anderer Muselmanen wurde die gesamte Stadt geplündert". Nachdem sie die Stadt geplündert hatten, wurden sämtliche Überlebenden gefangen genommen und verschleppt.*[24]

Auf Timur folgte, wie gesagt, Babur, der das mächtige Mogulreich errichtete. Während Baburs Eroberungsfeldzügen in Indien „wurden viele Hindu-Tempel zerstört, einschließlich der (vielgeliebten und immer noch beklagten) Tempel von Ayodhya, und an ihrer Stelle Moscheen errichtet".[25] „Die (Hindu-Gefangenen), die man lebend (in sein Lager) brachte, wurden enthauptet. Anschließend wurde im Lager ein Turm von Totenschädeln errichtet."[26]

Zwei weitere berühmte Herrscher der Mogul-Ära waren Akbar (ca. 1556–1605) und Aurangzeb (ca. 1658–1707), beide fähige Verwalter, die das Reich weiter vergrößerten.

Akbar, der für seine religiöse Toleranz bekannt war und sogar die Dschizya abschaffte, zeigte jedoch keine Gnade, wenn sich ein „Ungläubiger" seiner Herrschsucht widersetzte. Hier eine Beschreibung der Ereignisse um die Einnahme der Hindu-Festung Chitor: „Am frühen Morgen zog der Herrscher (Akbar) auf einem Elefanten in die Stadt. Er befahl, die Ungläubigen zur Strafe hinzurichten ... bis zum Mittag wurden zweitausend von ihnen umgebracht."[27]

Aurangzeb wurde als ein eifriger Verfechter eines extremistischen Islam bekannt. Er führte die Dschizya-Steuer für Nichtmuslime wieder ein[28] und quälte die „Ungläubigen" rücksichtslos:

Das Land (in Nord- und Zentralindien) wurde verwüstet, die Tempel zerstört, Frauen und Kinder der Ungläubigen verschleppt[29] *… den Hindus an der nordwestlichen Grenze wurde befohlen, sich zum Islam zu bekehren. Wer sich weigerte, wurde hingerichtet. Denen, die sich bekehrten, wurde der Erlass sämtlicher Schulden versprochen und die Begnadigung aller Verbrechen.*[30]

Das Osmanische Reich, Aggression und Vernichtung: ca. 1000–1920 n. Chr.

Viele türkische Stämme Zentralasiens bekehrten sich zum Islam und wurden *Ghazis,* Krieger im Kampf gegen das Byzantinische Reich und für die Errichtung des Seldschuken-Sultanats. 1071 gewannen die Seldschuken bei Manzikert eine wichtige Schlacht gegen die Byzantiner, eroberten innerhalb eines Jahrzehnts Armenien und übernahmen die Kontrolle über drei Viertel von Kleinasien.[31]

Nach der Machtübernahme teilten die Seldschuken ihr Sultanat in Fürstentümer auf. Eines davon war die osmanische Dynastie, gegründet von Osman (arabisch Othman).[32]

Die Osmanen luden die muslimischen Ghazis ein, sich ihrer Eroberung christlicher Länder wie Griechenland, Mazedonien und Bulgarien anzuschließen. Die Türken besiegten 1389 die Serben und nahmen 1453 Konstantinopel ein; 1517 besetzten sie Syrien und Ägypten und erweiterten 1519 und 1683 ihr Reich bis nach Österreich. Damit wurde das Osmanische Reich 600 Jahre lang zur weltweit vorherrschenden muslimischen Macht.[33]

Die Osmanen führten *Surgon* ein, die Zwangsumsiedlung von Türken auf den Balkan, Zypern, Griechenland und Serbien, wo sie zur Kontrolle der eroberten christlichen Bevölkerung eingesetzt wurden.[34] Unter Murad I. (1359–1389) ersetzte das Militär ihre Truppen durch Kapikullari (Sklavensoldaten), die unter Murad II.

(1421–51) durch Janitscharen ersetzt wurden – christliche Jungen, die ihren Familien geraubt und dann gezwungen wurden, Muslime zu werden. Sie wurden für den Kampf gegen Christen ausgebildet.[35]

Die Ereignisse um die Eroberung Konstantinopels durch die Osmanen und die Massaker an der Bevölkerung durch die Janitscharen waren so entsetzlich, dass weder Muslime noch Christen dies bis heute vergessen haben.

Sultan Mehmed erließ den Befehl „die Stadt zu plündern". Sie kamen aus allen Richtungen… (die Ghazis) drangen in die Stadt ein, überrannten die Ungläubigen mit dem Schwert (schlachteten sie ab)… köpften den Kaiser und ermordeten die Stadtbewohner… Sie legten (Überlebende) in Ketten und legten ihnen Metallringe um den Hals… Augenzeugen berichteten vom „großen Abschlachten… (von Menschen) und der hemmungslosen Gewalt der Janitscharen… Sie versetzten mit ihrem Schlachten die ganze Stadt in Angst und Schrecken und versklavten alle… Die Türken drangen in die Kirche ein (die große Kirche der Heiligen Sophia), plünderten, mordeten und versklavten… Rücksichtslos erschlugen sie alle Alten, Männer wie Frauen… neugeborene Kleinkinder wurden auf die Straßen geworfen… alle Überlebenden versklavt… Frauen und Kinder in Fesseln weggeführt".

In seinem Brief an den Sultan von Ägypten schreibt Mehmed, „sie töteten die heidnischen Einwohner und zerstörten ihre Häuser… Sie reinigten diese Orte von ihrer christlichen Unreinheit und mönchischem Schmutz".[36]

Aber so verhängnisvoll die Eroberung von Konstantinopel auch war, Armenien sollte die schrecklichste Katastrophe des „türkischen Heiligen Krieges gegen die Christenheit“ erleben.[37]

640 lieferten die ersten muslimischen Angreifer auf Dvin (Dowin), eine große Stadt im christlichen Armenien, „die Mehrheit der Bevölkerung dem Schwert aus. Sie verließen die Stadt, nachdem sie diese geplündert hatten … und führten ein Heer von Gefangenen mit sich, 35 000 Seelen“.[38]

642/643 „rollten die nächsten Angriffswellen über die gesamte Region hinweg. Die Truppen eroberten Beute und Gefangene“; sie nahmen „die Festung von Khram ein, ermordeten (ihre Garnison) mit dem Schwert und verschleppten Frauen und Kinder“.[39]

655 „verwüsteten sie das gesamte Land Armenien und rissen sämtliche Kirchen nieder“.[40]

Von 1048 bis 1054 „sandte Toghrul Beg seine Horden“ nach Armenien. Sein Vetter Koutulmish nahm Ardzen ein (und) übergab die Stadt (und ihre 800 Kirchen) dem Feuer, nachdem er sie geplündert und aus dem Gebiet 150 000 Personen in die Gefangenschaft geführt hatte.[41]

Toghrul eroberte 1059 die Stadt Sivas (Sebaste, ein Handelsknotenpunkt), machte sie dem Erdboden gleich und ermordete den Großteil der Bevölkerung.

Alp Arslan, der Neffe von Toghrul, griff 1064 die Stadt Ani an – „sogar grausamer als sein Onkel. ‚Männer wurden auf den Straßen hingerichtet‘, schreibt Aristakes Lastivert, ‚Frauen wurden verschleppt … Jungfrauen in der Öffentlichkeit vergewaltigt … Kinder auf dem Gehweg zerschmettert‘“.[42]

Zwischen 1894 und 1922 erreichten die Angriffe der Türken auf die Armenier ihren Höhepunkt. **Die Türkei beschloss, „ihr armenisches Problem durch Vernichtung der armenischen Rasse zu lösen“.**[43]

Nach Angaben des armenischen Patriarchats lebten im Osmanischen Reich 1878 etwa drei Millionen Armenier.[44] Diese christlichen Armenier wurden von den muslimischen Türken als *Gavours* oder Ungläubige bezeichnet.[45]

Der britische Ethnograf William Ramsay beschrieb die Zustände, unter denen die Armenier litten:

Wollen wir begreifen, was die Herrschaft der Türken für Armenier und Griechen bedeutete, müssen wir weiter zurückschauen. Es war keine religiöse Verfolgung. Es war nichts anderes als unaussprechliche Verachtung. Sie wurden wie Hunde und Schweine behandelt, bespuckt und verachtet; fiel ihr Schatten auf einen Türken, hatte dieser das Recht, empört zu sein; sie waren die Fußmatten, auf denen sich der Türke den Schmutz von seinen Füßen abstreifte … Nichts, was einem Armenier gehörte, weder sein Eigentum, sein Haus, sein Leben, seine Person noch seine Familie waren heilig und sicher vor Gewalt – unberechenbare, grundlose Gewalt. Widerstand zu leisten bedeutete den gewaltsamen Tod![46]

In den späten 1870er-Jahren schüttelten die Griechen gemeinsam mit anderen christlichen Nationen auf dem Balkan die osmanische Herrschaft ab. Die Armenier „blieben während dieser Jahre im Großen und Ganzen passiv, was ihnen den Titel *millet-i sadika* oder ‚loyale Gemeinschaft' einbrachte".[47]

Der armenische kommunale Rat reichte bei den osmanischen Herrschern eine Petition ein, mit der Bitte, sich mit „den Plünderungen und Morden in armenischen Städten durch (muslimische) Kurden und Tscherkessen" zu beschäftigen. Nichts geschah. Seit 1876 regierte der osmanische Herrscher Sultan Abdülhamid II. Er wiegelte die armenischen Beschwerden über Plünderungen und Morde als weitestgehend übertrieben und frei erfunden ab.[48] Also strebten die Armenier nach dem russisch-türkischen Krieg von 1877–1878 mithilfe des russischen Reiches nach größerer Autonomie.[49]

Abdülhamid II. rief 1890 eine paramilitärische Einheit ins Leben, bekannt als die *Hamidiye*-Regimenter, die aus kurdischen Gesetzlosen bestand. Deren Aufgabe bestand darin, „sich nach Belieben mit den Armeniern auseinanderzusetzen".[50]

1895 versammelten sich 2000 Armenier in Konstantinopel, um eine Petition für Reformen einzureichen; „die osmanischen Polizeieinheiten lösten jedoch den Aufruhr mit Gewalt auf".[51] Die hamidischen Massaker, die in Bitlis, Diyabekir, Erzerum, Harput, Sivas, Trabzon folgten, kosteten zwischen 100 000 und 300 000 Armenier das Leben.[52]

1908 kam es zum Sturz Abdülhamids II. durch Offiziere der osmanischen Dritten Armee. In den auf diesen Militärputsch und den Gegenputsch folgenden Kämpfen wurden in Adana noch einmal zwischen 15 000 und 30 000 Armenier umgebracht.[53]

1912 brach der erste Balkankrieg aus, die Osmanen wurden besiegt und verloren 85 Prozent ihres Reiches in Europa. Hunderttausende Muslime, einschließlich der Tscherkessen und Tschetschenen (bekannt als *Muhajirs*) wurden vom Balkan vertrieben. Die *Muhajirs* waren in ihrer Rache gegenüben den christlichen Armeniern sehr gründlich.[54]

1914 trat das Osmanische Reich an der Seite der Deutschen in den Ersten Weltkrieg ein, in der Hoffnung, an Russland verlorenes Gebiet wieder zurückzuerobern. Doch die Türken wurden mithilfe armenischer Freiwilligenverbände von den Russen besiegt.[55]

1915 entbrannte der Völkermord an den Armeniern in voller Härte. Er begann mit der Verhaftung und Hinrichtung von etwa 250 armenischen Intellektuellen und politischen Führern in Konstantinopel.[56]

Was dann folgte, war ein „groß angelegtes Morden der männlichen Bevölkerung durch Massaker und Zwangsarbeit sowie die Verschleppung von Frauen, Kindern, Alten und Schwachen auf Todesmärschen in die Syrische Wüste".[57] Die *New York Times* schrieb damals: „Die Straßen und der Eufrat sind übersät mit verbannten Leichen. Den Überlebenden droht der sichere Tod. Hier handelt es sich um nichts Geringeres als die Auslöschung der gesamten armenischen Volksgruppe."[58]

Der Botschafter der Vereinigten Staaten schrieb:

In allen armenischen Provinzen hat der Tod im Frühling und Sommer des Jahres 1915 in seinen unterschiedlichen Formen zugeschlagen – Massaker, Hungersnöte, Erschöpfung – und den weitaus größten Teil der Flüchtlinge ausgelöscht. Die türkische Politik betrieb die Auslöschung der Armenier unter dem Deckmantel der Verschleppung.[59]

Leutnant Hasan Maruf von der osmanischen Armee beschrieb, wie die gesamte Bevölkerung eines Dorfes mitgenommen und verbrannt wurde: „Die schnellste Methode, um mit den Frauen und Kindern in den Gefangenenlagern fertigzuwerden, besteht darin, sie zu verbrennen."[60]

2002 besuchte ich gemeinsam mit Armen Gakavian, einem guten Freund, dessen Familie dem Völkermord entkommen konnte, das armenische Völkermord-Museum in Eriwan. Dort erfuhr ich, dass die Gesamtzahl der Getöteten auf 1 bis 1,5 Millionen geschätzt wird – die Hälfte der gesamten armenischen Bevölkerung![61] Andere christlich-ethnische Gruppen wie Assyrer und Griechen waren von diesem Völkermord ebenfalls betroffen.[62]

Moderner islamischer Radikalismus, Extremismus und Terrorismus: ca. 1920–2020 n. Chr.

Araber und Juden stützen sich in ihrem ungelösten Konflikt um das „Verheißene Land" und die „Auserwählte Stadt" Jerusalem auf religiöse Argumente.[63]

Juden berufen sich auf den in der Thora festgehaltenen Anspruch auf das Land Israel.[64]

Muslime berufen sich auf einen entsprechenden koranischen Anspruch auf das Land Ismaels. Im Gegensatz zu der jüdischen Behauptung, dieses Land sei ausschließlich den Nachfahren von Abrahams jüngerem Sohn Isaak verheißen worden, argumentieren viele Muslime, das Land Kanaan wäre dem älteren Sohn Ismael versprochen worden, von dem die Araber ihre Abstammung herleiten.[65]

Die PLO (Palästinensische Befreiungsorganisation) hat in ihrer Gründungscharta festgehalten, dass sie der „Befreiung Palästinas [verpflichtet ist und] die zionistische und imperialistische Präsenz zerstören" wird.[66] Hamas, die gesetzlich legitimierte Regierung im Gazastreifen, behauptet: „Ganz Palästina (das sämtliche israelischen und palästinensischen Gebiete umfasst) ist islamisches *waqf* und muss von Muslimen regiert werden."[67]

Der Konflikt zwischen Juden und Arabern in Palästina nahm im Verlauf des 20. Jahrhunderts an Schärfe zu und mündete 1947 in einen Bürgerkrieg, 1948 in einen arabisch-israelischen Krieg (Palästinakrieg), in Vergeltungsschläge von 1951 bis 1955, den Sinai-Krieg (Sueskrise) 1956, den Sechstagekrieg von 1967, den Abnutzungskrieg von 1967 bis 1970, den Jom-Kippur-Krieg von 1973, die Operation Litani im Jahr 1978, den ersten Libanonkrieg von 1982, den Südlibanon-Konflikt von 1982 bis 2000, die erste Intifada von 1987 bis 1993, die zweite Intifada von 2000 bis 2004, den zweiten Libanonkrieg von 2006, den Gaza-Krieg (Operation Gegossenes Blei) von 2008 bis 2009, die Operation Wolkensäule von 2012 und die Operation Schutzlinie (2014).

Man schätzt, dass diese Konflikte zwischen 1945 und 1995 etwa 92 000 Menschenleben gefordert haben (74 000 Soldaten und 18 000 Zivilisten).[68] Vom 29.09.2000 bis zum 02.10.2012 verloren weitere 7714 Menschen ihr Leben.[69] Während all dieser kriegerischen Auseinandersetzungen um das „Heilige Land" verloren zwischen 1,5 und 2 Millionen Menschen ihr Zuhause.[70]

1979 erlebte der Iran eine Revolution, die unter der Führung von Ayatollah Khomeini zu einer „Islamischen Revolution" wurde und das Land in eine „Islamische Republik" verwandelte. Vorausgegangen war das brutale, vom Westen unterstützte Regime des Schahs. Die islamisch-republikanische Partei setzte eine islamisch-theokratische Regierung ein und gründete einen militärischen Arm (die Revolutionsgarden)[71], um diese Regierung durchzusetzen.[72]

Im August 1979 wurde die Nationale Demokratische Front verboten[73], die provisorische Regierung im November des gleichen Jahres entmachtet, im Januar 1980 die muslimische Republikanische Volkspartei verboten, im März 1980 begann eine „Säuberung" der Universitäten, und im Juni 1981 wurde der linke Islamist Abolhassan Banisadr vor Gericht gestellt.[74]

Menschenrechtsgruppen schätzten die Zahl der Todesopfer unter den Demonstranten und Gefangenen des neuen Systems auf *mehrere Tausend.*

Die Mitglieder des alten Systems wurden zuerst hingerichtet – Armeegeneräle und über 200 höhergestellte Zivilangestellte.[75] Kurze Gerichtsprozesse ohne Verteidiger, Geschworene oder dass die Angeklagten die Möglichkeit hatten, sich selbst zu verteidigen[76], wurden von Revolutionsrichtern wie Sadegh Khalkhali abgehalten, dem „Blutrichter". Bis Januar 1980 wurden „mindestens 582 Personen hingerichtet", unter ihnen auch Amir Abbas Hoveida, der ehemalige Premierminister des Iran.[77]

In der Zeit von Januar 1980 bis Juni 1981 fanden mindestens 900 weitere Hinrichtungen statt.[78] Die Anklagepunkte reichten von Drogen- und Sexualdelikten bis hin zu „Korruption auf Erden", Verschwörung zu einer Gegenrevolution und Spionage für Israel und der Mitgliedschaft in einer oppositionellen Vereinigung.[79] *Amnesty International* dokumentierte für das darauffolgende Jahr 2946 Hinrichtungen.[80]

Der erste Golfkrieg von 1980 bis 1988 begann mit dem Einmarsch des Irak in den Iran. Die meisten Opfer gab es jedoch in der Zeit *nach* der Rückeroberung dieser Gebiete durch den Iran und *nachdem* der Iran ein Waffenstillstandsangebot des Irak verweigert hatte. Khomeini lehnte eine Waffenruhe ab und rief einen „Heiligen Krieg" aus. Friede könne es nur unter zwei Bedingungen geben: „Das Regime in Bagdad muss fallen und durch eine Islamische Republik ersetzt werden."[81]

Khomeinis „Aufruf zum (gewaltsamen) Dschihad hetzte Tausende iranischer Jugendlicher auf, die sich freiwillig zu Märtyrereinsätzen meldeten".[82] Seine aus Freiwilligen bestehende paramilitärische Miliz *Basidsch-e Mostaz'afin* sandte Kinder und junge Erwachsene auf Himmelfahrtskommandos und machte sie so zu „Heiligen Kriegern"[83]; diese Einsätze waren durch das iranische Mullah-Regime absegnet.[84]

Die *Basidsch* wurden in erster Linie bekannt für ihre „selbstmörderischen Wellenangriffe, bei denen kaum oder nicht ausgebildete Zivilisten als Vorhut dienten. Sie räumten auf diese Weise die Minenfelder und zogen das gegnerische Feuer auf sich."[85] Man schätzt, dass Zehntausende *Basidsch* bei solchen Himmelfahrtskommandos ums Leben kamen. **Weitere Hunderttausende Iraner wurden Opfer dieses „Heiligen Krieges".**[86]

Basidsch wurden auch bei Niederschlagungen der Proteste von 1999 und 2003 eingesetzt sowie während der brutalen Niederschlagung der Proteste im Jahr 2009.[87] Menschenrechtsaktivisten beschuldigen „männliche Angehörige der Basidsch der Vergewaltigung und Ermordung der 26-jährigen Elnaz Babazadeh, weil sie sich unziemlich gekleidet habe".[88]

1928 gründete der islamische Gelehrte Hasan al-Banna in Ägypten die Muslimbrüder bzw. Muslimbruderschaft, eine religiös-soziale Bewegung.[89] Bis in die Fünfzigerjahre hinein hatte sie bis zu zwei Millionen Mitglieder.[90] Sie begann als Wohltätigkeitsorganisation, „predigte den Islam, lehrte Analphabeten, errichtete Krankenhäuser und gründete Wirtschaftsunternehmen". Mit zunehmendem Einfluss wurde die Muslimbruderschaft jedoch immer politischer und lehnte sich gegen die britische Herrschaft in Ägypten auf.[91] Viele ägyptische Nationalisten werfen der Muslimbruderschaft vor, in dieser Zeit für zahllose brutale Morde verantwortlich zu sein.[92]

In den Fünfziger- und Sechzigerjahren war Sayyed Qutb der führende Kopf der Muslimbruderschaft, ein islamischer Theoretiker und Gelehrter und Verfasser von 24 Büchern. Sein bekanntestes Buch ist *Ma'alim fi al-Tariq* (*Meilensteine*), in dem er sich verbittert und enttäuscht vom jahrzehntelang geführten friedlichen Kampf abwendet. Er argumentiert darin, dass Muslime zur Wiedererlangung ihrer Freiheit eine revolutionäre Gruppe von Vorreitern bräuchten, die den *Dschahiliya* – den „Zustand der Unwissenheit“ – durch einen *Dschihad* beenden müsste. Diesen definiert er als „entschlossenen, offensiven und gewalttätigen Kampf“.[93] **Dieser Kampf sei erst dann vorüber, wenn jeder Nichtmuslim aus der Gesellschaft entfernt worden sei.**[94]

1966 wurde Sayyed Qutb für den Anschlag auf Ägyptens Präsident Nasser verurteilt und mit dem Tod durch den Strang bestraft. Sein Erbe lebt jedoch weiter und seine Schriften beeinflussten auch *al-Qaida*.[95] Einer seiner Studenten war Aiman az-Zawahiri, ein Mitglied der ägyptischen Terrororganisation *al-Dschihad*[96], der Mentor von Osama bin Laden war und heute Anführer von *al-Qaida* ist.[97]

Osama bin Laden war Wahhabit – Mitglied einer puristisch-traditionalistischen Sekte, die *Takfir* (die Verurteilung aller Muslime, die „Kompromisse eingehen“ oder als „Abgefallene“ gelten) und Dschihad praktizieren, den sie als entschlossenen, offensiven und gewalttätigen Kampf gegen Abgefallene definieren.[98] Indem sie kompromissbereite Muslime als „Abgefallene“ verurteilten, hatten bin Ladens Dschihadisten nicht nur „eine rechtliche Grundlage, um andere Muslime zu töten, was eigentlich durch den Koran verboten ist“, sondern sie verkehrten dieses Verbot in sein Gegenteil, nämlich in „ein religiöses *Gebot,* die abgefallenen Muslime hinzurichten“.[99]

Einige der Ziele von al-Qaida sind u. a. ein Ende der amerikanischen Militärpräsenz im Nahen Osten und auf der Arabischen Halbinsel, den Sturz der arabischen Regime, die nach ihrer Auffassung korrupt und nicht religiös genug sind[100], sowie die Beendigung der amerikanischen Unterstützung Israels.[101] Al-Qaida hat bisher sechs verheerende Terroranschläge verübt, vier davon gezielt gegen die Vereinigten Staaten.[102]

1993 versuchte Ramzi Yousef, mit einer Lkw-Bombe das World Trade Center in New York zum Einsturz zu bringen. Yousef erklärte, dieser Angriff solle „die Vereinigten Staaten für ihre Unterstützung Israels und deren Besetzung der palästinensischen Gebiete bestrafen".[103] Die Explosion sollte das Fundament von WTC1 (North Tower) beschädigen und auf diese Weise dafür sorgen, dass dieser in WTC2 (South Tower) stürzt. So wollte er den gesamten Gebäudekomplex zum Einsturz bringen. Yousef hoffte, dadurch mindestens 250 000 Menschen zu töten. Die beiden Türme wurden erschüttert, aber das Fundament hielt; es gab 1042 Verletzte, sechs Menschen starben.[104]

1996 „entwarf bin Laden persönlich einen Attentatsplan gegen Präsident Bill Clinton, während dieser zu Besuch in Manila war. Minuten bevor sich seine Autokolonne auf den Weg machte, fingen Geheimdienstmitarbeiter eine Botschaft ab und alarmierten den US-Sicherheitsdienst, der eine Bombe unter einer Brücke entdeckte".[105]

1998 wurden die Botschaftsgebäude der Vereinigten Staaten in den ostafrikanischen Städten Daressalam und Nairobi bombardiert. Das Datum der Explosion fiel genau auf den achten Jahrestag der Ankunft der ersten amerikanischen Soldaten in Saudi-Arabien. „In Daressalam wurden mindestens 11 Menschen getötet und 85 verletzt; in Nairobi wurden mindestens 212 Menschen getötet und 4000 verletzt."[106]

Im Oktober 2000 verübten Al-Qaida-Milizen im Jemen ein Selbstmordattentat auf den Zerstörer USS Cole. Das mit Sprengstoff beladene Boot der Terroristen detonierte auf Höhe der Maschinenräume und der Messe, riss ein großes Loch in den Rumpf und tötete 17 Soldaten. Inspiriert durch den Angriff auf die USS Cole beschloss al-Qaida, die Vereinigten Staaten direkt anzugreifen, und führte am 11. September 2001 zeitgleich mehrere Terrorakte durch.

Es gilt als erwiesen, dass die Selbstmordattentäter vom militärischen Befehlshaber von al-Qaida angeführt wurden – Mohammed Atta –; bin Laden, Aiman al-Zawahiri, Khalid Scheich Mohammed waren die entscheidenden strategischen Planer.[107]

Zwei Verkehrsflugzeuge wurden in die Tower des Word Trade Center geflogen, ein drittes in das Pentagon und ein viertes, dessen ursprüngliches Ziel das Kapitol war, stürzte auf einem Feld in Pennsylvania ab. Es waren die zerstörerischsten Terroranschläge in der amerikanischen Geschichte, bei denen schätzungsweise 3000 Menschen ums Leben kamen.

Die Welt war Zeuge, als bin Laden laut ausrief: **„Amerika wird hier von Gott, dem Allmächtigen, in einem seiner lebensnotwendigen Organe getroffen**, denn seine großartigsten Gebäude wurden zerstört."[108] Bin Laden behauptete, Amerika „würde in Palästina, Tschetschenien, Kaschmir und Irak massenhaft Muslime umbringen", und diese hätten deshalb das „Recht zu Vergeltungsschlägen".[109]

Am 11. März 2004 wurden koordinierte Attentate auf das städtische Zugsystem von Madrid verübt. „Die Explosionen töteten 191 Menschen und weitere 2051 wurden verletzt."[110] Der Angriff in Madrid wurde als „von al-Qaidas Aufruf inspiriert bezeichnet. Ziel ist es, die spanische Regierung für ihre Unterstützung des Irakkrieges zu bestrafen". Al-Qaida hatte Dschihadisten aufgerufen, Spanien als Teil eines muslimischen Kalifats oder Königreiches unter islamischer Herrschaft zurückzuerobern.[111]

Als Antwort auf die sowjetische Invasion Afghanistans im Jahr 1979 schlossen sich muslimische Rebellen in Guerilla-Einheiten zusammen, sogenannte *Mudschaheddin*, um gegen die Sowjets zu kämpfen.

Wilhelm Dietl, der Verfasser des Buches „Heiliger Krieg für Allah", erinnert sich, „was ihm einer dieser Mudschaheddin auf dem Weg zu einem bewaffneten Überfall in Herat erzählte: ‚Wir lieben es, Russen zu töten und getötet zu werden.'"[112] Seine Frau Anke wurde einmal von afghanischen Freunden zu einem Filmabend eingeladen, wo diese voller Stolz einen von Mudschaheddin selbst gedrehten Film zeigten, in dem diese einen sowjetischen Gefangenen bei lebendigem Leib unter einem erbeuteten sowjetischen Panzer zerquetschten.

Nach dem Rückzug der Sowjets im Jahr 1989 kämpften die Mudschaheddin gegeneinander um die Kontrolle des Landes. Diese innerafghanischen Kämpfe werden auch als Afghanischer Bürgerkrieg bezeichnet – ein traumatisches Kapitel in der Geschichte des Landes.

Eine dieser Gruppierungen, die zunächst gegen die sowjetischen Invasoren und dann gegen die Mudschaheddin kämpften, waren die *Taliban* („Schüler" bzw. „Suchende"), die sich verpflichtet hatten, den neu erwachten extremistischen Islam zu verbreiten. Die Taliban waren eine gut organisierte, entschlossen kämpfende Einheit, die von 1996 bis 2001 schrittweise die Kontrolle über das Land übernahm und das Islamische Emirat Afghanistan errichtete. Sie verübten systematisch Massaker gegen die Zivilbevölkerung. Offizielle Vertreter der Vereinten Nationen sprechen von bis zu fünfzehn Massakern zwischen 1996 und 2001. Sie berufen sich dabei auf „Augenzeugen in vielen Dörfern, die beschreiben, wie arabische Kämpfer lange Messer trugen, mit denen sie Kehlen durchschnitten und Menschen häuteten".[113]

Am 8. August 1998 griffen die Taliban Masar-e Scharif an. Von den 1500 Verteidigern der Stadt überlebten nur 100. Einmal an der Macht, begannen die Taliban, willkürlich zu morden – Menschen wurden auf offener Straße erschossen, Frauen vergewaltigt und Tausende in Container gesperrt und dort erstickt. Bei diesen „ethnischen Säuberungen" gab es schätzungsweise 5000 bis 6000 Tote.[114]

„Der ehemalige Botschafter der Taliban in Pakistan, Mullah Abdul Salam Zaeef, erklärte, dieses grausame Vorgehen unter den und durch die Taliban sei ‚notwendig'".[115] Während sie an der Macht waren, zwangen die Taliban der Bevölkerung eine extreme Auslegung der Scharia auf, verbannten Musik aus dem öffentlichen Leben, prügelten Männer, die ihre Bärte stutzten, und verschlossen Frauen den Zugang zu Gesundheitsversorgung, Sozialleistungen und Ausbildungsmöglichkeiten.

Vor einigen Jahren besuchte ich Kollegen, die in Jalalabad arbeiteten. Ich erinnere mich noch daran, dass damals einem Grundschullehrer die Kehle durchgeschnitten wurde, weil er in seiner Klasse Mädchen und Jungen zusammen unterrichtete. Während ich dieses Buch schrieb, richteten die Taliban in Peschawar, einer Stadt an der Grenze zu Pakistan, 148 Lehrer und Schüler hin.

„Die Taliban zwangen Frauen faktisch einen Hausarrest auf und verboten ihnen unter Androhung von körperlicher Gewalt (sich ohne Aufsicht außerhalb ihrer Häuser aufzuhalten)."[116] Sohaila, eine junge Frau, die mit einem Mann gesehen worden war, der kein Verwandter war, wurde des Ehebruchs beschuldigt. Sie wurde im Ghazi-Stadion öffentlich ausgepeitscht und bekam 100 Schläge.[117]

Andererseits betrieben mehrere Befehlshaber von Taliban und al-Qaida Menschenhandel. Sie entführten Frauen und verkauften diese als Sexsklavinnen. Während einer Offensive von Taliban und al-Qaida im Jahr 1999 wurden mehr als 600 Frauen verschleppt. Opfer des Menschenhandels waren insbesondere Tadschiken, Usbeken und Hazara. Manche Frauen begingen Selbstmord, um der Sklaverei zu entgehen.[118]

2002 gründete Ustaz Mohammed Yusuf die „Vereinigung der Sunniten für den Ruf zum Islam und den Dschihad", besser bekannt als *Boko Haram* oder „Westliche Bildung verboten". Diese „islamische dschihadistische und *Takfiri*-militante terroristische Organisation ist im Nordosten Nigerias, Kamerun und dem Niger zu Hause". Die Organisation versucht, „dem Einhalt zu gebieten, was sie als ‚Verwestlichung' bezeichnet, und einen ‚reinen' islamischen Staat nach dem Gesetz der Scharia zu errichten".[119]

Boko Haram trägt die Verantwortung für eine ganze Reihe von Verbrechen: Angriffe auf Christen und Regierungsziele sowie Schulen und Polizeistationen[120], Anschläge auf Kirchen[121], Entführung von Touristen und die Ermordung von Mitgliedern des islamischen Establishments.[122] Die Gewalttaten des Boko Haram haben zwischen 2002 und 2013 mehr als 10 000 Todesopfer gefordert.[123]

2014 sah die Welt schockiert zu, wie Boko Haram 122 Bewohner der Stadt Jos und über 300 Einwohner von Chikongudo nahe Gamboru Ngala ermordete und mehr als 200 Schülerinnen einer staatlichen Oberschule in Chibok verschleppte.[124]

2004 wurde *Harakat al-Shabaab al-Mujahideen* – besser bekannt als *al-Shabaab* oder „Die Jugend" – als Dschihadistenmiliz in Somalia gegründet. Diese Gruppe steht im Verdacht, Verbindungen zu Boko Haram zu unterhalten. 2012 schlossen sie sich als Zelle der militanten islamistischen Organisation al-Qaida an.[125] Auch sie versucht, eine strenge Fassung der Scharia durchzusetzen.

Al-Shabaab wird auch für den Tod Zehntausender Elefanten (pro Jahr) und den Tod von Wildhütern verantwortlich gemacht. Mit den Erträgen aus dem Elfenbeinhandel finanziert al-Shabaab ihre Operationen.[126]

Am 21. September 2013 griffen bewaffnete Al-Shabaab-Milizen das Westgate-Einkaufszentrum in Nairobi, Kenia, an. Der Angriff dauerte drei Tage und endete mit 67 Toten und mehr als 175 Verletzten.[127]

Auch der Konflikt in Darfur/Sudan wird von der Regierung in Khartum als „Heiliger Krieg" interpretiert.[128]

Zwei Rebellenbewegungen – die Sudanesische Befreiungsarmee und die Justice-and-Equality-Bewegung (JEM) – griffen gegen die sudanesische Regierung zu den Waffen, beklagten die Ausgrenzung ihres Gebietes und das Versagen der Regierung, die Bauern gegen angreifende Nomaden zu schützen. Die Regierung des Sudan reagierte mit der Entfesselung arabischer Milizen, bekannt unter dem Namen Janjaweed *oder „Teufel auf Pferderücken". Sudanesisches Militär und Janjaweed-Milizen griffen Hunderte Dörfer in der Region Darfur an. Über 400 Dörfer wurden vollkommen zerstört und Millionen Zivilisten zur Flucht gezwungen.*[129]

In diesem noch andauernden Völkermord werden bis heute afrikanische Bauern in Darfur systematisch zwangsumgesiedelt und von den Janjaweed-Milizen ermordet. Der Völkermord in Darfur hat bis heute 400 000 Menschenleben gefordert und mehr als 2,5 Millionen

Menschen wurden vertrieben. Jeden Tag sterben dort mehr als 100 Menschen; jeden Monat bis zu 5000.[130]

Im Juni 2005 nahm der Internationale Strafgerichtshof die Untersuchungen zu den Menschenrechtsverletzungen in Darfur auf. Der sudanesische Präsident Umar al-Baschir wurde des Völkermordes bezichtigt und drohte im Gegenzug, „einen Dschihad gegen die Friedenstruppen der Vereinten Nationen zu entfachen".[131] Am 4. März 2009 wurde zum ersten Mal in der Geschichte des Gerichtshofes gegen einen amtierenden Präsidenten ein Haftbefehl wegen Völkermordes, Verbrechen gegen die Menschlichkeit und Kriegsverbrechen erlassen.[132]

Auf den Philippinen sind die islamistischen Terrorgruppen *Abu Sayyaf*, die *Rajah-Sulayman-Bewegung*, die *Moro Islamic Liberation Front* und *Jemaah Islamiyah* aktiv. Seit Januar 2000 verübten islamistische Terrorgruppen dort mehr als 40 Bombenanschläge gegen Zivilisten und zivile Ziele, die meisten auf den südlichen Inselgruppen auf Mindanao, Basilan und Jool.[133] Zahlreiche Bomben detonierten in der Hauptstadt Manila und der Umgebung. Zwischen 2000 und 2007 wurden fast 400 Menschen durch Attentate getötet und weit über 1500 philippinische Zivilisten verletzt."[134]

In Indonesien operieren eine Reihe von Dschihadmilizen, vor allem *Laskar Dschihad* und *Jemaa Islamiyah*. Laskar Dschihad rief die Muslime auf den indonesischen Molukken auf, „einen Heiligen Krieg zu kämpfen", und verübte in Sulawesi Attentate gegen Christen.[135] Laskar Dschihad war auch beteiligt an der Gewalt gegen Christen 1999 in Osttimor.[136]

Als 2000 eine Bombe an der Börse in Jakarta detonierte, wurde der Terrorismus in Indonesien härter, und es folgten weitere schwere Attentate. Am 12. Oktober 2002 verübte Jemaah Islamiyah Bombenangriffe auf den Touristenort Kuta auf Bali. „Die Bomben töteten 202 Menschen (darunter 88 Australier, 38 Indonesier, 27 Briten, 7 Amerikaner, 6 Schweden, 3 Dänen). Weitere 240 Personen wurden verletzt."[137]

Auf einer Audiokassette identifizierte man angeblich die Stimme Osama bin Ladens, der angab, die Bomben von Bali wären eine direkte Vergeltung für die Unterstützung des amerikanischen Krieges gegen den Terror und Australiens Rolle bei der Befreiung Osttimors.[138]

2014 stieg *ISIL*, besser bekannt als ISIS (Islamischer Staat im Irak und in Syrien) oder heutzutage IS (Islamischer Staat), zu einer maßgeblichen militanten politischen Bewegung auf.[139]

Der IS ist ein „selbst ausgerufenes Kalifat und beansprucht die religiöse Autorität über alle Muslime". Er strebt nach politischer Kontrolle über die von Muslimen bewohnten Regionen dieser Welt, angefangen im Irak und in Syrien bis nach „Jordanien, Israel, Palästina, Libanon, Kuwait, Zypern und die südliche Türkei".[140]

Diese Gruppe wurde in ihrer ursprünglichen Form von einer Vielzahl sunnitischer Rebellengruppen unterstützt, einschließlich der Mujahideen Shura, dem Islamischen Staat des Irak (ISI), al-Qaida im Irak (AQI), den Rebellengruppen Jaysh al-Fatiheen, Jund al-Sahaba, Katbiyan Ansar Al-Tawhid wal Sunnah und einer Vielzahl sunnitischer irakischer Stämme. Der IS entwickelte sich durch seine Beteiligung am syrischen Bürgerkrieg und der Stärke seines

Anführers Abu Bakr al-Baghdadi zu einer Regionalmacht. Die wirtschaftlichen und politischen Diskriminierungen der Sunniten seit dem Sturz Saddam Husseins im Irak machten es dem IS leicht, Unterstützer für ihre Sache zu rekrutieren.[141]

Der IS ist bekannt für „seine streng wahhabitische Auslegung des Islam"[142] und „seine brutale Gewaltanwendung"[143], vor allem gegen schiitische Muslime und Christen.[144] Die Terrororganisation hat etwa 4000 Kämpfer und in der Vergangenheit nicht nur die Verantwortung für Angriffe auf militärische Ziele übernommen, sondern auch für „Attentate, die bisher Tausende von Zivilisten das Leben gekostet haben".[145] Bis 2014 unterhielt der IS enge Beziehungen zu al-Qaida. Berichten zufolge kappte al-Qaida jedoch im Februar aufgrund dessen „offenkundiger Widerspenstigkeit" und mutwilliger Brutalität sämtliche Verbindungen zu der Gruppe.[146]

Während der Irakkrise 2014 veröffentlichte der IS Videos, auf denen der brutale Umgang mit Zivilisten gezeigt wurde, die offensichtlich gezielt wegen ihrer Religion oder ethnischen Zugehörigkeit ausgewählt worden waren. „Zwischen dem 5. und dem 22. Juni tötete der IS über 1000 irakische Zivilisten, mehr als 1000 weitere wurden verletzt."[147] Der IS veröffentlichte zu Propagandazwecken Fotos seiner Kämpfer, die diese bei „zahlreichen Erschießungen junger Männer zeigen, kaltblütige Hinrichtungen, die als Kriegsverbrechen zu werten sind".[148] Einem Untersuchungsbericht zufolge stieg nach der Eroberung irakischer Städte durch den IS im Juni 2014 die Zahl der Verbrechen gegen Frauen (darunter Verschleppungen und Vergewaltigungen).[149]

Christen, die im „Kalifat" wohnen bleiben wollten, mussten den Bedingungen eines Dhimma-*Vertrages Folge leisten.* **„Christen haben drei Möglichkeiten: sich zum Islam zu bekehren; den Dhimma-Vertrag**

zu unterschreiben – *einschließlich der Zahlung von* Dschizya – **oder das Schwert.“**[150]

Führende britische Imame bezeichnen den IS übereinstimmend als unrechtmäßige Gruppierung, die den wahren Islam in keinster Weise repräsentiere. „Wir als Muslime stehen vereint gegen den IS, gegen Terrorismus, gegen Gräueltaten und Leid“, sagte Sayed Ali Rizvi, das Oberhaupt der *Majlis Ulama-e-Shia*-Gruppe. „Als sunnitischer Muslim lehne ich das Kalifat des IS ab – IS ist eine Terrororganisation“, schrieb Maulana Shahid Raza von der Zentralmoschee in Leicester. Abu Muntasie, Vorsitzender der muslimischen Wohlfahrtsorganisation JIMAS, ist überzeugt: „Brüder und Schwestern, wenn ich euch eines über IS sagen kann, dann dass dies böse, korrupte, selbstsüchtige, heimtückische Menschen sind. Lasst euch nicht mit diesen in einen Topf werfen.“[151]

Kürzlich prangerten australische Imame den IS öffentlich an. Dr. Mohamed Abdalla, Imam der Moschee von Kuraby, sagte: „Die Führer der Gemeinschaft stehen vereint gegen Gewalt. Wir veröffentlichen hiermit eine unmissverständliche, klare Stellungnahme, dass wir Gewalt und Terrorakte ablehnen, unabhängig davon, wer diese verübt.“[152] Aber selbst obwohl sie sich gegen den IS stellten, nahm ein selbst ernannter „Scheich“, Man Jaron Monis, im Namen des IS 17 Menschen im *Lindt Chocolat Café* in Martin Place im Zentrum von Sydney als Geiseln. Diese live übertragene 17-stündige Belagerung endete in einem Kugelhagel, der vier Verwundete und zwei Tote forderte.

Und so geht es immer weiter.

3

EINIGE GEDANKEN ZU UNSEREN NICHT SO HEILIGEN „HEILIGEN KRIEGEN"

Christen und Muslime stellen mehr als die Hälfte der Weltbevölkerung. Allein deshalb ist es für das Wohl der Menschheit lebensnotwendig, dass wir einmal die häufig festzustellende Missachtung von Menschenrechten, die unnachgiebige Verfolgung unorthodoxer Traditionen oder religiöser Ausprägungen, die vom Status quo abweichen, und die Vernichtung der „Ungläubigen" in „Heiligen Kriegen" unter die Lupe nehmen – eben all jene Verbrechen, die im Namen unseres „großen Gottes" begangen werden.

Wenn wir uns die Historie unserer nicht so heiligen christlichen und muslimischen „Heiligen Kriege" anschauen, müssen wir gestehen, dass Gräueltaten an der Tagesordnung sind und waren. Und ich habe die Erfahrung gemacht, dass Christen und Muslime auch nicht dazu neigen, diese zu leugnen. Aber wir neigen dazu, sie zu verharmlosen: Lieber weisen wir auf den positiven Einfluss unserer Religionen hin, statt die negativen Auswirkungen zu betrachten. Oder wir erklären, dass bei von Gläubigen begangenen Gräueltaten mildernde Umstände vorlagen, die die Tat als solche „verständlich", wenn nicht sogar „entschuldbar" machen.

Spricht man beispielsweise über die Kreuzzüge oder die Inquisition, lautet die Antwort der meisten Christen etwa folgendermaßen: „Das ist alles schon so lange her … Das waren andere Zeiten. Damals herrschten andere Sitten und Gebräuche … Die Menschen wussten es nicht besser … Die Menschen, die solche Verbrechen gegen die Menschheit begangen haben, müssen verrückt gewesen sein … Das waren keine richtigen Christen, wissen Sie! … Wenn Sie wissen wollen, worum es beim Christentum wirklich geht, vergessen Sie die Kreuzzüge und die Inquisition, und schauen Sie auf Mutter Teresa und ihre Missionarinnen der Barmherzigkeit."

Spricht man über die Mudschaheddin oder die Taliban, antworten die meisten Muslime etwa folgendermaßen: „Dies ist ein anderes Land … Dort herrscht eine andere Kultur … Das ist nur eine Reaktion auf eine Geschichte der Unterdrückung durch die Kolonialmächte … Die Menschen dort wissen es nicht besser … Die Menschen, die solche Verbrechen gegen die Menschheit begehen, müssen verrückt sein … Das sind keine richtigen Muslime, wissen Sie! … Wenn Sie wissen wollen, worum es beim Islam wirklich geht, vergessen Sie die Mudschaheddin und die Taliban, und schauen Sie auf Abdul Ghaffar Khan und die Khudai Khidmatgar."

Kaum einer verleugnet die Tatsache, dass im Namen des Christentums oder des Islam Gräueltaten begangen wurden. Aber **wir versuchen herunterzuspielen, dass diese Gräueltaten tatsächlich Hinweise auf das Wesen des Christentums oder des Islam liefern.**

Damit kommen wir zur eigentlichen Kernfrage, die wir unbedingt beantworten müssen: Sind diese Gräueltaten, die im Namen des Christentums oder des Islam begangen wurden, im Wesen des Christentums oder des Islam verankert oder sind sie es nicht?

Wenn wir behaupten, dass diese Gräueltaten nicht wirklich etwas mit unserer Religion zu tun haben – sondern nur Verirrungen sind –, dann haben wir von einer weiteren Ausbreitung des Christentums oder des Islam nichts zu befürchten. Aber wenn, wie ich vermute, derartige Gräueltaten durchaus Hinweise darauf sind – und auch die unausweichliche Konsequenz –, wie wir uns die Religionen Christentum und Islam „konstruiert" haben, müssen wir uns im kommenden Jahrhundert tatsächlich vor ihnen fürchten.

Um diese Frage beantworten zu können, müssen wir uns eine ganze Reihe persönlicher, politischer und geistlicher Sichtweisen anschauen. Erst dann können wir einschätzen, wie sehr das Christentum oder der Islam tatsächlich als „wahre" Erklärung für die Ursachen dieser nicht so heiligen christlichen und muslimischen „Heiligen Kriege" dient.

Persönliche Faktoren: Das Böse, Angst, Gier, Macht und autoritäre Persönlichkeiten

Die „persönliche Interpretation" von Gräueltaten, die im Namen der Religion verübt werden, geht von der Annahme aus, dass die „wahre" Erklärung für eine Gräueltat mehr mit der Persönlichkeit des Täters zu tun hat als mit seiner Religion.

Philip Zimbardo sagt, das Böse sei, „es besser zu wissen und dennoch schlimmer zu handeln". Er schreibt: „Mit dem Bösen ist ein bewusstes Verhalten gemeint, das unschuldige Menschen verletzt, missbraucht, entwertet, entmenschlicht oder gar zerstört – oder durch die eigene Autorität andere Menschen ermutigt und in die Lage versetzt, entsprechend zu handeln."[1]

Der Psychiater Scott Peck geht davon aus, dass manche Menschen tatsächlich böse sind. Laut Peck sind böse Menschen Personen, „die ihrer eigenen Sünde nicht ins Auge schauen wollen, ihre Schuld auf andere projizieren und Menschen derart zum Sündenbock machen, dass sie alles tun, was in ihrer Macht steht, um das Objekt ihres Hasses zu zerstören."[2]

Hier kommen einem sofort Menschen wie Timur im 14. und Hitler im 20. Jahrhundert in den Sinn. Als Timur die „götzendienerischen“ Hindus gefangen nahm, lieferte er sie gnadenlos dem Schwert aus. „Vor der Schlacht um Delhi richtete Timur über 100 000 gefangene Hindus hin“ und „die männliche Bevölkerung ganzer Städte wurde durch systematische Massenhinrichtungen vernichtet“.[3]

Als Hitler die Gelegenheit bekam, sich mit den „dreckigen“ Juden zu befassen, wurden jüdische Männer, Frauen und Kinder mit gelben Sternen markiert, aus ihren Wohnungen gezerrt, geschlagen und erschossen oder wie Tiere zusammengetrieben, auf Viehwaggons geworfen und in Konzentrationslagern zusammengepfercht. So wurden etwa sechs Millionen Menschen in der schrecklichsten „Gräueltat, die unsere Welt jemals erlebt hat“, ausgelöscht.

Timur und Hitler sind klassische Beispiele für eine archetypische pathologisch-böse Sündenbock-Theorie. Keiner der beiden hätte seine Pläne jedoch ohne „willige Vollstrecker“ ausführen können, Menschen, die sich diesen Autoritäten unterstellten, die ihnen bei ihrem Handeln zur Seite standen, die ihre Ressourcen mit den verantwortlichen Stellen teilten, sich den entsprechenden Anweisungen unterordneten und den Verbrechen damit Vorschub leisteten.

Wir können aber nicht alle, die Hitler und Timur bei diesen Gräueltaten geholfen oder Vorschub geleistet haben, im klassisch pathologischen Sinne als „böse“ bezeichnen.

Was bringt gewöhnliche Menschen wie Sie und mich dazu, derart böse zu handeln? Nun, nach Hannah Arendt ist die Antwort auf diese Frage tatsächlich ziemlich banal. Es ist unser Pflichtgefühl, die Gewohnheit, Autoritäten zu gehorchen, der Wunsch nach

Anerkennung, die Hoffnung auf Belohnung, Angst vor Bestrafung oder auch nur pure Faulheit, die Neigung, den Weg des geringsten Widerstandes zu gehen, die aus Menschen wie Ihnen und mir willfährige Henkershelfer macht.[4]

Manche Menschen begehen solche Straftaten aus Angst.

Menschen haben das grundlegende Bedürfnis, dazuzugehören, mit anderen verbunden zu sein und Bestandteil einer Familie oder gemeinschaftlicher Strukturen zu sein. Dieser grundlegende Wunsch danach, „drinnen“ und nicht „draußen“ zu sein, ist eine der großen, nie nachlassenden Triebfedern allen menschlichen Handelns, die menschliches Verhalten verändern und dazu führen kann, dass Menschen die Grenzen von Gut und Böse überschreiten.[5] Die Angst davor, ein Außenseiter zu sein, und die Angst vor Ablehnung können dazu führen, dass man bereit ist, die persönliche Selbstbestimmung aufzugeben. Die scheinbare Bedrohung, in diese Außenseiter-Gruppe abgeschoben zu werden, lässt manche Menschen tatsächlich alles tun – von schmerzhaften Initiationsriten bis hin zu den abscheulichsten Verbrechen.[6] C. S. Lewis spricht in „Der innere Kreis“ über den Wunsch der Menschen, zu einem exklusiven inneren Kreis zu gehören: „Von allen Leidenschaften ist die, zum ‚inneren Ring‘ zu gehören, am geschicktesten darin, einen Menschen, der noch nicht besonders schlecht ist, dazu zu bringen, Schlechtes zu tun.“[7]

Man kann davon ausgehen, dass Augustinus den britischen Mönch Pelagius damals nicht nur exkommunizierte, weil er Pelagius als Person ablehnte, sondern weil er sich vor den möglichen Folgen von dessen Lehre fürchtete. Daher warf Augustinus Pelagius aus dem „inneren Kreis“ hinaus.

Sayyid Qutb hatte eine tiefe Leidenschaft für den inneren Kreis des Islam. Er argumentiert in seinem Buch *Ma'alim fi al-Tariq* (*Meilensteine*), dass Muslime, die ihre Freiheit erlangen wollten, eine revolutionäre Elite aufstellen müssten, um *Dschahiliya* zu zerstören – den „Zustand der Torheit" und dessen Unterstützer. Dieser Kampf wäre erst dann beendet, wenn alles nicht Muslimische (d. h. Westliche) aus einer Gesellschaft entfernt würde.[8] Die Angst der Menschen, nicht länger diesem inneren Kreis des Islam anzugehören und als „untreu" zu gelten, wurde und wird von Terrorgruppen genutzt, um sich die „Treue" ihrer Rekruten gegenüber ihren Befehlshabern und die vollkommene Hingabe an die Ausführung all ihrer Befehle zu sichern.[9]

Manche Menschen begehen solche Straftaten aus Gier.

Die Umayyaden ordneten die *Dhimmah* an, um von den *Dhimmis* (nicht muslimischen Untertanen) Steuern einzutreiben, die dem finanziellen Wohl der arabisch-muslimischen Gemeinschaft zugutekommen sollten. Viele muslimische Herrscher zogen es daher vor, dass nicht muslimische Untertanen auch tatsächlich nicht muslimisch blieben und sich nicht bekehrten, um von ihnen Steuern zu kassieren. „Die Gouverneure reichten Beschwerde beim Kalifen ein, als dieser Gesetze zur Erleichterung der Bekehrung erließ, wodurch die Provinzen nämlich ihrer Einnahmen (von *Dhimmis*) beraubt wurden."[10]

Inquisitoren wurden ebenfalls sehr schnell sehr reich. „Sie bekamen Schmiergelder von den Reichen, die damit ihrer Anklage entkamen." Sie beschlagnahmten das Eigentum der Angeklagten und teilten ihre illegal erworbenen Reichtümer selten mit den Bistümern.

Sie „behielten alles für sich und schickten nicht einmal einen Teil davon nach Rom an die Verantwortlichen der Inquisition".[11]

Manche Menschen begehen solche Straftaten aus Machthunger.

Ein Eroberer wie Salman ibn Rabiah al-Bahili „marschierte in Armenien ein und tötete, machte Gefangene und plünderte. Dann verließ er das Land, die Hände (mit Beutegut) beladen, und kehrte nach al-Walid zurück."[12]

Sultan Mehmed erließ den Befehl, „die Stadt zu plündern". „Sie kamen aus allen Richtungen (die *Ghazis*) … drangen in die Stadt ein, überrannten die Ungläubigen mit dem Schwert (schlachteten sie ab) … köpften den Kaiser und ermordeten die Stadtbewohner … Sie legten (Überlebende) in Ketten und legten ihnen Metallringe um den Hals."[13]

Ein Eroberer wie Francisco Pizzarro nahm Inkakönig Atahualpa als Geisel, um so das Inkareich zu kontrollieren. Obwohl die Menschen eine riesige Summe Lösegeld zahlten, wurde Atahualpa umgebracht und ein möglicher Aufstand niedergeschlagen.[14] Hernán Cortés konnte arrogant prahlen, „der mächtigste Mann in der Neuen Welt" zu sein, da er „mehr als 20 000 Sklaven" besaß, deren einziger Lebenssinn darin bestand, ihm zu Willen zu sein.[15]

Manche Menschen begehen solche Straftaten, weil sie eine autoritäre Persönlichkeit haben.

Man könnte sagen: „Wenn es in unseren Genen eine Veranlagung zum Krieg gibt, dann ist die ‚autoritäre Persönlichkeit' deren Verkörperung. Dieser Persönlichkeitstyp zeigt sich im starren Festhalten an der eigenen Meinung, im Aufteilen der Wirklichkeit in Schwarz oder Weiß, einem stark ausgeprägten Wunsch, gesagt zu bekommen, was zu tun ist, und einem ebenso starken Drang, ‚untergebenen Sterblichen' zu sagen, was sie zu tun haben."[16]

Theodor Adorno, ein deutscher Philosoph, prägte unser Verständnis von „autoritärer Persönlichkeit". Er sagte: „Während er in einem unterwürfigen Verhalten Autoritäten gegenüber seine Zuflucht findet, richtet dieser Mensch seine Aggression gegen andere Gruppen, häufig gegen rassische (und/oder religiöse) Minderheiten."[17]

Der britische Psychiater Jack Dominion vermutet, dass eine „autoritäre Persönlichkeit" dazu neigt, „sich dann sicherer zu fühlen, wenn sie in einer Hierarchie ihre Nische gefunden hat. Sie verhält sich gegenüber denen, die in der Hierarchie über ihr stehen, unterwürfig und respektvoll und tritt gegenüber denen, die unter ihr stehen, herablassend und diktatorisch auf. Sie unterdrückt eigene Instinkte, tritt im Allgemeinen immer für Disziplin und für die Bestrafung der ‚Sünder' ein, insbesondere dann, wenn diese in irgendeiner Weise als ‚minderwertig' bewertet werden."[18]

Klassisches Beispiel einer solchen *christlichen* autoritären Persönlichkeit ist Oliver Cromwell. Dieser berüchtigte englische Puritaner und Anführer machte die irische Stadt Drogheda dem Erdboden gleich, metzelte deren „papsttreue" irische Bewohner nieder und freute sich über das „gerechte Gericht Gottes", das er „über diese barbarischen Bösewichte" hatte bringen können.[19]

Das klassische Beispiel einer *muslimischen* autoritären Persönlichkeit ist Ayatollah Khomeini. Der berüchtigte iranische „islamistische" Diktator rief einen „Heiligen Krieg" gegen den Aggressor Irak aus. Friede könne es nur unter zwei Bedingungen geben: „Das Regime in Bagdad muss fallen und durch eine Islamische Republik ersetzt werden.“[20] „Sein Aufruf zum (gewaltsamen) Dschihad hetzte Tausende iranischer Jugendliche auf, die sich freiwillig zu Märtyrereinsätzen meldeten.“[21] Zehntausende kamen bei Himmelfahrtskommandos ums Leben und weitere Hunderttausende auf anderem Wege in Khomeinis „Heiligem Krieg“.[22]

Nach Aussage von Dominion „braucht man nicht viel Vorstellungskraft, um zu erkennen, dass derartig autoritäre Persönlichkeiten wie Oliver Cromwell und Ayatollah Khomeini sich einer religiösen Sprache, religiöser Symbole und Rituale bedienten, um damit beinahe alles zu fördern, das vom Gründer des jeweiligen Glaubens als nicht angemessenes Verhalten verworfen worden wäre“.[23]

Politische Faktoren: Das Böse, Hysterie, Charisma, Sanktionen und autoritäre Gesellschaften

Die „politische Interpretation“ von Gräueltaten, die im Namen der Religion verübt werden, geht von der Annahme aus, dass die „wahre“ Erklärung für eine Gräueltat mehr mit der politischen Einstellung des Täters zu tun hat als mit seiner Religion.

Ich glaube, dass Menschen böse sein können, nicht nur persönlich, sondern auch in politischer Hinsicht. Politische Bosheit ist die Ausübung von politischer Macht, um anderen den eigenen Willen durch verdeckten oder direkten Zwang aufzuzwingen, ohne Rücksicht auf Gerechtigkeit und Liebe.[24]

Ein Beispiel für die Verquickung von persönlichem und politischem Bösem ereignete sich 1375, als eine Gruppe italienischer Kleinstädte versuchte, das Joch der Tyrannei der katholischen Kirche abzuwerfen. Der Gesandte des Papstes, Robert von Genf, heuerte daraufhin eine Armee von Söldnern an und übte Rache an der kleinen Stadt Cessna.

Kardinal Robert schwor mit einem heiligen Schwur bei seinem Kardinalshut, Gnade walten zu lassen, und überzeugte so die Männer von Cessna, ihre Waffen niederzulegen. Er gewann ihr Vertrauen, indem er, als Beweis seines guten Willens, fünfzig Gefangene sofort freiließ. Doch dann rief er seine Söldner herbei … und befahl ein Massaker, „um Gerechtigkeit zu vollziehen". Die Soldaten richteten am 3. Februar 1377 ein drei Tage und Nächte währendes Blutbad an, während alle Stadttore verschlossen waren. „Alle Straßen waren übersät von Toten." Als sie zu flüchten versuchten, ertranken Hunderte in den Wassergräben der Stadt oder wurden von Schwertern zurückgestoßen. Frauen wurden ergriffen und vergewaltigt, für Kinder wurde ein Lösegeld ausgesetzt, dem Töten folgte das Plündern, „und was nicht weggetragen werden konnte, verbrannten sie, machten es unbrauchbar oder vergossen es auf dem Boden". Die Zahl der Toten lag zwischen 2500 und 5000.[25]

Ein weiteres Beispiel für die Verquickung des persönlichen und des politischen Bösen ist der „Heilige Krieg", den die sudanesische Regierung von Umar al-Bashir führte.[26] Er entfesselte arabische Milizen, die unter dem Namen *Janjaweed* oder „Teufel auf Pferderücken" bekannt wurden. Die Janjaweed-Milizen griffen Hunderte Dörfer in der Region Darfur an. In diesem noch andauernden Völkermord werden bis heute afrikanische Bauern in Darfur systematisch zwangsumgesiedelt und von den Janjaweed-Milizen ermordet. Der Völkermord hat bislang 400 000 Menschenleben gefordert und mehr als 2,5 Millionen Menschen wurden vertrieben. Präsident Umar al-Bashir wurde vom Internationalen Strafgerichtshof angeklagt; gegen ihn wurde Haftbefehl wegen Völkermordes, Verbrechen gegen die Menschlichkeit und Kriegsverbrechen erlassen.[27]

Diese Verbrechen wären aber ohne „willige Vollstrecker“ nicht möglich gewesen – Menschen, die ihnen bei ihrem Handeln zur Seite standen, die ihre Ressourcen mit den verantwortlichen Stellen teilten, sich den entsprechenden Anweisungen unterordneten und den politischen Verbrechen damit Vorschub leisteten.

Was bringt Menschen dazu, derartige Verbrechen zu unterstützen? Eine innere Veranlagung oder äußere Faktoren?

Einige behaupten, dass die innere Veranlagung dafür verantwortlich sei. Manche Menschen sind gut, andere böse. Böse Menschen säen böse Saat, die früher oder später unausweichlich auch böse Früchte hervorbringt. Vertreter dieser Auffassung verstehen also das Böse als eine dem Betreffenden innewohnende Qualität. Im Gegensatz dazu vertreten andere die Meinung, äußere Faktoren würden den Ausschlag geben. Wir alle haben die Möglichkeit, uns für das Gute oder das Böse zu entscheiden. Die Situation, in der wir uns befinden, beeinflusst unser Handeln stärker als unsere innere Veranlagung.[28]

Manche Menschen begehen solche Straftaten aus Hysterie.

Elias Canetti untersucht in seinem Buch *Masse und Macht*, wie gewöhnliche Menschen, die sich in einer Menschenmasse befinden, von Gruppenhysterie „angesteckt“ werden können, wie so ihr Gespür für Macht gesteigert und ihr Gespür für Verantwortung reduziert wird. Menschen können unter solchen Umständen außergewöhnliche

Verbrechen gegen die Menschlichkeit begehen – ich habe das 1984 mit eigenen Augen gesehen, als es nach der Ermordung von Indira Gandhi in Indien zu Sikh-Pogromen kam.[29]

In England gab es im Mittelalter kein offizielles Programm zur strafrechtlichen Verfolgung von Hexen und doch wurden viele Frauen von aufgepeitschten Menschenmengen umgebracht. Eine übliche Praxis war das „Hexenbad". Ein Mob ergriff eine Frau, die der Hexerei beschuldigt wurde, fesselte diese an Händen und Füßen und warf sie in das nächstgelegene Gewässer, um zu sehen, ob sie schwimmen konnte. Wurde die Frau von dem Wasser abgewiesen – dem Medium der heiligen Taufe – und trieb an der Oberfläche, wurde sie schuldig gesprochen und von dem Mob umgebracht. Wurde sie aber von dem heiligen Wasser umarmt und sank zu Boden, erklärte man sie für unschuldig. Auf die eine oder andere Weise bekam die hysterische Menschenmenge ihren Leichnam.[30]

In dem Theaterstück „Die Steinigung der Soraya M.", „einem schockierenden, wahren Drama, das die finstere Macht der Pöbelherrschaft im Iran aufdeckt", erzählt Zahra „eine erschütternde Geschichte ... über (die Steinigung) ihrer Nichte Soraya: ... eine Geschichte, die eine Stadt beschreibt, die viel zu schnell der Täuschung, dem Zwang und der Hysterie verfiel".[31] Vor einigen Jahren ging ein Video der BBC um die Welt, das eine Steinigung in Afghanistan zeigte. Darin konnte man sehen, wie die neunzehnjährige Siddqa, der vorgeworfen wurde, mit ihrem Liebhaber geflohen zu sein, nachdem sie gegen ihren Willen für 9000 Dollar in eine Zwangsehe verkauft worden war, „erbarmungslos von einem Steinhagel getroffen wurde – unter dem rasenden Jubel einer hysterischen Menge, die fieberhaft ‚Allahu akbar' schrie".[32]

Manche Menschen begehen solche Straftaten, weil sie von einem charismatischen Anführer geblendet werden, der auf ihrer aktiven Beteiligung besteht.

Max Weber schreibt in seiner Theorie sozialer und ökonomischer Organisationen, dass charismatische Führer eine beinahe schon magische Anziehungskraft haben. Menschen können von diesem Charisma so stark angezogen werden, dass sich solche Führer für ihre Anhänger als beinah unwiderstehlich erweisen.[33]

Efraín Ríos Montt war solch ein charismatischer Führer. Um es mit den Worten seines Pastors zu sagen: „Er ist ein König, ein neuer König David, der den Feind besiegen und die Auserwählten zum Sieg führen wird!“ Wenn er also sagt, es sei notwendig, „die Eingeborenen zu töten“ (und eigentlich tötet man ja nur Dämonen, weil „diese Eingeborenen von Dämonen besessen“ sind), dann müssen die Ureinwohner auch alle umgebracht werden.[34]

Auch Osama bin Laden war ein außergewöhnlich charismatischer Anführer. Er verkörperte den wahren, frommen, mutigen Dschihadisten, der seinen Reichtum in den Dienst des Islam stellte und die Menschen, die ihm begegneten, offensichtlich mit seiner Anziehungskraft umgarnte. Menschen unterstützten ihn sogar in der Zeit, als ein Kopfgeld von 25 Millionen Dollar auf ihn ausgesetzt war. Er war in der Lage, bei seinen Unterstützern vollkommene Hingabe und Ergebenheit hervorzurufen, die sogar so weit gingen, dass sie bereit waren, im Kampf gegen seine Feinde zu sterben.[35]

Manche Menschen verüben solche Straftaten, weil sie Angst vor den Sanktionen haben, die ihnen angedroht wurden, sollten sie sich nicht daran beteiligen.

Gene Sharp untersucht in seinem Buch *Power and Struggle*, auf welche Weise Untertanen von Herrschenden gezwungen werden können, einem Befehl Folge zu leisten, selbst wenn dieser dem menschlichen Anstand widerspricht.[36]

Die Androhung von Exkommunikation ist eine der Sanktionen, die religiöse Gemeinschaften im Laufe der Jahrhunderte äußerst wirkungsvoll eingesetzt haben. Wobei die Hinrichtung eines Ketzers schon immer die effektivste Sanktion war, wollte eine religiöse Einrichtung bedingungslosen Gehorsam erzwingen. Der Inquisitor Francisco Peña verkündete: „Wir müssen uns bewusst machen, dass Gericht und Hinrichtung im Grunde nicht das Ziel verfolgen, die Seele des Angeklagten zu retten, sondern … in den Menschen Angst zu erzeugen!"[37] Mogul Aurangzeb verwüstete „(in Nord- und Zentralindien) das Land, zerstörte Tempel, verschleppte Frauen und Kinder der Ungläubigen"[38] und stellte die Hindus im nordwestlichen Grenzgebiet vor die Wahl: Bekehrung oder Hinrichtung. Ein afghanischer Freund erzählte mir einmal, er sei von den Taliban gefangen genommen worden und ein Befehlshaber habe ihn unter Androhung der Todesstrafe aufgefordert, an einem Angriff auf sein eigenes Dorf teilzunehmen.[39]

Manche Menschen begehen solche Straftaten, weil sie von autoritären Gesellschaften geformt wurden, die schon früh über ihre Lebensführung bestimmt haben.

Juan Linz beschrieb autoritäre Gesellschaften als politische Systeme, die ihre Legitimation auf der Grundlage von Überzeugungen und Emotionen erlangen, insbesondere dann, wenn ein Regime als „notwendiges Übel" betrachtet wird, um „die Feinde" zu bekämpfen.

So wird das Regime nur begrenzt kontrolliert oder in seine Schranken verwiesen. Aktivitäten gegen das Regime und Oppositionelle werden unterdrückt.[40]

Autoritäre Gesellschaften zeichnen sich gewöhnlich dadurch aus, dass die herrschende Autorität – bei der es sich im Allgemeinen um eine einzelne Person handelt – „aufgrund einer Kombination aus Appellen an traditionelle Werte, Abhängigkeitsverhältnissen und Unterdrückung, die von einem Apparat ausgeführt wird, der loyal an die herrschende Autorität gebunden ist", an der Macht bleibt.[41] Formulieren diese autoritären Gesellschaften ihren Führungsanspruch auch noch anhand von religiösen Begrifflichkeiten, haben solche Kontrollsysteme eine enorme Macht über unser Leben.[42] Es wird die Behauptung aufgestellt, sie hätten ein „von Gott gegebenes Recht" zur Kontrolle, weil sie nach eigener Aussage als „rechtmäßig eingesetzte Autorität" die „von Gott gesalbten und auserwählten Wächter über unser Leben sind".[43]

1961 – drei Monate nach Beginn des Prozesses gegen Adolf Eichmann, eine der Schlüsselfiguren des Holocaust – veröffentliche Stanley Milgram seine berühmt-berüchtigte psychologische Studie, die Antwort auf die Frage gab: Verfolgten Eichmann und seine Mitstreiter wirklich gemeinsame Absichten im Hinblick auf die Ziele des Holocaust? Oder war Eichmann einfach nur darauf „trainiert", Befehle entgegenzunehmen?

Milgram untersuchte die Bereitschaft der Probanden, einer Autoritätsperson Gehorsam zu leisten, die sie anwies, Handlungen zu vollziehen, die in direktem Widerspruch zu ihren Überzeugungen standen. Seine Experimente bewiesen, dass es durchaus möglich war, dass Millionen Helfershelfer einfach nur Befehlen folgten, auch wenn diese ihren tiefsten moralischen Überzeugungen zuwiderliefen. Diese Experimente wurden rund um den Erdball wiederholt und brachten in den unterschiedlichen Gesellschaftsformen bemerkenswert beständige Ergebnisse.[44]

Man musste zunächst einen Vorwand finden, um die Verabreichung elektrischer Schocks durch die Versuchsperson zu begründen. Dieser wurde daraufhin erklärt, dass der Mensch besser lerne, wenn er für Fehler, die er beginge, bestraft würde. Aber über die Frage, wie viel Strafe sich am günstigsten auf das Lernen auswirke, wisse man nicht viel:

Der freiwillige Teilnehmer erhielt die Rolle des Lehrers und dem anderen (ein professioneller Schauspieler) wurde die Rolle des Schülers übertragen. Sie losten ihre jeweiligen Rollen anhand von Papierstreifen aus. Den Teilnehmern wurde jedoch nicht mitgeteilt, dass auf beiden Papierstreifen „Lehrer“ stand. Und der Schauspieler gab vor, den Papierstreifen „Schüler“ gezogen zu haben. So war sichergestellt, dass jeder Teilnehmer immer „Lehrer“ sein würde. Dann wurden „Lehrer“ und „Schüler“ in unterschiedliche Räume gebracht, wo sie miteinander sprechen, sich aber nicht sehen konnten. In einer Version des Experiments erwähnte der Schauspieler gegenüber dem Teilnehmer, dass er an einem Herzproblem litt.

Dem „Lehrer“ wurde ein Stromstoß verpasst, um zu demonstrieren, welche Stromstöße der „Schüler“ im Laufe des Experiments erhalten würde. Dem „Lehrer“ wurde nun eine Liste von Wortpaaren übergeben, die er dem Schüler beibringen sollte. Dann las der „Lehrer“ dem „Schüler“ die Liste der Wortpaare vor und las im Anschluss die jeweils ersten Worte jedes Paares und dann vier mögliche Antworten. Der „Schüler“ musste einen Knopf drücken, um seine Antwort anzuzeigen. Setzte er die Wortpaare falsch zusammen, war der „Lehrer“ angewiesen, dem Lernenden einen Elektroschock zu verpassen. Die Höhe des Stromstoßes sollte mit jeder falschen Antwort um 15 Volt steigen. War die Antwort richtig, las der „Lehrer“ das nächste Wort vor.

Die Teilnehmer glaubten, der „Schüler“ würde für jede falsche Antwort tatsächlich Elektroschocks bekommen, in Wahrheit gab es jedoch keine. Das Geräusch des Elektrogerätes wurde lediglich mithilfe eines Kassettenrekorders widergegeben. Nach einer Reihe immer stärker werdender Stromschläge schlug der Schauspieler gegen die Wand, die ihn vom Teilnehmer trennte. Nachdem er mehrere Male gegen die Wand geschlagen und über Herzbeschwerden geklagt hatte, reagierte der „Schüler“ schließlich nicht mehr.

Viele Teilnehmer dieses Versuches signalisierten an diesem Punkt, das Experiment beenden zu wollen, um nach dem Wohlergehen des „Schülers“ zu sehen. Manche Testpersonen brachen bei 135 Volt ab und begannen den Zweck des Experimentes zu hinterfragen. Die meisten jedoch machten weiter, nachdem ihnen versichert worden war, dass sie für nichts haftbar gemacht werden würden. Einige wenige Teilnehmer begannen nervös zu lachen oder zeigten andere Symptome von außergewöhnlichem Stress, wenn sie die vermeintlichen Schmerzensschreie des „Schülers“ hörten.

Jedes Mal, wenn der Teilnehmer den Wunsch äußerte, das Experiment abzubrechen, folgte vom Leiter des Experiments (der Autoritätsperson) eine feste Abfolge verbaler Interventionen:

- „Bitte, fahren Sie fort!“ Oder: „Bitte machen Sie weiter!“
- „Das Experiment erfordert, dass Sie weitermachen!“
- „Sie müssen unbedingt weitermachen!“
- „Sie haben keine Wahl, Sie müssen weitermachen!“

Wollte der Teilnehmer nach diesen vier aufeinanderfolgenden Einwänden immer noch aufhören, wurde das Experiment abgebrochen. Falls nicht, wurde es erst abgebrochen, nachdem der Teilnehmer dreimal in Folge das „tödliche“ Maximum von 450 Volt verabreicht hatte.

Vor der Durchführung des Experiments befragte Milgram 14 Psychologiestudenten von der Universität Yale, die kurz vor ihrem Abschluss standen. Sie sollten im Voraus das Verhalten von 100 „Lehrern“ einschätzen. Alle Studenten gingen davon aus, dass nur ein äußerst geringer Anteil von „Lehrern“ (die Spanne reichte von 0 bis 3 Prozent, der Durchschnitt lag bei 1,2 Prozent) bereit sein würde, den maximal möglichen Stromschlag zuzufügen. Milgram befragte ebenfalls formlos seine Kollegen und fand heraus, dass auch sie glaubten, nur äußerst wenige Teilnehmer würden bis zum stärksten Stromschlag gehen.

In Milgrams erster Versuchsreihe verabreichten 65 Prozent (26 von 40) der Teilnehmer des Experiments den maximal möglichen Stromstoß von 450 Volt, wenn sich auch viele dabei äußerst unwohl fühlten. An einem bestimmten Punkt unterbrach jeder Teilnehmer den Vorgang und hinterfragte das Experiment. Manche boten an, das Geld zurückzugeben, das ihnen für die Teilnehme an dem Experiment gezahlt worden war.

Milgram fasste das Ergebnis in seinem 1974 veröffentlichten Artikel „Die Tücken des Gehorsams“ zusammen:

Ich führte in Yale ein einfaches Experiment durch, um zu untersuchen, wie viel Schmerz ein normaler Bürger bereit war, einer anderen Person zuzufügen, wenn ihm das von dem Leiter des Experiments befohlen wurde. Es ging darum, Autorität und die moralische Überzeugung der Teilnehmer, niemanden verletzen zu wollen, einander gegenüberzustellen. **Während die Schreie der Opfer in den Ohren der Teilnehmer gellten, gewann die Autorität häufiger als angenommen.**

Die wichtigste Entdeckung der Studie war die enorme Bereitschaft Erwachsener, aufgrund des Befehls einer Autoritätsperson beinahe alles zu tun. Gewöhnliche Menschen, die einfach nur ihren Job machen und ihrem Gegenüber auch nicht feindselig gegenüberstehen, sind willens, an einem fürchterlich zerstörerischen Prozess teilzuhaben. Darüber hinaus sind auch nur relativ wenige Menschen in der Lage, einer solchen Autorität Widerstand zu leisten – selbst wenn sie die zerstörerischen Folgen ihrer Handlung erkennen und diese eigentlich mit ihren grundlegenden moralischen Überzeugungen unvereinbar ist.[45]

Dr. Thomas Blass von der Universität von Maryland in Baltimore führte eine Meta-Analyse der Ergebnisse dieses Experiments durch, das mehrfach wiederholt worden war. Er fand heraus, dass der Prozentsatz der Teilnehmer, die bereit waren, die tödlichen Stromschläge zu verabreichen, bemerkenswert konstant blieb – er lag zwischen 61 und 66 Prozent –, und zwar unabhängig von Zeitpunkt und Ort des Experiments. Selbst Teilnehmer, die es ablehnten, die höchstmöglichen Stromschläge zu verabreichen, verließen nicht ohne die entsprechende Erlaubnis den Raum, um nachzusehen, wie es dem „Opfer" ging. Und nicht einer bestand darauf, dass das Experiment sofort beendet wurde.

Stanley Milgram brachte „gute" Menschen in zehn einfachen Schritten dazu, Böses zu tun:

1. Einen verbindlichen Vertrag aushandeln
2. Rollen mit vorgefertigten Skripten festlegen
3. Regeln formulieren, die eingehalten werden sollen

4. „Menschen verletzen“ mit dem Begriff „Helfen“ umschreiben
5. Verantwortung für das eigene Handeln abnehmen
6. In kleinen Schritten auf das absolut Böse hinarbeiten
7. Sie dann zu „noch ein wenig mehr“ verleiten
8. Unmerklich die Grenzen von Recht zu Unrecht überschreiten
9. Den Preis des Widerstandes in die Höhe treiben
10. Die „große Lüge“ benutzen, um Böses als gut zu rechtfertigen.[46]

J. Carlson führte 1974 an der Universität von Hawaii einen Test mit 570 Psychologiestudenten durch. Er wollte deren Bereitschaft zu einer „Endlösung“ testen – die Auslöschung von Menschen, von denen sie meinten, sie seien mental und emotional lebensunfähig. Er gab vor, die Welt würde eine Bevölkerungsexplosion erleben und früher oder später müssten die Entscheidungsträger entscheiden, wem die knapp gewordenen Rohstoffe zugeteilt werden sollten. Wem es gestattet sein würde zu überleben und wem nicht. Und die Studenten wurden – als kluge, gebildete, moralisch hoch entwickelte, wissenschaftlich denkende Menschen – gebeten, Kriterien für eine solche Entscheidung mitzuentwickeln.

Von den 570 Befragten stimmten 90 Prozent der Aussage zu, dass manche Menschen überlebensfähiger seien als andere. **89 Prozent schlugen eine schmerzfreie Droge vor, um die Lebensuntauglichen hinzurichten.** 79 Prozent bevorzugten den Vorschlag, dass eine Person eine Entscheidung fällte und eine zweite die Hinrichtungen durchführte. 64 Prozent schlugen vor, dass der Scharfrichter anonym bleiben sollte. 29 Prozent unterstützten den Vorschlag einer „Endlösung“ – selbst dann, wenn ihre eigenen Familien betroffen sein sollten.[47]

Eines der anschaulichsten Beispiele dafür, wie gewöhnliche Menschen dazu gebracht werden können, so etwas Entsetzliches wie die

„Endlösung“ in die Tat umzusetzen, ist der Fall des Reserve-Polizeibataillon 101. Im März 1942 waren 80 Prozent der Holocaustopfer noch am Leben. Im Februar 1943 waren 80 Prozent davon tot, und das mithilfe der Todesschwadronen des Reserve-Polizeibataillon 101.[48]

Das Reserve-Polizeibataillon 101 war paramilitärische Einheit der Ordnungspolizei, die in Hamburg aufgestellt wurde. Sie setzte sich aus älteren Männern zusammen, die zum unteren Mittelstand und der Arbeiterschaft gehörten, keinerlei militärische Erfahrung besaßen und zu alt waren, um zum Militär eingezogen zu werden. Sie erhielten den Befehl, in den Dörfern Polens sämtliche Juden auszulöschen. Zu Beginn lehnten 50 Prozent der Männer diesen Auftrag ab und die gefangenen Juden wurden von Polizeireservisten getötet. Aber nach einer Weile ließen sie sich überreden, „ihren Teil“ zum Auftrag beizutragen. Am Ende waren 90 Prozent der Männer persönlich an den Erschießungen der Juden beteiligt. Innerhalb von nur vier Monaten exekutierten sie so 38 000 Juden.[49]

Daniel Goldhagen erklärt in seinem Buch, dass der Antisemitismus „Hitlers willige Vollstrecker“ beeinflusst habe. Philip Zimbardo hingegen vertritt die Überzeugung, der Antisemitismus sei in diesem Fall bei Weitem nicht so entscheidend gewesen wie der Autoritarismus.[50]

John Steiner (ein Auschwitz-Überlebender) interviewte Hunderte ehemaliger SS-Mitglieder zu deren aktiver Beteiligung. Er sagte: „Es ist offensichtlich, dass nicht jeder, der einen brutalen Beitrag geleistet hatte, selbst auch sadistische Charakterzüge aufwies.“ Es gab die „Grausamen“, die das Töten genossen, die „Hart-aber-Fairen“, diejenigen, die „nach den Regeln spielten“, und die „guten Wächter“, die das Töten verweigerten und den Juden sogar kleine Gefallen taten. (Steiners eigenes Leben wurde mehrmals von solchen SS-Leuten gerettet.) Er fand heraus, dass alle „diese Männer vor und auch nach ihren durch Gewalt geprägten Jahren normale – gewaltfreie – Leben führten".[51]

„Das eigentliche Problem mit Eichmann war", so Hannah Arendt, „dass es so viele wie ihn gab, die weder pervers noch sadistisch veranlagt waren und so schrecklich und erschreckend normal gewesen sind. Seine Haltung gegenüber Frau und Kindern, Mutter und Vater, Brüdern, Schwestern und Freunden war ‚nicht nur normal, sondern sogar in hohem Maße vorbildlich'."[52] Sie fügt hinzu: „Eichmann erinnerte sich, er habe immer nur dann ein schlechtes Gewissen gehabt, wenn er *nicht* das getan habe, was ihm befohlen wurde – nämlich Millionen von Männern, Frauen und Kindern voller Eifer und mit akribischer Sorgfalt in den Tod zu schicken."[53]

C. P. Snow schreibt: „Schaut man sich die lange und düstere Geschichte (der Menschheit) an, erkennt man, dass (von Christen und Muslimen) weitaus abscheulichere Verbrechen im Namen des Gehorsams begangen wurden als im Namen des Widerstands."[54]

Spirituelle Perspektiven: Der Teufel, Illusion, Wunsch, Ethos und dogmatische Theologie

Es gibt vier unterschiedliche spirituelle Sichtweisen, die den Bezug zwischen der Welt des Geistes und der Welt der Materie zu erklären versuchen, insbesondere die Gräueltaten, die im Namen der Religion begangen wurden.

Die erste spirituelle Perspektive ist die „traditionelle Sichtweise".

Sie beschreibt die Wirklichkeit im Sinne zweier parallel existierender Dimensionen – einer „himmlischen" und einer „irdischen".

Diese überschneiden sich, beeinflussen sich gegenseitig und verstärken gleichzeitig die Handlungen der einen in der anderen.

Aus dieser traditionellen Sicht betrachtet könnten die Gräueltaten, über die wir hier nachdenken, als „irdische Scharmützel“ in einem himmlischen Krieg zwischen Gott und dem Teufel verstanden werden. Der amerikanische Autor Frank Peretti beschreibt dies in seinen Bestsellerromanen *Die Finsternis dieser Welt* und *Licht in der Finsternis* sehr anschaulich.

Martin Luther und Johannes Calvin verstanden ihre Schwierigkeiten und Kämpfe als das Ergebnis ebendieser „überirdischen“ Auseinandersetzung. **Martin Luther sprach davon, dass „wir alle des Teufels Untertanen sind“.**[55] Johannes Calvin sprach von der Aufgabe jedes Heiligen, sich an dem „immerwährenden Kampf gegen den Teufel“ zu beteiligen.[56]

Im Islam ist der Teufel oder Satan bekannt als *Iblīs* oder *Schaitan*, ein böser *Dschinn* (ein Geist oder Dämon), der die Macht hat, böse Gedanken in das Herz der Männer und Frauen zu streuen.[57] Im Iran wurden die USA und gelegentlich auch Großbritannien als der „Große Satan“ bezeichnet, weil diese Nationen aus ihrer Sicht weltweit großes Unheil verbreiten.[58]

Wenn man diese traditionelle Sichtweise zugrunde legt, könnten folglich Menschen, die Blut an den Händen haben, einfach behaupten, der Teufel habe sie zu solchen Taten getrieben!

Die zweite geistliche Perspektive ist die „spiritualistische Sichtweise“.

Sie beschreibt die Wirklichkeit ebenfalls im Sinne zweier parallel existierender Dimensionen – einer himmlischen, die sich in der

Seele manifestiert, und einer irdischen, die sich im Körper manifestiert. Die himmlische Dimension ist „real" und „richtig", die irdische Dimension „unwirklich" oder „falsch".

Wenn man diese spiritualistische Sichtweise zugrunde legt, sind Gräueltaten nichts weiter als ein „schlechter Traum", aus dem wir am Ende „erwachen". Wir erkennen, dass „Vergnügen und Schmerz, Verlust und Gewinn, Ruhm und Schande alle das Gleiche sind – sie geschehen einfach".[59] Der amerikanische Autor Baba Ram Dass beschreibt dies in seinem Kultklassiker *Sei jetzt hier* sehr anschaulich.

Viele Sufi-Muslime und gnostische Christen beschreiben die Wirklichkeit mit solchen Begriffen. Nach der Lehre der Sufis ist „Gott die einzige letztgültige Wirklichkeit" – alles andere ist Illusion. Diese Lehre wird auch *Wahdat al-wudschūd* (Einheit des Seins) genannt.[60] Nach Überzeugung der Gnostiker vertreibt die Erleuchtung die Unwissenheit, die eine albtraumhafte Existenz und den Terror hervorgebracht hat.[61]

Vertreter dieser spiritualistischen Perspektive sagen also, dass Erfahrungen wie u. a. Leid nicht von Dauer sind und vorübergehen werden. Und im Licht der Ewigkeit betrachtet sind sie damit in keinster Weise von Bedeutung.

Die dritte spirituelle Perspektive ist die materialistische Sichtweise.

Sie ist das genaue Gegenteil der spiritualistischen Sicht, beschreibt aber die Realität ebenfalls im Sinne zweier parallel existierender Dimensionen – einer irdischen, die sich im Körper, und einer himmlischen, die sich in der Seele manifestiert. Nur ist hier die irdische

Dimension „real“ und „richtig“ und die himmlische Dimension entweder „unwichtig“ oder „falsch“.

Wenn man diese materialistische Sichtweise zugrunde legt, sind Gräueltaten – wie von Sigmund Freud in seinem berühmten Text *Die Zukunft einer Illusion* beschrieben – nur „die Erfüllung der ältesten, stärksten und dringlichsten Wünsche der Menschheit“.[62]

Karl Marx und Friedrich Engels beschreiben die Wirklichkeit ebenfalls mithilfe dieser Begriffe. Sie gehen davon aus, dass der sogenannte „religiöse“ Charakter vieler christlicher und muslimischer Aktivitäten „einfach ein heiliger Deckmantel ist, um im Grunde äußerst säkulare Wünsche zu verschleiern“.[63]

Von dieser materialistischen Perspektive aus betrachtet ist Religion, auch wenn sie nicht wahr ist, doch ein machtvolles Werkzeug, um Massen zu mobilisieren, weil *die Massen* glauben, dass sie wahr ist.

Die vierte spirituelle Sichtweise ist die ganzheitliche Perspektive.

Dieses Konzept geht davon aus, dass in der Wirklichkeit zwei „Universen“ aneinander grenzen – ein „äußeres“ oder „irdisches“ und ein „inneres“ oder „himmlisches“. Jedes Ereignis wird von einem „äußeren“, sichtbaren, materiellen und einem „inneren“, unsichtbaren, geistlichen Aspekt beeinflusst.

Wenn man diese ganzheitliche Sichtweise zugrunde legt, sind Gräueltaten – wie Morton Kelsey in seinem wunderschönen Buch *The Other Side of Silence* beschreibt – greifbarer Ausdruck einer geistlichen Wirklichkeit, und „beide existieren tatsächlich in einem einzigen Raum, obwohl es uns im Augenblick so vorkommt, als seien sie voneinander getrennt“.[64]

Menschen wie Walter Wink und Charles Elliott beschreiben Ereignisse mithilfe solcher Begriffe. Walter Wink sagt: „Institutionen haben tatsächlich ein geistliches Ethos und wir vernachlässigen diesen Aspekt institutionellen Lebens auf eigene Gefahr."[65] Und Charles Elliott meint: „Wir müssen zu der grundlegenden Position zurückkehren, dass (geistliche) Kräfte Strukturen kontrollieren. Diesen Kräften muss man sich stellen, wenn Strukturen von ihren zerstörerischen Neigungen befreit werden sollen."[66]

Vor dem Hintergrund dieser ganzheitlichen Perspektive kann man sagen: Wenn der grundlegende Geist einer Religion mitfühlend und gnädig ist und die Anhänger dieser Religion hingegeben folgen, so werden auch ihre Strukturen, Angebote und Aktivitäten von Mitgefühl und Gnade gekennzeichnet sein. Wenn aber der grundlegende Geist einer Religion erbarmungslos und ohne Mitleid ist, werden auch ihre Anhänger, so wie die Strukturen, Angebote und Aktivitäten erbarmungslos und mitleidslos sein.

Warum also begehen Christen und Muslime weiterhin derart schreckliche Verbrechen gegen die Menschheit? Ich bin davon überzeugt, dass die oben genannten Erklärungsversuche bis zu einem gewissen Grad darauf eine Antwort geben.

Christen und Muslime haben vor dem erbarmungslosen persönlichen und politischen Bösen kapituliert. Viele leben in autoritären Gesellschaften. Manche entwickeln selbst autoritäre Persönlichkeiten. Und wieder andere werden von einem Giftcocktail aus Angst, Habgier und Macht oder einer überwältigenden Kombination aus Hysterie, Charisma und Sanktionen dazu gebracht, sich an sogenannten „Heiligen Kriegen" zu beteiligen.

Aber Sie fragen sich vielleicht, warum ihre Religionen, die ihnen doch eigentlich gute Tugenden vermitteln sollen, sie nicht davor bewahren, allzu oft *in Massen* „den Mächten der Finsternis" zu verfallen?

Eine Antwort könnte, wie wir schon gesehen haben, darin liegen, dass im Grunde alles nur Illusion ist. Ein Narrativ „voller Lärm und Wut, das nichts zu bedeuten hat". Doch das wäre eine Nichtantwort. Denn sollte sie stimmen, spielt sie keine Rolle. Denn nichts wäre dann von Bedeutung. Sie spielt nur dann eine Rolle, wenn sie nicht wahr ist. Und diese Antwort *ist* nicht wahr. Das Leiden Millionen unschuldiger Menschen *spielt* eine Rolle!

Ein weiterer Erklärungsansatz geht davon aus, dass Religion nur eine Ausrede frommer Menschen ist, die damit ungerechtfertigte Handlungen rechtfertigen wollen. Die „offizielle" Liste religiöser Antworten lautet: „Der Herr hat mir gesagt, ich solle das tun! … Der Teufel hat mich dazu gebracht, es zu tun!" Diese Antworten – zumindest die zweite – mögen bestenfalls die halbe Wahrheit sein, sind aber mit Sicherheit von der ganzen Wahrheit weit entfernt.

Auf jeden Fall versuchen religiöse Menschen folgende Antwort auf diese Fragen unter allen Umständen zu vermeiden: Ihre jeweilige Auslegung ihrer Religion ist nicht bloß eine Ausrede, sondern *tatsächlich der Grund*, warum so viele Christen und Muslime derart schändlich handeln.

Dass gerade unsere Religion, der wir so hingebungsvoll folgen, *die Ursache* dafür sein könnte, dass so viele Christen und Muslime so erbarmungslos handeln, ist für viele religiöse Menschen ein ketzerischer, ja blasphemischer Gedanke. Aber so wahr ich hier stehe: Es ist die Wahrheit, die ganze Wahrheit und nichts als die Wahrheit. So wahr mir Gott helfe. Lassen Sie mich erklären, warum.

Eine geschlossene religiöse Weltanschauung und das unausweichliche Problem mit der Gewalt

Christen und Muslime (und andere) haben im Laufe der Jahrhunderte zwei vollkommen gegensätzliche Weltanschauungen entwickelt, um ihre Beziehung zu ihrer jeweiligen Religion zu verstehen: die „geschlossene Weltanschauung“ und die „offene Weltanschauung“. Die maßgebliche davon ist die „geschlossene“.

Die geschlossene Weltanschauung wird durch ihre „Grenzen“ definiert. Das grundlegende Wesen dieser Weltanschauung ist nicht „offen“, sondern „geschlossen“. Die Zugehörigkeit zu einer Gruppe wird darüber definiert, dass man sich innerhalb der Grenzen der jeweiligen Glaubensüberzeugungen und Verhaltensweisen bewegt. Menschen, die sich einem gewissen Kodex von Glaubensüberzeugungen und Verhaltensweisen unterordnen, „gehören dazu“. Sie sind die „Insider“. Menschen, die sich diesem Kodex nicht unterordnen, sind „draußen“, „Außenseiter“. Bewegt sich ein Außenseiter außerhalb der gesteckten Grenzen, möchte aber gern zu einem Insider werden, besteht seine einzige Möglichkeit darin, sich den festgeschriebenen Bedingungen anzupassen. Findet sich ein Außenseiter zeitweise – aus welchem Grund auch immer – innerhalb des Rahmens wieder, möchte sich aber nicht dauerhaft anpassen, so wird er für gewöhnlich kritisiert, missbilligt, ausgegrenzt, geächtet oder exkommuniziert.

Gerade **die Verteidigung ihrer Glaubensüberzeugungen und ethischer Grenzen bestimmt die religiöse Identität von Menschen mit geschlossener Weltanschauung.** Deshalb kämpfen Christen und Muslime für die Grenzen ihrer Glaubensüberzeugungen und Verhaltensweisen auch immer wieder bis zum Tod. Denn davon hängt nicht nur ihre persönliche religiöse Identität ab, sondern auch ihr Schicksal im Leben nach dem Tod, der Ewigkeit.

Diese geschlossene Weltanschauung bietet offensichtlich gewisse Vorzüge. Sie ist einfach, präzise und übertragbar; klar und prägnant vermittelbar. „Unbekehrte" wissen, was sie zu tun haben, um „gerettet" zu werden, und „Bekehrte" wissen, was sie zu tun haben, um andere „zu retten". Und wenn jeder das getan hat, was nach seiner Überzeugung getan werden muss, dann sind alle „gerettet". So wird für alle „Bekehrer" ein Traum wahr – seien es Seifenkistenprediger, Straßenecken-Traktatverteiler, Fernsehevangelisten oder Telemullahs.

Eine solche geschlossene Weltanschauung hat jedoch auch eine ganze Reihe von Nachteilen. Sie ist zwar unkompliziert, aber auch oberflächlich. Sie ist statisch: unveränderlich und unveränderbar. Eine gleichförmige Ideologie, die keine Fragen zulässt, es sei denn, sie stellt und beantwortet die Fragen selbst. Diese Theologie ist homogen, fordert vollkommene Gleichförmigkeit und bietet keinerlei Raum für Unterschiedlichkeit, Meinungsverschiedenheiten oder Widerspruch. Sie reduziert die Beziehung zu Gott auf eine Formel – die Beziehung ist „in Ordnung", wenn man sich an die dogmatische Theologie hält und bestimmte ethische Verhaltensweisen an den Tag legt. Und sie schließt jeden aus, der dieser Formel nicht zustimmen kann.

Ist sie gewalttätig? Nicht zwangsläufig. Aber gewöhnlich ist sie es, und das aus drei Gründen: Erstens neigen Christen und Muslime dazu, ihre Grenzen bis zum Tod zu verteidigen. Zweitens: Die beste Art der Verteidigung war schon immer der Angriff. Und drittens: Es gibt Tausende miteinander im Wettstreit stehende Gruppierungen, die für ihr Recht kämpfen, die Grenzen des Glaubens und Verhaltens selbst zu bestimmen und zu verteidigen.

Damit reißt die geschlossene Weltanschauung der Religion gewissermaßen das Herz heraus. Sie ersetzt das warme, gütige, gnädige

Herz Gottes durch kalte, hartherzige Lehren über Gott und begegnet Menschen im Sinne der Ideologie ihrer Religion und nicht mit der Gnade Gottes.

Paul Hiebert, Professor für Anthropologie am *Fuller Theological Seminary*, schlug 1978 Alarm. In seinem wegweisenden Artikel über „Bekehrung, Kultur und kognitive Kategorien" warnte er vor den gefährlichen Folgen dessen, was er als die „geschlossene Religion" bezeichnete.[67]

Hiebert geht darin der Frage nach: „Was geschieht, wenn wir unsere ‚Religion' auf der Grundlage einer ‚geschlossenen Weltanschauung' definieren?" Erstens verzerren wir, was es bedeutet, Christ oder Muslim zu sein. Christ oder Muslim zu sein ist in erster Linie eine Herzensangelegenheit. Weil wir Menschen jedoch nicht ins Herz schauen können, behelfen wir uns mit einer Definition auf Grundlage dessen, was wir sehen oder hören können: Wir überprüfen ihre Lehre (Orthodoxie) oder ihr Verhalten (Orthopraxie). So schaffen wir am Ende ungewollt unsere eigene Definition von Religion, die dann im Wesentlichen eine herzlose Definition ist!

Zweitens neigen wir dazu, unser Verständnis von der Beziehung zwischen Christen und Muslimen zu verzerren. Wir grenzen beide Gruppen fein säuberlich voneinander ab, denn eine verschwommene Grenze verwässert die Vorstellung davon, was es bedeutet, ein „richtiger" Christ (oder „richtiger" Muslim) zu sein. Wir haben also eine Gruppe von Menschen – die Christen –, die per Definition „keine Muslime" sind. Und eine zweite Gruppe von Menschen – die Muslime –, die per Definition „keine Christen" sind. Dazwischen gibt es für niemanden Platz, nicht einmal für Gott selbst. Denn es gibt kein „Zwischenland“, nur Abgrenzung – eine eindeutige und gut gesicherte Grenze.[68]

Der Theologe Robert Brinsmead verweist jedoch darauf, dass die Aufrechterhaltung der von Hiebert erwähnten gegenseitigen Abgrenzungen sehr ernste Konsequenzen nach sich ziehen kann:

Eine „geschlossene Religionsanschauung“ zieht Demarkationslinien mitten durch die menschliche Rasse. **Die erwählten Menschen unterscheiden sich von den nicht erwählten, die Insider von den Outsidern,** *die Reinen von den Unreinen,* **die Gläubigen von den Ungläubigen**, *die Erleuchteten von den Nichterleuchteten. Menschen, die innerhalb unterschiedlicher Abgrenzungen leben, können nicht wirklich miteinander kommunizieren. Was für die eine Gruppe die richtige Lehre ist, ist für die andere Gotteslästerung und umgekehrt. Jede Religion erschafft ihre eigene Elite, die sich über den Rest der Menschheit erhebt, weil sie glaubt, im Besitz der Wahrheit zu sein. Eine solche Überheblichkeit zieht Entfremdung und am Ende Feindschaft nach sich. Und als unweigerliche Folge einer derartigen Hingabe an die Religion kommt es zu unzähligen Fällen, in denen die Menschlichkeit grob missachtet wird.*[69]

Menschen, die sich der „geschlossenen Religion“ verpflichtet wissen, haben immer wieder bewiesen, dass sie dogmatisch[70], rechthaberisch[71] und politisch abweichenden Meinungen gegenüber intolerant[72] sind. Sie sind egoistischer[73], ethnozentrierter[74] und liebloser gegenüber Minderheiten als ihre nicht religiösen Landsleute.[75]

Je weiter sich eine „geschlossene Religion“ ausbreitet, desto geringer ist die Wahrscheinlichkeit, dass sie sich für wichtige, unpopuläre Themen wie die Menschenrechte einsetzt.[76] Hat sie sich erst einmal etabliert, wird sie sich nicht länger für Themen wie Freiheit, Gleichheit und Demokratie für alle einsetzen.[77]

Brinsmead appelliert an Christen und Muslime gleichermaßen. Sie sollten erkennen, dass die Anhänger ihrer jeweiligen Religion – Menschen wie Sie und ich – gewissermaßen ihren sich einander ausschließenden, konfliktgeladenen und auf Konfrontationskurs ausgerichteten geschlossenen Systemen huldigen. Auf diese Weise bewegen sich direkt oder indirekt „Millionen Menschen auf einen (globalen militanten) Dschihad der Gewalt zu" – von Irland bis zum Libanon, von Bosnien bis nach Indien![78]

Eine offene religiöse Weltanschauung und die glaubwürdige Chance zur Gewaltlosigkeit

Viele Christen und Muslime wären sicherlich schockiert, würden sie erkennen, wie sehr allein die Sprache eines solchen geschlossenen Systems Gewalt gegen jeden verkörpert, der außerhalb der Grenzen dieses Systems lebt. Unglücklicherweise geschieht aber genau das.

Wollen wir das verändern, müssen wir einen neuen, nicht so defensiven Weg finden, unseren Glauben zu definieren. Einen Weg finden, ihn nicht so aggressiv zu verteidigen. Einen Weg, unseren Glauben als wahr zu verstehen, ohne davon auszugehen, das Monopol auf die Wahrheit zu besitzen. Wir müssen eine Auslegung unseres Glaubens finden, die all das Gute, Gesunde, Heilige und Richtige in anderen Kulturen, Traditionen und Religionen ein- und nicht ausschließt. Dies können wir nur dann, wenn wir eine geschlossene Weltanschauung ablegen und eine offene Weltanschauung verinnerlichen.

Diese offene Perspektive ist das genaue Gegenteil der geschlossenen Weltanschauung. Die geschlossene Weltanschauung definiert sich durch ihre Grenzen, die von „Experten" festgelegt werden. **Eine offene Weltanschauung wird durch ihre Mitte definiert, die „frei"**

ist und „sich niemals mehr einschränken und begrenzen lässt“, am allerwenigsten durch sogenannte „Experten“.

Wenn sie eine solche offene Perspektive haben, beweisen religiöse Menschen ihre Beziehung zu Gott nicht durch das Bekennen bestimmter Glaubensüberzeugungen oder durch das Einhalten bestimmter Verhaltensgrenzen. Im Gegenteil, sie werden jede Form der Abgrenzung durch Dogmen oder Verhalten überwinden, die sie daran hindert, im Sinne des gnädigen Gottes zu leben, den sie zum Zentrum ihres Lebens gemacht haben.

Bei einer geschlossenen Religion geht es nur darum, dass das richtige Verhalten und Glauben definiert und verteidigt werden. Eine offene Religion öffnet sich mehr und mehr für Gott und ermutigt jeden, sich dem Geist Gottes zu öffnen. Bei einer geschlossenen religiösen Weltanschauung wird die Bekehrung zum Beispiel am Glaubensbekenntnis oder der *Kalima* festgemacht. Bekehrung innerhalb einer offenen religiösen Weltanschauung bedeutet, dass sich der Christ oder Muslim immer wieder dem gnädigen Gott zuwendet und sich am Beispiel von Jesus/*Isa* und *Bismillah* orientiert. Ob wir diese Begriffe nun gebrauchen oder nicht, wir lernen, unser Leben an Gottes Liebe auszurichten und der Kraft seiner Liebe zu vertrauen, die uns auf unserer Reise des höheren Dschihad – des persönlichen Wachstums – und des niederen Dschihad – der sozialen Veränderung – begleitet, zu dem er uns aufruft.

Eine solche offene Weltanschauung hat jedoch auch offensichtliche Nachteile. Welche Nachteile man sieht, hängt vom jeweiligen Standpunkt ab. Manche meiner muslimischen Freunde würden jetzt sagen: „Oh nein. Nicht schon wieder Jesus/Isa. Das klingt für mich viel zu sehr nach Christentum. Hört ihr Christen denn niemals auf, die Welt zu missionieren und zu erobern?“ Meine christlichen Freunde dagegen sagen: „Oh nein. Das ist alles nicht wirklich christlich. Das sind sicherlich alles christliche Begriffe, aber was ist mit all den muslimischen Worten? Was hat es denn mit dieser ‚Bismillah' auf sich? Ich dachte, du bist Christ. Hast du dich jetzt entschieden, Muslim zu werden?"

Ich muss zugeben, all das kann einen schon ziemlich verwirren. Und das bringt uns zum größten Nachteil einer offenen Weltsicht: **Man kann mit einer geschlossenen Weltsicht ganz einfach beurteilen, wer „drinnen" ist und wer „draußen".** Mit einer offenen Perspektive wird genau das schwierig, wenn nicht sogar unmöglich. Man kann höchstens für sich selbst sagen, ob man „drinnen" oder „draußen" ist. In einem solchen offenen System bewegt sich jeder aus unterschiedlicher Richtung und Entfernung auf das Zentrum zu. Menschen, die in einem geschlossenen System „drinnen" sind, können „draußen" sein; und Menschen, die in einem geschlossenen System „draußen" sind, vielleicht „drinnen".

Die offene Perspektive bringt jedoch auch viele Vorteile mit sich. Der erste Vorteil ist der, dass sie vom Zentrum ausgeht. Stanley Jones, der berühmte interreligiöse Evangelist, sagt: „Orientiere dich am Zentrum und die Peripherie ordnet sich von selbst."[79] Der zweite Vorteil ist, dass sie auf Jesus/*Isa* und die *Bismillah* ausgerichtet ist. Jones bezeichnet das als „das Beste, worauf alles Gute hinweist"[80]. Der dritte Vorteil ist der, dass wir, wenn wir uns auf das Zentrum zubewegen, über Religionsgrenzen hinweggehen können, die uns voneinander trennen. *Isa* ruft uns auf, die *Bismillah* zu erkennen, die in Menschen anderer Religionen verkörpert wird. Jones schreibt:

Johannes sagte zu Jesus: „Meister, wir haben gesehen, wie ein Mann in deinem Namen Dämonen austreibt, aber wir haben ihn daran gehindert, weil er uns nicht nachfolgt." Jesus antwortete ihm: „Hindert ihn nicht daran; wer nicht gegen euch ist, der ist für euch" (Lukas 9,49–50).

Johannes versucht hier, „in deinem Namen“ und „ein Nachfolger von uns“ als Synonyme zu verwenden. Wir machen das heute noch so. Aber Jesus zeigt uns den Unterschied: „Wer nicht gegen euch ist, der ist für euch.“ Ob er nun Christ oder Muslim ist.[81]

Der vierte Vorteil ist der, dass wir uns auf unserem Weg in Richtung Zentrum auf den Einen zubewegen, der die Menschheit vereinen kann, denn wir wurden alle nach seinem Bilde geschaffen.

Da trat einer der Schriftgelehrten herzu …: Welches ist das erste Gebot unter allen? Jesus aber antwortete ihm: Das erste Gebot unter allen ist: „Höre, Israel, der Herr, unser Gott, ist Herr allein; und du sollst den Herrn, deinen Gott, lieben mit deinem ganzen Herzen und mit deiner ganzen Seele und mit deinem ganzen Denken und mit deiner ganzen Kraft!“ Dies ist das erste Gebot. Und das zweite ist [ihm] vergleichbar, nämlich dies: „Du sollst deinen Nächsten lieben wie dich selbst!“ Größer als diese ist kein anderes Gebot“ (Markus 12,28–31).

Diesem einen gültigen „Wort“ können alle zustimmen – Juden, Christen und Muslime.

Am 13. Oktober 2007, zu *Eid al-Fitr* (Fest des Fastenbrechens), schrieb eine Reihe muslimischer Führer – Vertreter einer großen Bandbreite muslimischer Gruppierungen, Organisationen und Denominationen weltweit – einen offenen Brief an die Leiter aller christlichen Kirchen:

Muslime und Christen stellen gemeinsam weit über die Hälfte der Weltbevölkerung. Ohne Frieden und Gerechtigkeit zwischen diesen beiden religiösen Gemeinschaften kann es keinen wirklichen Frieden in der Welt geben. Die Zukunft unserer Welt hängt am Frieden zwischen Muslimen und Christen.

Die Grundlage für diesen Frieden und für unser gegenseitiges Verständnis existiert bereits. Sie ist Teil der grundlegenden Prinzipien beider Glaubensüberzeugungen: die Liebe zum einen Gott und die Liebe zum Nächsten. Diese Prinzipien finden sich wieder und wieder in den heiligen Schriften des Islam und des Christentums.

Die Einheit Gottes, die Notwendigkeit, ihn und den Nächsten zu lieben, ist deshalb der gemeinsame Boden von Islam und Christentum. Hier nur einige wenige Beispiele:

Über die Einheit Gottes sagt Gott im Heiligen Koran:

Sprich: Er ist Gott, der Eine!/Gott der Selbstgenügsame, alles Umfangende! (Al-Ichlás; 112,1–2).

Über die Notwendigkeit, Gott zu lieben, sagt Gott im Heiligen Koran:

Also rufe den Namen des Herrn an und gib dich ihm mit vollkommener Hingabe hin (Al-Muzzammil; 73,8).

Von der Notwendigkeit, den Nächsten zu lieben, sagt der Prophet Mohammed:

„Niemand von euch hat Glauben, wenn nicht die Liebe für deinen Nächsten genauso ist wie deine Liebe zu dir selbst."

Jesus Christus sagte im Neuen Testament:

„Das erste Gebot unter allen ist: ‚Höre, Israel, der Herr, unser Gott, ist Herr allein; und du sollst den Herrn, deinen Gott, lieben mit deinem ganzen Herzen und mit deiner ganzen Seele und mit deinem ganzen Denken und mit deiner ganzen Kraft!' Dies ist das erste Gebot. Und das zweite ist [ihm] vergleichbar, nämlich dies: ‚Du sollst deinen Nächsten lieben wie dich selbst!' Größer als diese ist kein anderes Gebot" (Markus 12,29–31).

Gott, der Allerhöchste, fordert Muslime im Heiligen Koran auf, folgenden Aufruf an Christen (und die Juden – die Völker der Schrift) zu richten:

„Sprich: ‚O Volk der Schrift, kommt herbei zu einem gleichen Wort zwischen uns und euch, dass wir nämlich Allah allein dienen und nichts neben Ihn stellen und dass nicht die einen von uns die anderen zu Herren nehmen außer Allah.' Und wenn sie sich abwenden, so sprecht: ‚Bezeugt, dass wir (Ihm) ergeben sind'" (Al-Ìmrán; 3,64).

Die Worte nichts „neben Ihn stellen" beziehen sich auf die Einheit Gottes. Die Worte „dass wir nämlich allein Allah dienen" beziehen sich auf die vollkommene persönliche Hingabe an Gott. Deshalb beziehen sich alle auf das erste und größte Gebot. Nach dem ältesten und anerkanntesten Kommentar des Heiligen Koran bedeuten die Worte „Bezeugt, dass wir (Ihm) ergeben sind": „Niemand von uns sollte anderen gehorchen und damit dem ungehorsam sein, was uns Gott aufgetragen hat." Dies bezieht sich auf das zweite Gebot, denn Gerechtigkeit und Religionsfreiheit sind Grundlage der Nächstenliebe.

Im Gehorsam gegenüber dem Heiligen Koran laden wir als Muslime daher alle Christen ein, mit uns auf Grundlage unserer Gemeinsamkeiten zusammenzukommen. Diese Gemeinsamkeiten, die zugleich die grundlegende Wahrheit unseres Glaubens und unseres Handelns sind: die zwei Gebote der Liebe.

Im Namen Gottes, des Barmherzigen, des Gnädigen möge Frieden und Segen sein auf dem Propheten Mohammed.[82]

Welch eine Einladung! Kein aufrichtiger Mensch kann eine solche Einladung ablehnen. Unsere muslimischen Brüder und Schwestern rufen uns Christen auf, das zu tun, was wir predigen: das Gesetz Gottes, das er uns ins Herz geschrieben hat, umzusetzen: die Liebe zu Gott und die Liebe zum Nächsten. Jesus bezeichnete diese als die „wichtigsten Gebote".

Nur in diesem Geist können wir unsere nicht so heiligen sogenannten „Heiligen Kriege" überwinden.

TEIL II

DER JESUS-DSCHIHAD

Nach Khalid Muhammad Khalid lebte Jesus/Isa das, was er predigte – er war gewissermaßen seine Botschaft: „Er war das Paradebeispiel für die Botschaft, die er hinterließ. Er war die Liebe, die keinen Hass, der Friede, der keine Ruhelosigkeit, die Erlösung, die keine Verlorenheit kannte."[1]

Ahmad Shawqi sagt: „Güte, Tugend und Demut wurden an dem Tag geboren, an dem Jesus zur Welt kam. Sein Kommen erhellte die Welt und sein Licht erleuchtete sie. Wie das Licht der Morgendämmerung das Universum durchflutet, so leuchtete das Zeichen Jesu. Er erfüllte die Welt mit Licht und erleuchtete die Erde mit seiner Helligkeit. Er brauchte weder Drohung noch Tyrannei, Rache, Schwert, Raubzüge oder Blutvergießen, um zu dem neuen Glauben einzuladen."[2]

Die Kreuzigung Christi stellt die Menschen vor eine Entscheidung. „Sie hatten aber damals einen berüchtigten Gefangenen namens Barabbas. Als sie nun versammelt waren, sprach Pilatus zu ihnen: Welchen wollt ihr, dass ich euch freilasse, Barabbas oder Jesus, den man Christus nennt?" (Matthäus 27,16–17). Khalid Muhammad Khalid sagt: „Der Geist des Barabbas verherrlicht Macht, Gewalt und Tyrannei. Gemeinsam mit Mohammed, dem Treuen, verkünden wir aber Christus und nicht Barabbas, den Wahren und nicht den Falschen, Liebe, nicht Hass, Friede, nicht Krieg, Leben, nicht Auslöschung."[3]

4

DEN BEGRIFF „DSCHIHAD“ FÜR DEN GEWALTFREIEN KAMPF NEU DEFINIEREN

Der normale Mensch ist ein Kriegsdienstverweigerer

Manche Menschen glauben, Gewalt sei in dieser Welt unausweichlich und Gewaltlosigkeit unrealistisch. Ich habe gerade ein Buch mit dem Titel *On Killing* (Über das Töten) gelesen, eine Studie über das Töten im Krieg. Es wurde nicht von einem pazifistischen Propagandisten verfasst, sondern von einem Fallschirmjäger und Psychologen, Lieutenant Colonel Dave Grossmann.[1] Er zitiert Forschungsergebnisse, die – im Gegensatz zu einigen gängigen kulturellen Stereotypen – darauf hindeuten, dass die „überwiegende Mehrheit der Soldaten *keine* geborenen Killer sind“.[2]

Höchstens zwei Prozent der Soldaten könnten als aggressiv-psychopathische Persönlichkeiten mit der Veranlagung zum Töten bezeichnet werden.[3] Eine Zahl, die sich in den Abschusszahlen von Kampfpiloten während des Zweiten Weltkrieges widerspiegelt: Man fand heraus, dass nur ein Prozent der Kampfpiloten für mehr als 40 Prozent aller Abschüsse feindlicher Flugzeuge verantwortlich war.[4]

Grossmann zitiert Brigadegeneral S. L. A. Marshall, dessen Studie über das Verhalten der Soldaten im Zweiten Weltkrieg zeigt, „dass der durchschnittliche Einzelne einen solchen inneren Widerstand gegen das Töten eines Kameraden hat, dass er aus eigener Entscheidung heraus niemandem das Leben nehmen würde, gäbe es eine Möglichkeit, sich dieser Verantwortung zu entziehen".[5]

Diese Auffassung wird von den Statistiken zu „Schüsse-pro-Soldat" und „Tötungen-pro-Schuss" bestätigt, die in jedem großen Krieg erhoben wurden, angefangen vom Amerikanischen Bürgerkrieg bis hin zum Ersten und Zweiten Weltkrieg. **Die Forschung ergab, dass der weitaus größte Teil der Soldaten – zwischen 75 und 95 Prozent – ihre Waffe entweder nicht abfeuerten** (selbst unter Beschuss) **oder nur in die Luft schossen** und es so vermieden, den Feind zu töten, auch wenn sie den Befehl dazu erhalten hatten.[6]

Zur Zeit des Amerikanischen Bürgerkrieges hatten Soldaten, die das schlechte Gewissen plagte, die Möglichkeit, das Schießen nur vorzutäuschen – das hieß, sie luden ihre Musketen, imitierten die Bewegungen der feuernden Soldaten neben ihnen und gaben vor nachzuladen. Diese Soldaten trugen dann geladene Waffen oder luden ihre Waffen mehrmals nach.

Nach der Schlacht von Gettysburg wurden 27 574 Gewehre auf dem Schlachtfeld gefunden. Über 90 Prozent davon waren geladen. Geht man davon aus, dass das Laden einer Waffe etwa zwanzigmal so lang dauerte wie das Abfeuern, ist die Wahrscheinlichkeit sehr gering, dass diese Musketen ausschließlich gefallenen Soldaten gehörten, die gerade vorgehabt hatten, sie abzufeuern. Und wie erklärt man dann die 12 000 Waffen, die mehrfach geladen waren, von denen wiederum 6000 mit drei bis zehn Schuss geladen waren? Die offensichtlichste Antwort ist, dass diese Soldaten nicht in der Lage waren, ihre Waffen abzufeuern. „Die meisten Soldaten versuchten, den Feind nicht zu töten. Die meisten schienen nicht einmal in die grobe Richtung schießen zu wollen, in der sich der Feind befand."[7]

Die Schlacht von Gettysburg war eine der blutigsten Schlachten in den Vereinigten Staaten, aber wie Grossmann aufzeigt, hätte es damals weitaus blutiger hergehen können. Schätzungen zufolge erreichte während der napoleonischen Kriege und während des Bürgerkriegs ein ganzes Regiment, das aus einer Entfernung von etwa dreißig Metern feuerte, nur einen oder zwei Treffer pro Minute.

Wir wollen diese Zahlen einmal genauer analysieren. Ein Regiment bestand damals aus 200 bis 1000 Männern. Ein Soldat konnte im Idealfall zwischen einem und fünf Schuss pro Minute abfeuern. Während der Ausbildung hatten diese Soldaten eine 25-prozentige Trefferquote auf eine Entfernung von gut 200 Metern, eine 40-prozentige bei etwa 140 Metern und eine 60-prozentige auf 65 Metern. Legen wir also die konservativsten Schätzungen zugrunde – ein Regiment mit 200 Soldaten schießt einmal pro Minute mit 25-prozentiger Genauigkeit –, würde man erwartungsgemäß etwa 50 Treffer zählen. Die Realität sah allerdings anders aus: Die Zahl hätte rein statistisch mehr als 25-mal so hoch sein müssen wie die tatsächliche Anzahl von Treffern pro Minute: zwei.

Ein Offizier kommentierte damals: „Es scheint seltsam, dass eine ganze Kompanie aus nicht einmal 15 Schritt Entfernung eine Salve auf eine etwa gleich große Gruppe von Gegnern abfeuerte, und kein Einziger kam zu Tode. Aber das ist die Faktenlage."[8] Was war geschehen? Soldaten suchten nach Möglichkeiten, nicht töten zu müssen. Manche ließen sich auf Nachschubpositionen zurückfallen, manche gaben vor, verletzt worden zu sein, oder rannten weg. Viele feuerten in die Luft. Colonel Milton Maters Onkel schrieb, das Bemerkenswerteste, woran er sich während seines Kampfeinsatzes im Ersten Weltkrieg erinnern konnte, waren „Wehrpflichtige, die nicht schießen wollten".[9]

Gwynne Dyer stellt fest: Abgesehen von „gelegentlichen Psychopathen, die Menschen tatsächlich aufschlitzen wollten", waren im

Zweiten Weltkrieg die meisten Soldaten auf beiden Seiten um „Schadensbegrenzung" bemüht.[10] Denn „alle Armeen hatten in etwa die gleiche Anzahl nicht schießender Soldaten".[11]

Brigadegeneral Marshall zufolge „wird der normale Mensch an einem entscheidenden Punkt (dem Augenblick, in dem der Soldat entscheidet, ob er feuert oder nicht) *zum Kriegsdienstverweigerer*".[12]

Wie Soldaten systematisch zu Mördern gemacht werden

Als die Militärführung diese Zusammenhänge erkannte, führte sie ein neues Programm ein, um ihre Soldaten regelrecht zu Mördern zu *machen*. Sie war sich bewusst, dass sie an der grundlegenden Abneigung der großen Mehrheit der Männer gegen das Töten nichts würde verändern können. Also setzte sie die Soldaten unter anhaltenden, systematischen Druck, damit sie doch töteten: indem sie das Töten zu einer lebensrettenden Maßnahme umdeutete; den Feind als Untermenschen darstellte; die Entfernung zwischen Abzug und Ziel vergrößerte, damit die Soldaten den Feind nicht mehr als Mitmenschen wahrnehmen konnten; von jedem Soldaten erwartete, den Befehlen ihres Anführers sofort zu gehorchen, und indem sie die Fähigkeit jeder Einheit zu kollektiver Gewalt förderte.

1. Das Töten als Lebenretten umdeuten

Als dem Militär klar wurde, dass die meisten Männer durchaus willens waren, als Soldaten zu dienen und Leben zu retten, griff man diesen Wunsch auf, um Männer damit zu Mördern zu machen. Man überzeugte sie, dass Töten die einzige Möglichkeit sei, das Leben der Menschen zu schützen, die sie liebten. Soldaten im Irak wurde beispielsweise erzählt, dass das Töten von Terroristen der einzige Weg sei, um Zivilisten zu schützen.

2. Den Feind als Untermenschen darstellen

Im Zweiten Weltkrieg wurde deutlich, dass es Soldaten schwerer fiel, Menschen zu töten, mit denen sie sich identifizieren konnten, als Menschen, die ihnen nicht gleich waren. Nur 6 Prozent der Amerikaner sagten, sie wären bereit, Deutsche zu töten; 44 Prozent dagegen sagten, sie wollten Japaner töten.[13] Daher ermutigte die Militärführung die Soldaten, den irakischen Feind als „dreckige Kameltreiber" zu sehen und nicht als normale Menschen.[14] Da es Soldaten auch schwerer fällt, unschuldige Menschen zu töten, als offensichtlich schuldige Personen, wurden die irakischen Gegner von der Militärführung als „Terroristen" und „blutrünstige Kindermörder" bezeichnet.[15]

3. Jeder Soldat schuldet seinem Anführer Gehorsam

Sigmund Freud sagte: „Unterschätze niemals die Macht des Gehorsams."[16] Soldaten ohne Kampferfahrung gehen davon aus, dass die meisten Soldaten schießen, weil auf sie geschossen wird. Kriegsveteranen wissen aber, dass der Schießbefehl der eigentliche Grund ist, warum Soldaten feuern.[17] Ohne Schießbefehl würden die meisten Soldaten nicht schießen, selbst wenn ihnen in der Schlacht der Feind Auge in Auge gegenüberstünde.[18]

Gwynne Dyer schrieb in seinem Buch *War* Folgendes: Obwohl „die überwiegende Mehrheit der Soldaten keine geborenen Mörder sind, töten die Männer dennoch unter Zwang. **Männer tun fast alles, wenn sie wissen, dass es von ihnen erwartet wird,** und wenn sie unter starkem sozialem Druck stehen, sich einem Befehl zu fügen".[19]

Nachdem durch Marshalls Bericht die überraschend niedrigen Schussstatistiken zutage getreten waren, versuchte die Militärführung, die Bereitschaft der Soldaten, einem Schießbefehl Folge zu leisten, mithilfe von sozialem Druck und Konditionierung zu erhöhen. Soldaten wurden „ermutigt" und darauf konditioniert, Rollenvorbildern wie den legendären ANZAC-Kämpfern nachzueifern (*Australian and New Zealand Army Corps*[20]). Diese Männer hatten dem Befehl gehorcht, uneinnehmbare Stellungen in Gallipoli anzugreifen – auch wenn jedem klar war, dass dieser Befehl Wahnsinn war und sie auf ein Himmelfahrtskommando geschickt wurden.[21] Mithilfe klassischer Konditionierung[22] nach Pawlow (dem es nach einer Weile gelang, durch einen Glockenton den Speichelfluss von Hunden anzuregen[23]) wurden Soldaten dazu gebracht, den Gehorsam gegenüber den Befehlen ihrer Ausbilder mit Belohnung (Vergnügen) und das Sich-Widersetzen gegen entsprechende Befehle mit Strafe (Schmerz) zu verbinden.[24] Mithilfe von Verhaltensmodifikation[25] nach Skinner (der Ratten dazu brachte, durch ein Labyrinth zu laufen[26]) wurde der automatische Schnellschuss-Reflex von Soldaten erhöht[27], indem diese in einer simulierten Schlachtfeldsituation immer wieder auf menschenähnliche Ziele feuern mussten.[28] Dies führte dazu, dass ein durchschnittlicher Soldat heute eine 95-prozentige Schussrate aufweist[29] und ein Scharfschütze eine 1,39-Schuss-pro-Tötung-Rate erreicht.[30]

4. Die Fähigkeit jeder Einheit zu kollektiver Gewalt fördern

Forschungen haben gezeigt, dass ein Soldat sich im Kampfeinsatz nicht in erster Linie vor dem Tod fürchtet, sondern davor, „Kameraden im Stich zu lassen".[31] „Man kann sich doch nicht einfach umdrehen und weglaufen. Gruppendruck, wissen Sie?"[32] Also bediente sich die Militärführung des Gruppendrucks – sowie einem Zuwachs an Befugnissen[33] und der Verteilung von Verantwortung, die eine Gruppe mit sich bringt[34] –, um Männer zu Mördern zu machen. („Es schossen so viele Kameraden … Man kann sich nie sicher sein, ob man selbst oder ein anderer gerade jemanden tötet."[35]). Konrad Lorenz erkannte: „Nicht der Mensch ist ein Mörder, sondern die Gruppe."[36]

Grossmann schließt sein Buch *On Killing* mit der Beobachtung, dass die gleichen Techniken, die vom Militär eingesetzt werden, heute von den Medien angewandt werden, um nicht nur Soldaten, sondern auch Zivilisten zum hemmungslosen Töten zu konditionieren: im Kino, wo Helden außerhalb von Recht und Gesetz töten[37]; im Fernsehen, wo der Zuschauer für den Akt des Tötens desensibilisiert wird, indem er Tausenden Menschen beim Sterben zusieht[38]; und bei Videospielen, in denen man mit lebensecht aussehenden Gewehren lernt, reflexhaft auf menschliche Ziele zu schießen.[39]

5. Die Entfernung zwischen Abzug und Ziel vergrößern

Den meisten Soldaten fällt es schwer, aus nächster Nähe zu töten, wenn sie ihrem Feind Auge in Auge gegenüberstehen. „Wenn du sie schreien hörst und sterben siehst – das ist unerträglich."[40] Piloten schießen „Flugzeuge" ab.[41] Die Artillerie greift „feindliche Linien" an.[42] „Sie können so tun, als würden sie keinen Menschen töten."[43]

Die Militärführung vergrößert also technologisch so schnell wie möglich die Distanz zwischen Abzug und Ziel, zum Beispiel mithilfe von Nachtsichtgeräten. Wenn ein Soldat ein solches Nachtsichtgerät trägt und dann jemanden erschießt, „fühlt sich das wie ein Videospiel an, so als würde es am Bildschirm geschehen".[44]

Wie Terroristen systematisch zu Mördern gemacht werden

Extremistische Organisationen wie die *Jemaah Islamiyah* (JI) nutzen viele dieser Methoden, um ihre Terroristen auszubilden. JI hat ihren Sitz in Indonesien, Malaysia, Singapur und den Philippinen und wurde als terroristische Organisation verboten.[45] Viele Mitglieder von JI haben in den 80er-Jahren gemeinsam mit den Mudschahedin in Afghanistan gegen die Russen gekämpft. Dort lernten sie al-Qaida kennen und wurden von Osama bin Ladens „*fatwa* inspiriert, die er am 22. Februar 1998 aussprach. Darin wurden Muslime aufgefordert, Amerikaner und ihre Alliierten zu töten und deren Einrichtungen zu zerstören".

Ihre „extrem gewalttägige Ideologie wurde durch die Pro-Bomben-Fraktion unter Führung von Noordin Mohammed Top in die Tat umgesetzt".[46]

Da ich Australier bin, ist für mich eine extremistische Organisation wie Jemaah Islamiyah besonders interessant, denn JI trägt die Verantwortung für die Bombenanschläge im Regierungsbezirk Kuta auf der indonesischen Insel Bali, bei denen 202 Menschen den Tod fanden und weitere 240 verletzt wurden, darunter 88 Australier.[47]

Die *Religious Rehabilitation Group* (RRG) – eine lokale Gruppe aus *Ulama* (religiöse Rechtsgelehrte) und *Asatizah* (religiöse Lehrer) in Singapur, „die ehrenamtlich ihre Dienste anbieten, um Gefangenen dabei zu helfen, ihre Religion richtig zu verstehen" – untersuchte, wie JI ein Zerrbild des Islam nutzt, um ihre Mitglieder zu Mördern zu machen. Sie bestätigte, dass „verschiedene Faktoren einen Menschen zum Terroristen machen. Im Fall von JI ist jedoch die Ideologie und kein anderer Faktor die Quelle und Hauptmotivation der Terroristen".[48]

Die RRG fand heraus, dass man Menschen in fünf Schritten dazu bringt, Terrorist zu werden oder ein terroristisches Weltbild für sich anzunehmen. Der erste Schritt ist die Einführung in JI. Der zweite Schritt ist die Übernahme der JI-Ideologie „durch mentale Konditionierung, die die Weltanschauung eines Menschen verändert". Im dritten Schritt wird man in die JI-Gemeinschaft aufgenommen, und zwar indem man sich „durch Initiationsriten und Schwüre die

Hingabe des Einzelnen sichert (‚Einer von uns')". Der vierte Schritt ist die Integration in die JI-Organisation, die eine „Ent-Individualisierung" (Ablegen der eigenen Identität) und eine „Aufteilung von Verantwortung" (Abgabe von persönlicher Verantwortung) mit einschließt. Damit wird die moralische Verantwortung für einen terroristischen Akt vom Einzelnen auf die Gruppe projiziert. Der fünfte Schritt ist schließlich die Teilnahme an terroristischen Aktivitäten, die von „der legitimen (von JI als legitim bezeichnet) Autorität befohlen wird".[49]

JI konditioniert seine Rekruten systematisch – so wie das Militär auch:

1. Das Töten als Lebenretten umdeuten

JI hat die menschliche Bereitschaft, als Soldaten zu dienen, und den Wunsch, Leben zu retten, instrumentalisiert, um auf diese Weise Männer zu Mördern zu machen. Sie überzeugt die Rekruten davon, dass sie das Leben ihrer Angehörigen nur retten können, wenn sie einen neuen, exklusiven und in sich geschlossenen *Daulah Islamiyah* (Islamischen Staat) aufbauen. Und der einzige Weg, wie sie diesen aufbauen können, bestehe in der Tötung aller „Ungläubigen", die sich ihm in den Weg stellen.[50]

2. Den Feind als Untermenschen darstellen

Gruppierungen wie die JI brandmarken all diejenigen als *Takfir* (Ungläubige oder Ketzer), die sich ihrer Agenda – der Errichtung eines *Daulah Islamiyah* bzw. Islamischen Staates – widersetzen. „Obwohl es im Islam verboten ist, einen Menschen als ‚Ungläubigen' zu verurteilen, brandmarkt JI alle Muslime, die nicht mit ihr übereinstimmen, als ‚keine wahren Muslime'." Indem sie behauptet, diese „nicht wahren Muslime" seien vom wahren Glauben abgefallen, bietet die

JI ihren Rekruten nicht nur „ein legales Schlupfloch, wie sie das Verbot, andere Muslime zu töten, umgehen können". Sie verwandelt dieses Verbot auch „in eine religiöse Verpflichtung, diese Abgefallenen hinzurichten".[51]

3. Jeder Rekrut schuldet seinem Anführer Gehorsam

Indem die Aufnahme in die JI mit „Initiationsriten und Schwüren" einhergeht, sichert diese sich den Gehorsam jedes einzelnen Mitgliedes.[52] Gwynne Dyer schreibt in seinem Buch *War*: Obwohl „die überwiegende Mehrheit der Soldaten keine geborenen Mörder sind, töten die Männer dennoch unter Zwang. Männer tun fast alles, wenn sie wissen, dass es von ihnen erwartet wird, und wenn sie unter starkem sozialem Druck stehen, sich einem Befehl zu fügen.[53] Bei JI besteht dieser ausgeübte Druck darin, dass sie ihre Rekruten in allererster Linie zur *Al-Wala* verpflichtet, der absoluten Loyalität und dem Gehorsam gegenüber Gott, seinem Propheten und ihren *Amir* (ihren JI-Anführern).

4. Die Fähigkeit jeder Einheit zu kollektiver Gewalt fördern

Forschungen haben gezeigt, dass ein Mann sich im Kampfeinsatz nicht in erster Linie vor dem Tod fürchtet, sondern davor, „Kameraden im Stich zu lassen".[54] Also bedient sich JI des Gruppenzwangs. Mit der Aufnahme in die JI geht eine Ent-Individualisierung einher (das Ablegen der individuellen Identität) und die Verteilung von Verantwortung (Abgabe von persönlicher Verantwortung)[55]. Auf diese Weise wird die moralische Verantwortung für einen bestimmten terroristischen Akt auf die Gruppe übertragen. „Nicht der Mensch ist der Mörder, sondern die Gruppe."[56]

5. Die Distanz zwischen Heldentat und Herrlichkeit verringern
Einer der größten Unterschiede zwischen Terroristen und Soldaten besteht darin, dass die meisten Soldaten sich sehr schwer damit tun, aus nächster Nähe zu töten. Terroristen hingegen töten mutig und voller Überzeugung und Entschlossenheit aus nächster Nähe, Auge in Auge mit dem Opfer. Das ist möglich, weil JI ihre Rekruten mit der Ideologie indoktriniert, dass Muslime nur dann „echte Muslime" sind, wenn sie den *Dschahiliya* – den „Zustand der Unwissenheit" – durch den *Dschihad* zerstören. Mit Dschihad, so wie sie ihn verstehen, ist der „entschlossene, offensive, gewalttätige Kampf" gemeint, der *Syahadah* (das Märtyrium) durch *Istimata* (Selbstmordattentate) erfordert.[57]

Von einer geschlossenen islamischen Ideologie zu einer offenen islamischen Theologie

Da eine verzerrte islamische Ideologie terroristische Gruppierungen wie *Jemaah Islamija* hervorbringt, fordert die *Religious Rehabilitation Group* (RGG), dass wir „diese islamischen Konzepte hinterfragen müssen, aus der sie ihre Ideologie des Terrors ableiten".[58]

Interessant ist, dass es gewisse Ähnlichkeiten zwischen manchen extremistischen christlichen Gruppierungen und extremistischen muslimischen Gruppierungen gibt. Sie verwenden zwar andere Begriffe, aber die Vorstellungen, mit denen sie ihr Denken und Handeln rechtfertigen, sind sich sehr ähnlich. Die Vertreter des harten (im Gegensatz zum weichen) Dominionismus[59], der sich aus dem calvinistischen christlichen Rekonstruktionismus (*Christian Reconstructionism*) entwickelte, treten dafür ein, dass Christen sich die Welt untertan machen und der Menschheit ihre Sicht der biblischen Gesetze aufzwingen, in dem „der Irrtum keine Berechtigung hat" und „Sünder" kein „Recht zu leben" haben (denn „der

Lohn der Sünde ist der Tod"). Die Liste der „Verbrechen", auf die die Todesstrafe steht (stehen sollte), beinhaltet u. a. Homosexualität, Ehebruch, Götzendienst, Abfall vom Glauben, öffentliche Gotteslästerung und falsche Prophetie.[60]

Solche extremistischen Vorstellungen scheinen sehr weit hergeholt zu sein, aber vor noch nicht allzu langer Zeit wurde ich gebeten, mit einem Ausschuss über solche Dinge zu sprechen. Die Synode einer Gemeinde in meinem Heimatstaat hatte mich eingeladen. Am Eingang wurde ich begrüßt, und mir wurde ein Stuhl am Ende eines Tisches zugewiesen. An diesem saßen bereits einige Männer – und ich hatte noch nie jemanden getroffen, der so seriös gekleidet war. Als wir alle Platz genommen hatten, kündigte ein ziemlich düster dreinblickender Mann am Kopfende des Tisches an, er wolle einen Abschnitt aus der Bibel lesen, um damit unserer Diskussion einen angemessenen Rahmen zu geben. Er griff nach dem großen alten Buch, das vor ihm auf dem Tisch lag, und begann mit tiefer, gewaltiger Stimme zu lesen:

Aber in den Städten dieser Völker, die der Herr, dein Gott, dir zum Erbe geben wird, sollst du nichts leben lassen, was Odem hat, sondern du sollst unbedingt an ihnen den Bann vollstrecken, nämlich an den Hetitern, Amoritern, Kanaanitern, Pheresitern, Hewitern und Jebusitern – so wie es der Herr, dein Gott, dir geboten hat …!

Dann schloss dieser finstere Mann das Buch und sagte: „Daran erkennen Sie, dass es in der Bibel so etwas wie ‚unveräußerliche Menschenrechte' nicht gibt. Das Volk Gottes ist aufgerufen, den Willen Gottes zu tun." Und mit kalter, harter, entschlossener Endgültigkeit fügte er hinzu: „*… ungeachtet, ob es darum geht, zu heilen oder zu töten!*"

Ich traute meinen Ohren kaum. Hier saß ich mitten in Brisbane, der Hauptstadt des friedlichen, sonnigen Queensland, und hörte, wie ein anerkannter christlicher Leiter das Abschlachten von Menschen im Namen Gottes rechtfertigte!

Das entsprechende muslimische Konzept, von der RRG sagt, dass wir es hinterfragen, auseinandernehmen und neu zusammenstellen müssen, beinhaltet u. a.: die Vorstellung von einem exklusiven und geschlossenen *Daulah Islamiyah* (Islamischen Staat), in dem alle diejenigen *Takfir* (Ketzer) sind, die der Agenda eines solchen Staates nicht zustimmen; die Idee des *Al-Wala' wa-l-bara'*, dass jeder „uns" zur Treue verpflichtet ist und nicht „ihnen"; *Bay'ah* (das Gehorsamsversprechen), das absolute Hingabe und Gehorsam gegenüber dem *Amir* (Führer) fordert; sowie die Vorstellung, dass *Dschihad* „Krieg" bedeutet und die Ausbreitung des Islam die Hinrichtung und Auslöschung aller Nichtmuslime erfordert.[61]

Man findet keinen besseren Ausgangspunkt, um mit Dekonstruktion und Neuausrichtung einer in sich geschlossenen islamischen Ideologie zu beginnen, als die offene Weltsicht der islamischen *Bismillah*-Theologie.

Bismillah steht für den arabischen Ausdruck *bismi 'llāhi 'r-raḥmāni 'r-raḥīmi,* ein poetischer Ausdruck, von dem meine muslimischen Freunde sagen, er enthalte das wahre Wesen des Koran – im Grunde die Essenz aller Religionen. Jedes Kapitel des Koran (mit Ausnahme der 9. Sure) beginnt mit diesem Ausdruck, der im Allgemeinen wie folgt übersetzt wird: „Im Namen des barmherzigen und gnädigen Gottes". Meine muslimischen Freunde beginnen alles, was sie tun, mit *Bismillah.*

Bismillah oder auch *Bismala* bedeutet „im Namen Allahs". „Allah" ist nicht der muslimische Name für Gott, geschweige denn der Name des muslimischen Gottes, sondern der arabische Name des einen wahren Gottes. Die semitischen Wurzeln des Wortes *Allah* reichen Tausende Jahre zurück bis zum kanaanitischen *Elat*, dem hebräischen *El* und *Elohim* und dem aramäischen *Alaha*. Die *Bismillah* zu zitieren bedeutet, sich bewusst zu machen, dass es nicht viele Götter gibt, sondern nur den einen Gott, und dieser eine Gott ist kein muslimischer oder christlicher Gott. Er ist der eine Gott, zu dem wir gehören und der uns allen gehört, seien wir Muslime, Christen oder Juden.[62]

Die Begriffe *rahman* und *rahim* gehen auf das Semitische *rhm* zurück, in dem die Vorstellung von etwas mitschwingt, das „von höchster Sanftheit und Güte ist und für Schutz und Nahrung sorgt", etwas, aus dem die Schöpfung hervorgegangen ist. Der Wortstamm *rhm* bedeutet unter anderem „Schoß", „nährende Sanftheit", „liebevolle Güte". Nach Ibn Qayyum (1350 v. Chr.) beschreibt *rahman* das Wesen der grenzenlosen Gnade, mit der Gott die gesamte Welt und alle ihre Bewohner umarmt. *Rahim* beschreibt die umarmende Gnade Gottes, die sich in unseren konkreten Lebensumständen offenbart; sie ergreift immer die Initiative, ist immer zuvorkommend und antwortet immer.[63]

Nora Amath von AMARAH (*Australian Muslim Advocates for the Rights of All Humanity*) spricht davon,

> *dass Gott fast jedes Kapitel im Koran mit dem Begriff eröffnet: „Ar-Rahman, Ar-Rahim", im Allgemeinen übersetzt als „Der Barmherzige, der Allmächtige". Wir müssen als Muslime über die Bedeutung dieser Begriffe sehr genau nachdenken, denn von seinen neunundneunzig herrlichsten Eigenschaften sind dies die beiden, in denen sich Gott in Seiner Offenbarung auf sich selbst bezieht. „Er ist der Gott der Gnade, der Geber der Gnade" (Koran 59:22). Es gibt viele Verse im Koran, in denen Allah (SWT) dies betont: „Meine Gnade umfasst alle" (Koran 7:156).*

Amath schreibt: „Der Prophet Mohammed sagt in einer der Überlieferungen: ‚Diejenigen, die keine Gnade haben für andere Menschen, werden die Gnade Gottes nicht empfangen.‘ (…) Es ist wichtig festzuhalten, dass das Wort, das in diesem *Hadith* verwendet wird – *nas* – ‚Menschen‘ bedeutet und nicht nur Muslime oder Gläubige des Islam. *Amr ibn al-As* berichtet, dass der Prophet (SWS) sagte: ‚Habt Gnade mit denen, die auf der Erde leben, der Eine im Himmel wird dann auch Gnade mit euch haben *(Tir-midhi).*‘ Die Gnade soll für alle gelten, ‚die auf der Erde leben‘."

Wie können wir die heiligen Texte unserer Religionen so auslegen, dass sie eine radikale Spiritualität des Erbarmens widerspiegeln? Wir luden unsere muslimischen Freunde ein, uns ihren Umgang mit ihren heiligen Schriften näherzubringen. Sie sagten:

Mit einer Ausnahme beginnt jede Sure im Koran mit Bismi 'llāhi 'r-raḥmhāni 'r-raḥīmi – *„Im Namen des barmherzigen und gnädigen Gottes". Wir sind zu der Auffassung gelangt, dass wir diese Anrufung als hermeneutischen Ansatz verwenden sollten: Wollen wir einen Text im Geiste Gottes interpretieren, müssen alle unsere Interpretationsansätze im Einklang mit seiner Gnade und seinem Erbarmen sein.*

Als mir meine muslimischen Freunde erzählten, dass sie glaubten, man müsse den Koran gemäß der *Bismillah* auslegen – im Licht von Gottes erstaunlicher Gnade und seinem Erbarmen –, selbst wenn dies einer menschlichen Auslegung des Scharia-Gesetzes widersprechen würde, hüpfte ich vor Freude. Ich sagte: „Wie wunderbar! Was ihr hier tut, ist großartig. Ich glaube, Jesus findet es auch toll, denn er hat mit der Thora genau das getan, was ihr hier mit dem Koran macht. Auch er war bereit, die geschlossene menschliche Auslegung des Gesetzes in das Licht von Gottes offener Sicht von Gnade und Erbarmen zu stellen."

Maulana Wahiduddin Khan ist überzeugt: „Gott ist Friede oder *As-Salam*. Das eigentliche Wort ‚Islam' [von dem arabischen *silm*] bedeutet ‚Friede'. Nach dem Propheten ist der Friede also die Grundvoraussetzung des Islam." Er fügt hinzu: **„Ein Muslim ist jemand, in dessen Händen die Menschen sicher sind.**"[64] Wenn das doch nur auf alle Muslime, Christen und Juden zuträfe! Ich persönlich glaube, dass es wahr werden könnte, würden wir uns nur selbst gestatten, im Geist der *Bismillah* wiedergeboren zu werden, die *Bismillah* mit jedem Atemzug einzuatmen und die *Bismillah* mit jedem Herzschlag zu verkörpern und sie durch jede Vene unseres Kopfes und durch unsere Hände und Füße hindurchfließen zu lassen: *„Bismi 'llāhi 'r-raḥmāni 'r-raḥīmi!"*

Eine Ideologie des Dschihad im Sinne einer Bismillah-Theologie umgestalten

Wie wir festgestellt haben, steht *Bismillah* für den arabischen Ausdruck *Bis Bismi 'llāhi 'r-raḥmāni 'r-raḥīmi* und wird oft übersetzt mit „im Namen des barmherzigen und gnädigen Gottes". Nach Ibn Qayyum beschreibt *rahman* das Wesen der grenzenlosen Gnade, mit der Gott die gesamte Welt und alle ihre Bewohner umarmt. Der Begriff *rahim* dagegen beschreibt die umarmende Gnade Gottes, die sich in unseren konkreten Lebensumständen offenbart; sie ergreift immer die Initiative, ist immer zuvorkommend und antwortet immer.[65]

Wenn man das Ganze im Licht der *Bismillah* betrachtet, überrascht es nicht, dass Maulana Wahiduddin Khan davon überzeugt ist, „eine wahre islamische Bewegung entsteht aus dem Gefühl des Wohlwollens für die gesamte Menschheit".[66] Er sagt: „Der Koran beginnt nicht mit einer Hetzrede (mit implizierter Kritik an falscher Herrschaft), sondern mit Lobreden auf Gott (in der *Bismillah*). Und er endet mit der Notwendigkeit, bei Gott Zuflucht zu suchen." Er fügt hinzu: „Im Koran und den Hadithen wird nicht einmal eine Staatsform erwähnt"[67] und auch keine „politische Auslegung des Islam, die Muslimen den Status von Gottes Vize-Regenten auf Erden anbietet mit dem Recht, die gesamte Welt in seinem Namen zu beherrschen"[68].

Maulana Wahiduddin Khan wirft Dschamal ad-Din al-Afghani, Sayyid Qutb und Sayyid Abul Ala Maududi vor, das Konzept der Errichtung oder Wiedererrichtung eines in sich geschlossenen islamischen Staates entwickelt und verbreitet zu haben, eines Staates von Muslimen und für Muslime. Aber vor allem gibt Wahiduddin Khan dem *Daddschal*, dem „großen Täuscher", der hinter den Kulissen am Werk ist, die Schuld an solchen Fehlentwicklungen. Dieser bediene sich der Sprache des Islam, um damit antiislamische Vorstellungen zu verbreiten und „die Menschen davon zu überzeugen, dass das, was er anbiete, die wahre Form des Islam sei".[69]

Maulana Wahiduddin Kahn sagt auch, das besonders Diabolische und Böse (*Fitna*) des *Daddschal* sei es:

… den Islam nicht nur als Religion, sondern als politisches System hinzustellen. Nach dieser modernen politischen Auslegung des Islam ist es die Pflicht aller Gläubigen, die Herrschaft des nicht islamischen Rechts weltweit zu beenden und durch die Herrschaft des islamischen Gesetzes zu ersetzen. Mit anderen Worten: Das einzige Ziel der Muslime ist es, die politische Flagge des Islam hochzuhalten. Das Ziel des Dschihad ist die Errichtung einer islamischen Herrschaft.[70]

Maulana Wahiduddin Kahn fügt hinzu: „Diese Ideologie ist ohne Zweifel das größte Übel der Moderne. Der größte Schaden, den sie anrichtet, ist die Spaltung der Bewohner dieser Erde in zwei miteinander im Krieg befindliche Parteien. Die eine Gruppe wird dafür kämpfen, die Macht zu erlangen, während die andere dafür kämpfen wird, der Unterjochung zu entgehen."[71] Er vertritt ebenfalls die Auffassung: „Diese Version des Islam, die nur das Politische im Blick hat, hat beinahe Gott aus dem Blick verloren."[72] Was er als „politischen *Ghulu*" bezeichnet, „hat alle menschlichen Qualitäten unterdrückt, die einer Gemeinschaft zur Ehre und Herrlichkeit gereichen: Mildtätigkeit, Universalität, Anerkennung des anderen, alle Menschen als Familie Gottes zu betrachten, die Pflege des *Dawa*-Geistes (den Ruf zu Gott), den Frieden hochschätzen".[73] Er stellt fest: „Dem politischen Islam geht es um politische Konfrontation, doch er empfindet keine Sympathie für Menschen, sondern betrachtet andere nur als Rivalen, damit sie nicht als Freunde wahrgenommen werden können. Er züchtet einen Dschungel voll Hass heran und keinen Garten der Liebe."[74]

Maulana Wahiduddin Kahn schreibt weiter: „Ein Prediger, der nur Wohlwollen in seinem Herzen trägt, ermahnt seine Zuhörer, einen friedlichen, unpolitischen und gewaltlosen Weg zu gehen."[75] Zu dieser Art Prediger zählen Ziauddin Sardar, Bassam Tibi und Soheib Bencheikh.

Ziauddin Sardar versichert, „die Gleichstellung des Islam mit dem Staat" komme einer „Katastrophe" gleich. Sardar klagt den Islamismus an, der den Islam auf eine „totalitäre Ideologie" reduziere, die in einen „totalitären Staat" führe. „Die Umwandlung des Islam in die Ideologie eines politischen Staates beraubt ihn sämtlicher ethischer Inhalte und entlarvt den größten Teil der muslimischen Geschichte als unislamisch."[76]

Bassam Tibi spricht sich für eine Trennung von Religion und Politik aus. Religion solle sich mit Glauben und Ethik auseinandersetzen, Politik Regierung und Regierungsform im Blick haben. Was der Islam brauche, seien „religiöse Reformen, die den Geist des Islam beibehalten und dabei seine Entpolitisierung" fördern.[77]

Soheib Bencheikh, Großmufti von Marseille, ist überzeugt davon, dass im Gegensatz zu den Islamisten, die von der Errichtung eines islamischen Staates mit der Theologie eines „Mehrheitsglaubens" träumen, die meisten Muslime weltweit lernen müssten, „einen Minderheitenglauben zu entwickeln, der sich nicht mit Gewalt ausbreitet".[78]

Die Trennung von Religion und Politik bedeutet nicht, dass wir unseren Glauben und die daraus abgeleiteten ethischen Überzeugungen nicht in Diskussionen über politische Richtlinien einfließen lassen. Im Gegenteil, jeder wahre Gläubige kann gar nicht anders, als seinen Glauben und die daraus abgeleiteten ethischen Grundsätze in den politischen Diskurs einfließen zu lassen. Die Trennung von Religion und Politik bedeutet aber, dass wir unsere persönliche Religion nicht für parteipolitische Zwecke missbrauchen, um Menschen zu manipulieren oder auszubeuten und Macht zu erlangen oder zu erhalten.

„Unpolitischer" Glaube ist „unparteiisch" und wird niemandem „aufgedrängt".

Wir haben ja bereits festgestellt, dass *Bismillah* oder auch *Basmala* „im Namen Allahs" bedeutet, was wiederum der arabische Name des einen wahren Gottes ist. Wenn wir die *Bismillah* zitieren, sollten wir uns bewusst machen, dass es nicht viele Götter gibt, sondern nur einen Gott. Dieser eine Gott ist kein muslimischer, christlicher oder jüdischer Gott, sondern der Eine, dem wir alle gehören und der uns allen gehört, ob wir Muslime, Christen, Juden etc. sind.[79]

Im Licht der *Bismillah* betrachtet, so Maulana Wahiduddin Khan, ergibt der Gedanke Sinn …

… dass Gott zu jedem Menschen die gleiche von Erbarmen durchdrungene Beziehung hat wie ein Vater zu allen seinen Kindern. Es ist deshalb dem göttlichen Schöpfungsplan vollkommen fremd, diese irdischen Gefilde durch Hass und Gewalt zu entstellen. Gott sehnt sich zutiefst danach, dass Liebe dem Hass entgegentritt und Frieden der Gewalt begegnet. Gemäß dem Koran ist mit „Paradies" die Nachbarschaft zu Gott gemeint, und in diese Nachbarschaft finden nur die Menschen Aufnahme, die Erbarmen haben und deren Leben Wohltaten anderen gegenüber aufweisen.[80]

Farid Esack spricht davon, dass Muslime ihre Beziehungen zu anderen Menschen mit Begriffen wie *Iman* und *Kufr* beschreiben, was gewöhnlich mit „Glaube" und „Unglaube" übersetzt wird. Er erklärt, dass diese Begriffe ursprünglich dazu verwendet wurden, bestimmte „Eigenschaften, die jeder Einzelne haben sollte", zu beschreiben. Weil aber die islamische Theologie immer mehr erstarrte, wurden diese Begriffe „nicht länger als Eigenschaften Einzelner", sondern als „Eigenschaften von Gruppen" verstanden.[81]

Nach dem Koran werden *Iman* (an etwas glauben) und das Nomen *Mu'minūn* (Gläubige) folgendermaßen definiert:

Nur die sind Mu'minun *(Gläubige), deren Herzen erbeben, wenn Gott genannt wird, und die, wenn ihnen Seine* Ayat *Zeichen vorgetragen werden, dadurch zunehmen an* Iman *und auf ihren Herrn vertrauen; die das Gebet verrichten und spenden von dem, was Wir ihnen gegeben haben. Das sind die wahren* Mu'minun *(Koran 8:2–4).*

Esack ist überzeugt, dass dieser Text drei Themenkomplexe enthält: „das dynamische Wesen von *Iman*“ (man kann es „erlangen“), „*Iman* als persönliche Antwort auf Gott“ („Herzen erbeben, wenn Gott genannt wird“) und die „Verknüpfung von *Iman* und gerechten Werken“ (andere mit dem unterstützen, was Gott ihnen gegeben hat).[82]

Esack erklärt: „Geht man davon aus, dass *Iman* gerechte Werke erfordert, wird deutlich, dass man den Glauben nicht durch die Durchführung von Ritualen erlangen kann“, und: „Geht man davon aus, dass *Iman* die tiefe, persönliche Antwort des Einzelnen auf Gott ist, kann *Iman* nicht auf eine bestimmte sozio-religiöse Gemeinschaft beschränkt bleiben.“ Er fügt hinzu: „Derartige Versuche würden einer Leugnung der Universalität Gottes gleichkommen. Deshalb spricht der Koran explizit vom *Iman* (Glauben) derer, die außerhalb der sozio-religiösen Gemeinschaft der *Mu'minun* stehen.“[83]

Esack ist überzeugt, dass wir den Begriff *Islam* als Verb und nicht als Nomen betrachten müssen. Er zitiert Toll: „Der ursprüngliche und universale *Islam* beschreibt die Haltung der Auslieferung an den Absoluten in gegenseitiger Bruderschaft. Dies kann in den unterschiedlichsten Glaubens- und Handlungsmustern vergangener und gegenwärtiger Religionen eindeutig entdeckt und bestätigt werden.“[84]

Der Koran betont sehr deutlich, dass es Menschen gibt, deren Religion und Ideologie sich sehr von den muslimischen Traditionen unterscheiden, die aber Gott ebenso ernsthaft dienen, wie Muslime es tun. Es heißt dort:

Sie sind nicht (alle) gleich. Unter dem Volke der Schrift ist eine Gemeinde, die (zu ihrem Vertrag) steht; sie sprechen Allahs Wort in den Stunden der Nacht und werfen sich nieder (vor Ihm). Sie glauben an Allah und an den Jüngsten Tag und gebieten das Gute und verwehren das Böse und wetteifern miteinander in guten Werken. Und sie zählen zu den Rechtschaffenen (3:113–114).

Nach dem Koran gibt es nur eine Din (Glaube, Religion), aber viele Umma (Gemeinschaften). Gott hat jeder einzelnen *Umma* einen eigenen Führer mit unterschiedlichen *Sira* (Pfaden) und *Minhas* (Wegen) zur *Tauhīd* (Glaube an die Einheit Gottes) gesandt. Die gleiche *Din* wurde „Noah, Abraham, Mose und Jesus" wie auch Mohammed auferlegt (42:13). „Für jede *Umma* gibt es einen Boten" (10:47) und „jedem von euch haben wir einen (anderen) *Sira* (Pfad) und *Minhas* (Weg) bestimmt" (5:48).[85]

Es ist wichtig festzuhalten, dass der Koran den Begriff *Iman* zwar häufig in Bezug auf die Nachfolger Mohammeds verwendet (45-mal), er wird aber auch oft für die Nachfolger von Mose (11-mal) und für die Nachfolger anderer Propheten (22-mal) verwendet.[86]

Im Koran heißt es: „Einem jeden Volke haben Wir Andachtsübungen gegeben, die sie befolgen; sie sollen daher nicht mit dir streiten in dieser Sache …" (22:67). Warum also die nie endenden Auseinandersetzungen?

Obwohl wir im Koran den Aufruf zur Einheit in Vielfalt und zur Einheit trotz Unterschiedlichkeit finden, sieht die Wirklichkeit anders aus: „Spannungen in den religiös-ideologischen Beziehungen zwischen den Muslimen und dem Volk des Buches (Juden und Christen) waren unvermeidbar."[87] Jede dieser Gruppen hat sich – entgegen dem Ratschlag des Koran, Auseinandersetzungen zu vermeiden – zum Wächter der eigenen heiligen Texte ernannt. Durch ihre jeweilige Auslegung ihrer Schriften grenzten sie diese von den anderen ab und erschufen eine geschlossene Religion, die mit den anderen im Wettstreit und im Widerspruch steht. Sie brandmarkten diejenigen, die mit ihren Auslegungen ihrer heiligen Schriften nicht übereinstimmten, als *Kufr* (Ungläubige) und riefen nicht so heilige sogenannte „Heilige Kriege" aus, um die Überlegenheit ihrer Auslegung der heiligen Schriften zu beweisen.

Im Koran steht das Wort *Kufr* für den „Ablehnenden". Gemeint ist derjenige, „der die Zeichen Gottes ablehnt" – aber gemeint ist *nicht* der nationalistische oder rassistische/fremdenfeindliche Ausschluss „des anderen".

Im Koran heißt es:

Wahrlich, wegen denen, welche die Zeichen Gottes ablehnen/undankbar sind (Yakfur) und die Propheten gegen jedes Recht ermorden und die Menschen ermorden, die Gerechtigkeit anordnen, verkünde ihnen schmerzliche Bestrafung. Ihre Werke werden in dieser Welt und im kommenden Leben nichts wert sein, und sie werden niemand haben, der ihnen Beistand gibt (3:21–22).[88]

Wir müssen uns einige Aussagen in diesem Abschnitt näher anschauen. Erstens ist hier die Rede von der aktiven Haltung eines Einzelnen (oder einer Ansammlung von Einzelnen) und keiner ethno-sozio-religiösen Gruppe. Zweitens ist die Haltung, die hier beschrieben wird, nicht einfach die eines Ungläubigen, Andersgläubigen oder Abgefallenen, sondern eines völlig undankbaren, die Gnade Gottes vollkommen ablehnenden und gegen die Propheten gewalttätigen Menschen – nicht nur gegen Mohammed, sondern auch gegen Mose, Jesus und andere –, der alles angreift, was diese über Gnade lehren. Und drittens wird von den Gläubigen eine „schmerzliche Bestrafung" (am Tag des Gerichts, von Gott) angekündigt, aber nicht von ihnen selbst ausgeführt.[89]

Ja, dieser Abschnitt wirft einige schwerwiegende Fragen in Bezug auf das Urteilen auf, über das Letzte Gericht und über den Gedanken von Belohnung und Strafe, die Gott den Menschen zukommen lassen wird. Wir müssen diese Gespräche aber verschieben. An dieser Stelle reicht es, mit den Worten von Maulana Wahiduddin Khan zu sagen: **„In allen Kapiteln des Koran** mit seinen Hunderten von Versen **findet sich kein einziger Vers, der den Auftrag gibt, jemanden umzubringen, der den Propheten beleidigt.**“[90]

Maulana Wahiduddin Khan ist überzeugt: „Gott ist Friede oder *As-Salam*. Das eigentliche Wort ‚Islam‘ [aus dem arabischen *silm*] bedeutet ‚Friede‘. Nach dem Propheten ist der Friede also die Grundvoraussetzung des Islam.“ Er fügt hinzu: „Ein Muslim ist jemand, in dessen Händen die Menschen sicher sind.“[91] Dies könnte für alle Muslime, Christen und Juden gelten, wenn sie es sich nur gestatten würden, im Geist der Bismillah wiedergeboren zu werden, die Bismillah mit jedem Atemzug einzuatmen und die Bismillah mit jedem Herzschlag zu verkörpern.

Abdul Ghaffar Khan sagt, wir müssen uns im Licht der Bismillah bewusst machen, dass wir im Falle eines Konfliktes nur eine Waffe einsetzen sollten: *Sabr* oder „Geduld“, die „Waffe des Propheten“. „Wenn du dich in Geduld übst, wird der Sieg dein sein. Keine Macht auf Erden kann ihr widerstehen.“ Wir sollten aufmerksam darauf achten, dass es im Koran heißt:

Es gibt keinen Zwang in der Religion; vergib und sei duldsam; mache deine Almosen nicht durch Vorhaltungen und Beleidigungen zunichte; wer ein menschliches Wesen tötet – es sei denn in fahrlässiger Tötung –, so ist es, als ob er alle Menschen getötet hätte. Und wer es am Leben erhält, so ist es, als ob er alle Menschen am Leben erhält.[92]

Dies steht natürlich im Widerspruch zum Konzept des *Al-Walā' wa-l-barā'*, der Loyalität für „uns", nicht für „sie". Um ein „wahrer" Muslim zu sein, müsse man durch einen entschlossenen, offensiven und gewalttätigen *Dschihad* die *Dschāhilīya* zerstören (den „Zustand der Torheit").[93] Dieser Dschihad erfordere auch *Syahadah* (Martyrium) durch *Istimata* (Selbstmordattentate)[94], mit dem Ziel, alles Nichtmuslimische aus einer Gesellschaft zu entfernen.[95]

Halim Rane schreibt in seinem Klassiker *Reconstructing Jihad amid Competing International Norms*, dass wir die Vorstellung vom Dschihad der Kontrolle der Extremisten entreißen und Dschihad im Licht des Koran neu definieren müssen.

Rane ist überzeugt, dass wir den Koran nur dann richtig interpretieren, wenn die Begriffe, Vorstellungen und die Bedeutung jedes Verses so ausgelegt werden, wie die Menschen sie damals verstanden haben. Und wir werden sie heute nur dann richtig verstehen, wenn wir sie im Licht der Bismillah lesen und im Kontext des *Maqasid*, „dem übergeordneten allgemeinen Ziel" des Islam.[96]

Rane zitiert Kamali und sagt, der Maqasid stütze sich auf die „Anordnungen des Koran und der Sunna". Weiter zitiert er Raysuni und sagt, im Fokus dieser Anordnungen stünden „Weisheit, Gnade, Gerechtigkeit und Gleichheit". Und wenn man sie befolge, führten sie zum „Wohlergehen der Menschheit", was nach Aussage von Qaradawi „Wohlstand, Freiheit, Würde und Brüderlichkeit" beinhaltet.[97]

Ein Vers muss in diesem Kontext besonders sorgfältig (re-)interpretiert werden: der berühmt-berüchtigte „Schwert-Vers", der Muslime anweist, Christen umzubringen: „… tötet die Götzendiener, wo immer ihr sie findet" (9:5).[98]

Rane schreibt: „Dieser Vers wurde – neben Sure 9:29 (‚Kämpft gegen diejenigen, die nicht an Allah und nicht an den Jüngsten Tag glauben und nicht verbieten, was Allah und sein Gesandter verboten haben, und nicht die Religion der Wahrheit befolgen – von denjenigen, denen die Schrift gegeben wurde –, bis sie den Tribut aus der Hand entrichten und gefügig sind!') – im Laufe der muslimischen Geschichte immer wieder zitiert, um Aggression und Angriffskriege gegen Nichtmuslime aufgrund deren ,Unglaubens' zu rechtfertigen." Abdel Bari, ein Al-Qaida-Experte, hat festgestellt, dass dieser Vers im Allgemeinen von Al-Qaida-Führern zu Rekrutierungszwecken zitiert und im Internet veröffentlicht wird.[99]

Rane erklärt, dass dieser Vers im Kontext des vorangegangenen gelesen werden sollte. (In Sure 9:4 steht: „Mit Ausnahme jener Götzendiener, mit denen ihr einen Vertrag eingegangen seid und die es euch nicht an etwas haben gebrechen lassen und nicht andere wider euch unterstützt haben. Diesen gegenüber haltet den Vertrag, bis zum Ablauf der Frist. Wahrlich, Allah liebt die Gerechten.") Es ist von zentraler Bedeutung, dass diese Verse in einem historischen Kontext offenbart wurden, in dem schon „ein Krieg mit den Menschen im Gange war, die sich des Bruches vertraglicher Verpflichtung und der Aggression schuldig gemacht hatten". Dass Nichtmuslime allein wegen ihres Unglaubens und nicht wegen ihrer aggressiven Taten bekämpft werden sollen, darf bezweifelt werden. Denn Vers 5 fährt fort: „Bereuen sie aber und verrichten das Gebet und zahlen die Zakat, dann gebt ihnen den Weg frei. Wahrlich, Allah ist allverzeihend, barmherzig." Und Vers 6 fordert Muslime dazu auf, den Feinden Schutz und Sicherheit zu gewähren, die darum bitten. Wenn allein ihr Unglaube der Grund für den Kampf gegen sie war, würde diese Maßnahme keinen Sinn ergeben.[100]

Rane fährt fort: „In Konfliktsituationen schreibt der Koran den Muslimen vor allem das Bemühen um Frieden vor: ,Und machet Allah nicht durch eure Schwüre zum Hindernis: dass ihr euch des Guttuns und Rechthandelns und des Friedenstiftens unter den Menschen enthaltet‘ (2:224). Friede sollte nie abgelehnt werden, selbst wenn man im Krieg einem Nichtmuslim gegenübersteht (4:94).“[101]

Rane betont – wie schon Khan –, dass das wahre Ziel des Islam Friede und nicht Krieg sei und Dschihad den Pfad zu diesem Frieden beschreibe. Er weist darauf hin, dass im Koran das Wort für „Krieg“ nicht *Dschihad,* sondern *Qital* ist. Und dass das Wort *Dschihad* „Kampf“ bedeutet und nicht „Krieg“. **Der Koran besteht aus 6000 Versen und von diesen beziehen sich nur 35 auf Dschihad.** In diesen 35 Versen werde der Begriff „Dschihad“ 20-mal mehrdeutig verwendet, 11-mal werde „Dschihad“ unmissverständlich im Sinne von Frieden benutzt und 4-mal im Sinne von Krieg verstanden.[102]

An den Stellen, an denen das Wort „Dschihad“ ein- oder mehrdeutig im Zusammenhang mit Krieg gebraucht wird, ordnet der Koran strikte „Verhaltensregeln“ an, „um den Gebrauch von Gewalt mit ‚Weisheit, Gnade, Gerechtigkeit und Gleichheit‘ zu mäßigen, in der Hoffnung, damit ‚Gewalt, Leid, Schande und Feindseligkeit‘ zu minimieren und ‚Wohlstand, Freiheit, Würde und Brüderlichkeit‘ zu maximieren“.

Nach Auffassung von Rane stellt der Koran für einen kriegerischen Dschihad acht Vorgaben auf: Erstens wird Töten – außer in Notwehr – als schwere Sünde betrachtet.[103] Zweitens ist Krieg nur zum Zweck der Selbstverteidigung und Selbstbestimmung gestattet.[104] Drittens ist jede Form von Angriffskrieg verboten.[105] Viertens soll man Feinde nicht angreifen, außer, man wird selbst gezielt von ihnen angegriffen.[106] Fünftens dürfen Muslime religiöse Meinungsverschiedenheiten mit Nichtmuslimen niemals als Rechtfertigung für einen Angriffskrieg nutzen.[107] Sechstens sollen Muslime im Krieg alle Gotteshäuser schützen – nicht nur Moscheen, sondern auch Kirchen und Synagogen.[108] Siebtens sollen Muslime im Krieg

„hilflose Männer, Frauen und Kinder" beschützen.[109] Achtens sollte ein Friedensangebot, das der Angreifer unterbreitet, nicht abgelehnt werden, selbst wenn die Ernsthaftigkeit eines solchen Angebotes zweifelhaft erscheint, denn Gott möchte, dass sein Volk „dem Frieden immer eine Chance gibt".[110]

Auf der Seite der Christen entwickelten Ambrosius und Augustinus ähnliche Kriterien, um die Herrschenden – diejenigen, die für den Krieg verantwortlich sind – dazu aufzurufen, die Anwendung von Gewalt mit „Weisheit, Gnade, Gerechtigkeit und Gleichheit" zu mäßigen. Sie argumentierten, damit ein Krieg nach den Grundsätzen von Gerechtigkeit durchgeführt werden könne, müssten acht Bedingungen erfüllt sein: Erstens müsse der Krieg einen gerechten Grund haben. Der einzige gerechte Grund, der in diesem Zusammenhang genannt wurde, war der Schutz einer großen Anzahl von Menschen, die sonst getötet würden. Zweitens müsse der Krieg von einer gerechten Obrigkeit beschlossen werden. Eine ordnungsgemäß eingesetzte Obrigkeit müsse anhand eines sorgsamen Prozesses die Anwendung von Gewalt prüfen. Drittens müsse ein Krieg immer der letztmögliche Schritt sein, nachdem sämtliche Maßnahmen wie Verhandlung, Vermittlung, Schlichtung und gewaltfreie Sanktionen ausgeschöpft wurden. Viertens müsse eine gerechte Absicht dahinterstehen – das Gemeinwohl, die Sicherheit und die Unversehrtheit aller, einschließlich des Feindes. Fünftens müsse das Risiko überschaubar sein – kein Abenteuer, sondern ein realistisches Unterfangen mit Aussicht auf Erfolg. Sechstens müssten die Kosten in vernünftigem Rahmen bleiben. Das positive Ergebnis des Sieges solle die menschlichen Kosten auf dem Schlachtfeld überwiegen. Siebtens solle jede Regierung, die beabsichtige, in einen Krieg zu ziehen, ihre Absichten ankündigen – und offenlegen, unter welchen Bedingungen dieser noch abzuwenden sei –, damit man, wenn irgend möglich, den

Krieg noch vermeiden könne. Und wenn achtens der Krieg unausweichlich sei, so sollten nicht nur die Ziele, sondern auch die Maßnahmen gerecht sein: Zivilisten müssten geschützt werden; wenn Gegner sich ergeben, müssten sie vor einer Hinrichtung bewahrt werden; alle Gefangenen müssten vor Folter beschützt werden.

Wenn man diese Kriterien zugrunde legt, ist keiner unserer gegenwärtigen Kriege ein „gerechter Krieg". Es sind einfach nur Kriege.

Wenn wir mit Integrität, Würde und Gnade für Gerechtigkeit kämpfen, müssen wir alle Aufrufe zu einem gewalttätigen Dschihad zurückweisen und den gewaltfreien Dschihad kämpfen, den „uneingeschränkten, entschlossenen, aber zugleich sanften Kampf für Gerechtigkeit gegen Ungerechtigkeit".

Qader Muheideen (Chaiwat Satha-Anand) sagt: „Das eigentliche Ziel des Dschihad besteht darin, der ‚strukturellen Gewalt' ein Ende zu setzen"[111] – und dass wir entscheiden müssen, welche Maßnahmen diesem Ziel dienlich sind. Weiterhin betont er, dass wir gewaltfreie Mittel anwenden müssen, damit Dschihadisten ihre Gewalt beenden.[112] Er gibt acht stichhaltige islamische Gründe an, den Dschihad als gewaltfreien Kampf für Gerechtigkeit neu zu definieren:

1. Für den Islam ist das Problem der Gewalt ein untrennbarer Bestandteil der islamischen Moral.
2. Jede Anwendung von Gewalt muss den Verhaltensregeln des Koran folgen.
3. Wenn die bei moderner Kriegsführung und/oder terroristischen Aktivitäten angewendete Gewalt nicht zwischen Kämpfern und Zivilisten unterscheidet (unterscheiden kann), ist sie für den Islam nicht akzeptabel.

4. Die modernen Technologien, die im Krieg und/oder bei Terroranschlägen verwendet werden – wie Drohnen und Bomben –, machen eine derartige Unterscheidung unmöglich.
5. Daher können Muslime, wenn sie moderne Kriege führen, keine Gewalt anwenden.
6. Der Islam lehrt Muslime, für Gerechtigkeit und gegen Ungerechtigkeit zu kämpfen – vor dem Hintergrund der Tatsache, dass Menschenleben heilig sind und Töten eine schwerwiegende Sünde darstellt.
7. Um dem Islam treu zu sein, müssen Muslime im Kampf gewaltfreie Strategien und Taktiken anwenden, wie etwa die Unterordnung unter den Willen Allahs und den gewaltfreien zivilen Ungehorsam.
8. Der Islam ist aufgrund seiner langen Tradition, die persönliche Disziplin, soziale Verantwortung, Ausdauer und Selbsthingabe lehrt, eine wichtige Quelle für den gewaltfreien Kampf.[113]

Zusätzlich zu diesen philosophisch-theologischen Begründungen hier noch zwei praktische historische:

9. Der Einsatz gewaltfreier Methoden wird mit weitaus größerer Wahrscheinlichkeit auch gewaltfreie Ergebnisse nach sich ziehen, wie beispielsweise eine demokratische Gesellschaft mit rechenschaftspflichtiger Verwaltung und einer unbewaffneten Opposition.[114]
10. Und schließlich wird der Einsatz gewaltfreier Methoden mit weitaus größerer Wahrscheinlichkeit auch die Unterstützung und Zustimmung der internationalen Gemeinschaft erlangen, und das „trotz unterschiedlicher und teilweise konkurrierender Normen".[115]

Rane fügt noch hinzu, dass islamische Praktiken wie *Salāt* (Gebet), *Zakāt* (Wohltätigkeit) und *Saum* (Fasten) geeignete geistliche Übungen für den inneren, persönlichen Dschihad sind. Praktiken wie *Hadsch* (Pilgerschaft) und *Hidschra* (Migration) sind wiederum für den äußeren sozialen Dschihad geeignet. Es ist jedoch die *Sabr* (Geduld), in der die Reserven für den Kampf liegen, der mit Integrität, Würde und Erbarmen geführt wird.[116]

5

JESUS ALS VORBILD FÜR DEN GEWALTFREIEN KAMPF

Isa Masih: das Paradebeispiel

Wenn sich Christen und Muslime über Isa bzw. Jesus unterhalten, gleiten diese Gespräche oft von einem Dialog in eine Debatte ab und enden dann in einem Streit. So kommt es bei diesem Thema weitaus häufiger zu hitzigen Debatten als zu gemeinsamen Erkenntnissen. Dies geschieht oft deshalb, weil jede Seite ihr jeweiliges Verständnis von Isa bzw. Jesus der anderen Seite überstülpen möchte und deren Standpunkt nicht respektieren kann oder will.

Um solche unproduktiven Diskussionen zu vermeiden, habe ich im Folgenden die Beobachtungen über Isa oder Jesus festgehalten, bei denen sich Koran und *Indschil* (die Evangelien des Neuen Testamentes nach Matthäus, Markus, Lukas und Johannes) einig sind.

Ich weiß, dass es hinsichtlich der Person von Isa/Jesus deutliche Unterschiede zwischen Christen und Muslimen gibt, habe aber bewusst einmal versucht, mich auf die Überzeugungen zu konzentrieren, die Christen und Muslime *teilen*. Dies kann der Ausgangspunkt für unsere Gespräche sein. **Lasst uns unsere Gemeinsamkeiten nicht als verdächtigen Kompromiss betrachten,**

sondern als heiligen Boden, auf dem wir gemeinsam stehen und uns unterhalten können.

Mohamad Abdalla gilt als einer der angesehensten muslimischen Führer Australiens; er ist sowohl ein wissenschaftlicher Gelehrter als auch religiöser Leiter. Er ist Dozent und Geschäftsführer der *Griffith Islamic Research Unit* (GIRU) und Direktor (QLD Node) des *National Centre of Excellence* für islamische Studien in Australien (NCEIS). Er schrieb kürzlich in der Einleitung eines Buches, das ich über Jesus/Isa geschrieben habe:

Muslime haben immer an Jesus den Propheten geglaubt – an Isa (Friede sei mit ihm) –, und das nicht aus politischer Berechnung, sondern weil dies ein unabdingbarer Bestandteil ihres Glaubens ist. Jesus und seine Identität als Prophet oder seine Geburt von einer Jungfrau abzulehnen, käme Unglauben gleich. Der Koran (das Heilige Buch des Islam) steckt voller Anekdoten über das Leben und die Lehren Jesu einschließlich seiner Geburt, die einem Wunder gleicht, seine edlen Lehren, die Wunder, die er mit Gottes Erlaubnis vollbrachte, und er spricht von ihm als anerkanntem Propheten Gottes. Des Weiteren erinnert der Koran seine Leser immer wieder daran, dass Jesus ein Mensch war, der mit der gleichen Botschaft gesandt worden war, die auch andere Propheten und Boten überbringen sollten: Es gibt keinen Gott außer dem Einen Gott, dem allein Anbetung gebührt. Es ist äußerst bedeutsam und bedenkenswert, dass der Islam als einzige Religion (abgesehen vom Christentum) Jesus anerkennt und seine Anhänger verpflichtet, an ihn zu glauben.[1]

Auch Ahmad Shawqi schreibt:

In der Geburt Jesu/Isa erblickten Güte, Ritterlichkeit und Demut das Licht der Welt. Die Evangelien (Indschil) berichten: „In ihm war das

Leben, und das Leben war das Licht der Menschen. Und das Licht leuchtet in der Finsternis, und die Finsternis hat es nicht ergriffen" (Johannes 1,4+5). Sein Kommen erleuchtete die Welt, sein Licht erhellte sie. Wie das Licht der Morgendämmerung das Universum durchströmt, leuchtet das Licht Jesu in der Welt. Er erfüllte die Welt mit Licht, ließ die Erde mit seinem Licht erstrahlen. Er brauchte weder Drohungen, Tyrannei, Rache noch Schwert, Überfälle oder Blutvergießen, um zu seinem neuen Glauben aufzurufen.[2]

Im Koran heißt es: „Oh Völker der Schrift, übertreibt nicht in eurer Religion und sprecht nicht von Allah außer die Wahrheit. Wahrlich, der Messias, Jesus, Sohn der Maria, ist Allahs Gesandter" (4:171).

Und wenn Allah sagt: „O Isa, Sohn Maryams, bist du es, der zu den Menschen gesagt hat: ‚Nehmt mich und meine Mutter außer Allah zu Göttern!'?", wird er sagen: „Preis sei dir! Es steht mir nicht zu, etwas zu sagen, wozu ich kein Recht habe. Wenn ich es (tatsächlich doch) gesagt hätte, dann wüsstest du es bestimmt. Du weißt, was in mir vorgeht, aber ich weiß nicht, was in dir vorgeht. Du bist ja der Allwisser der verborgenen Dinge. Ich habe ihnen nur gesagt, was du mir befohlen hast (nämlich): ‚Dient Allah, meinem und eurem Herrn!'"

Ich gehöre zum „Volk der Schrift" und würde sagen, die Schriften sprechen da eine deutliche Sprache: Niemals hat Isa/Jesus einen Menschen dazu aufgefordert, ihn anzubeten. Die bevorzugte Selbstreferenz von Jesus/Isa war nicht „Sohn Gottes", sondern „Menschensohn".

Walter Wink sagt dazu:

Jesus sprach beinahe ausschließlich über den „Menschensohn", wenn er sich selbst beschrieb. Dieser Ausdruck bedeutet im Hebräischen einfach

„menschliches Wesen". Folglich schien Jesus ganz bewusst Ehrentitel zu vermeiden und zog es vor, als „Mensch" oder „menschliches Wesen" bekannt zu sein. Er betrachtete es als seine Aufgabe, Menschen dabei zu helfen, wahrhaftigere Menschen zu werden.[3]

Im Koran steht, der Messias/Masih „achtet es nicht als gering, Diener Gottes zu sein" (4:172). Jesus/Isa wird im Markusevangelium mit den Worten zitiert: „... der Sohn des Menschen ist nicht gekommen, um sich dienen zu lassen, sondern um zu dienen und sein Leben zu geben als Lösegeld für viele" (Markus 10,45). Jesus/Isa „goss Wasser in das Becken und fing an, den Jüngern die Füße zu waschen und sie mit dem Schurz zu trocknen, mit dem er umgürtet war" (Johannes 13,5).

Jesus/Isa, der „Menschensohn", sagte laut Koran: „O Allah, unser Herr, sende zu uns eine Tafel (mit Speisen) vom Himmel herab, die für uns, für den Ersten von uns und den Letzten von uns, ein Fest sein soll und ein Zeichen von dir." Und Allah sprach: „Ich werde ihn heruntersenden" (5:114–115). Jesus/*Isa* sagte laut Matthäusevangelium: „Darum geht hin an die Kreuzungen der Straßen und ladet zur Hochzeit ein, so viele ihr findet!" (Matthäus 22,9). Dschalāl ad-Dīn Muhammad ar-Rūmī schreibt in seinem *Mathnawi*: „Das Haus Isas war das Festmahl für die Menschen des Herzens. Von allen Seiten drängten sich die Menschen. Viele Blinde und Lahme, Abgehängte und Bedrückte drängten sich an der Türe Isas in der Dämmerung, damit er sie mit seinem Atem von ihren Gebrechen heilte. Oh ihr Bedrückten, bleibt nicht an der Türe stehen."[4]

Gott sagte im Koran: „Wir haben Isa Wunder gegeben" (2:253). Isa antwortete: „Ich heile die Blinden und Aussätzigen und mache die Toten wieder lebendig mit Allahs Erlaubnis" (3:49). Und in der Bibel steht: „Und sein Ruf verbreitete sich in ganz Syrien; und sie brachten alle Kranken zu ihm, die von mancherlei Krankheiten und Schmerzen geplagt waren, und Besessene und Mondsüchtige und Lahme; und er heilte sie" (Matthäus 4,24).

Er sprach und sagte: „Oh ihr Geschlagenen, Gott hat die Sehnsucht eures Herzens erhört, erhebt euch und geht ohne Schmerzen und Bedrückung." Darauf gingen alle wie Kamele, deren Füße angekettet und nun befreit waren, voller Freude und Dankbarkeit davon.[5]

Jesus sagte: „Denn wer sein Leben retten will, der wird es verlieren; wer aber sein Leben verliert um meinetwillen und um des Evangeliums willen, der wird es retten" (Markus 8,35).

Gott sagte: „Wir gaben ihm (Isa) das Evangelium, in dem rechte Leitung und Licht sind. Und so sollen die Leute des Evangeliums nach dem walten, was Allah darin herabgesandt hat" (5:46,47). „Wir gaben ihm das Evangelium und Wir setzten in die Herzen derjenigen, die ihm folgten, Mitleid und Barmherzigkeit" (57:27). Jesus/Isa wurde gefragt: „Gibt es jemanden so wie du?" Er antwortete: „Ja. Wer Gebet hat für seine Rede, Meditation für seine Ruhe und Tränen (des Erbarmens) für seine Vision, der ist wie ich."[6]

Gott sagt im Koran: „Jedes Mal, wenn ein Gesandter euch etwas überbrachte, was euren Neigungen nicht entsprach, wurdet ihr hochmütig und bezichtigtet sie der Lüge, andere tötetet ihr" (2:87). In den Evangelien (Indschil) heißt es über Jesus (Isa): „Er kam in sein Eigentum und die Seinen nahmen ihn nicht auf" (Johannes 1,11). „In ihm war das Leben, und das Leben war das Licht der Menschen" (Johannes 1,4). „… die Menschen liebten die Finsternis mehr als das Licht; denn ihre Werke waren böse" (Johannes 3,19). Und der Koran berichtet: Selbst „nachdem ihnen die klaren Zeichen erschienen waren; sie stritten weiter“ (2:253). Auch „als er (Masih) ihnen die Wunder zeigte, sagten sie: ‚Dies ist offensichtlich Zauberei‘“ (61:6).

Der Koran macht das „Berufsrisiko“ eines Propheten immer wieder deutlich.[7] Sie wurden kritisiert, bestraft und „zu Tode gebracht“ (2:87). Als Prophet bildete Isa da keine Ausnahme. Dennoch ist für die meisten Christen und Muslime „die Kreuzigung von Isa“ ein Streitpunkt. Viele Christen verkünden „Christus den Gekreuzigten“, der auf grausame Weise an einem Kreuz getötet wurde (1. Korinther 1,23), wogegen viele Muslime behaupten, der Koran leugne, dass die Kreuzigung überhaupt stattgefunden habe. „Gott wird die verteidigen, die glauben“ (22:49), und: „Er verwirrt die Anschläge der Feinde Christi“ (3:54).

Die Sache mit der Kreuzigung Jesu/Isas ist aber nicht so einfach, nicht so dualistisch; sie ist kein „entweder/oder“. Der Koran ist komplexer, paradoxer und sehr viel mehr dem „sowohl/als auch“ verpflichtet, als es beiden Parteien recht sein mag. Einerseits heißt es im Koran: „Gott wird die verteidigen, die glauben“ (22:49) und: „Er verwirrt die Anschläge der Feinde Christi“ (3:54). Andererseits „sagt Gott: ‚O Isa, ich lasse dich für mich sterben und erhebe dich zu mir‘“ (3:55). Einerseits sagen die Juden: „Wir haben den Christus, Isa getötet“ (4:157). Andererseits gilt: „Sie haben ihn nicht getötet und ihn auch nicht gekreuzigt, aber es schien, als hätten sie es getan“ (4:157).

Wie ist das zu verstehen? Eine mögliche Lösung, die das vereinfachende Entweder/Oder vermeidet und ein komplexeres sowohl/als auch ermöglicht, ist die folgende Deutung des Koran: „Sie (die Juden) haben ihn nicht getötet und auch nicht gekreuzigt (– das haben die Römer getan) – aber es schien, als hätten sie es getan.“ Eine weitere Interpretation wäre, dass die Juden ihn nicht am Kreuz getötet haben, aber „unter dem Eindruck standen“, es getan zu haben (Abd al-Latif) – entweder, weil „sie einen Mann getötet haben, der aussah wie Isa, es aber eigentlich nicht war“, oder „weil Jesus/Isa immer noch am Leben war, als sie ihn vom Kreuz herunternahmen“.[8]

Muhammad Kamil Husain schreibt: „Die Vorstellung, dass nicht Jesus Christus getötet wurde, sondern ein Ersatz, ist ein äußerst geschmackloser Versuch, den Text im Koran zu erklären. Heutzutage wird das kein gebildeter Muslim glauben.“[9] Al-Baidawi widerspricht der Vorstellung, Christus sei am Kreuz „ohnmächtig geworden“, hätte aber überlebt. Er verweist auf die Möglichkeit, dass „Gott ihm tatsächlich gestattete, am Kreuz zu sterben und bis zu seiner Auffahrt in den Himmel tot zu bleiben“.[10] Schließlich sagte Gott: „O Isa, Ich lasse dich für Mich sterben und wieder auferstehen“ (3:55), und Jesus/Isa sagte: „Friede ist auf mir am Tag meiner Geburt und dem Tag meines Todes und dem Tag, an dem ich lebendig auferstehe“ (19:33).

Wie auch immer wir es interpretieren, die „Kreuzigung Christi“ stellt die Menschen vor eine Entscheidung:

Sie hatten aber damals einen berüchtigten Gefangenen namens Barabbas. Als sie nun versammelt waren, sprach Pilatus zu ihnen: Welchen wollt ihr, dass ich euch freilasse, Barabbas oder Jesus, den man Christus nennt? (Matthäus 27,16–17).

Khalid Muhammad Khalid meint dazu: „Der Geist des Barabbas verherrlicht Macht, Gewalt und Tyrannei. Gemeinsam mit Mohammed, dem Treuen, verkünden wir aber Christus und nicht Barabbas, den Wahren und nicht den Falschen, Liebe, nicht Hass, Friede, nicht Krieg, Leben, nicht Auslöschung.“[11]

In *Ma'an 'ala-l-Tariq: Muhammad wa-i-Masih*, schreibt Khalid Muhammad Khalid:

„Jesus/Isa verkörperte seine Botschaft. Er war das Paradebeispiel für das, was er hinterließ. Er war die Liebe, die keinen Hass, der Friede, der keine Ruhelosigkeit, die Erlösung, die keine Verlorenheit kannte. Und wenn wir (Christen und Muslime) dies ebenfalls leben, werden wir die Wiederkunft Christi begreifen."[12]

Shams Hafiz al-Din fügt hinzu: „Und wenn der Heilige (Geist) herabkommt, um in diesen Tagen denen seinen Trost zu spenden, die demütig darauf gewartet haben, können auch sie die Wundertaten erleben, die Jesus in Galiläa vollbracht hat."[13]

Ein Schwerter schwingender Isa/Jesus?

Viele Christen, Muslime und Juden nehmen den Vergeltungsmaßstab für sich in Anspruch, den wir in der hebräischen Bibel finden, um damit ihre Gewalttaten zu rechtfertigen, die dem Auge-um-Auge-Prinzip folgen. Schließlich, so argumentieren sie, hätte Mose ja gesagt: „Wenn aber ein Schaden entsteht, so sollst du geben: Leben um Leben, Auge um Auge, Zahn um Zahn, Hand um Hand, Fuß um Fuß, Brandmal um Brandmal, Wunde um Wunde, Beule um Beule" (2. Mose 21,23–25).

Bekannte Pastoren wie Mark Driscoll verkünden lauthals und voller Stolz: „Jesus war kein Schwächling oder Pazifist. In der Offenbarung, dem letzten Buch der Bibel, zeigt sich Jesus als stolzer Krieger mit Tätowierungen am Bein, einem Schwert in der Hand und fest entschlossen, jemanden bluten zu lassen. Er reitet auf einem weißen Pferd und ist auf diese Erde zurückgekehrt, um seine Feinde abzuschlachten und sein Reich auszurufen. Blut wird in Strömen fließen." Driscoll fügt hinzu: **„Einen knallharten ‚Auge-um-Auge'-Typen kann ich anbeten. Doch einen Typen, den ich zusammenschlagen kann, nicht."**[14]

Driscoll hat recht, wenn er sagt, Jesus sei kein „schwächlicher Pazifist“ gewesen. Er liegt aber falsch, wenn er sagt, Jesus sei überhaupt kein Pazifist gewesen. *Jesus war ein leidenschaftlicher Aktivist, der das ursprüngliche Modell des gewaltlosen Kampfes verkörperte, eines gewaltlosen Kampfes für vom Heiligen Geist geleitetes persönliches Wachstum und soziale Veränderung.*

Wie aber erklären wir Mark Driscolls ausdrücklich biblischen Bezug auf Jesus und die Schwerter? Wie seine Auffassung – die Reza Aslan in seinem neuesten brillanten Bestseller *Der Zelot* ausdrücklich stützt –, dass Jesus ein fanatischer, gewalttätiger Revolutionär war, der den Einsatz von Waffen, unter anderem von Schwertern, befürwortet, um „seine Feinde abzuschlachten und sein Reich auszurufen“?[15]

Aslan ist überzeugt: „Wüsste man über Jesus von Nazareth nur, dass er von Rom gekreuzigt wurde, wüsste man im Grunde alles, was man braucht, um aufzudecken, wer er war, was er war und warum er dort an einem Kreuz endete.“ Er fügt hinzu: „Die Kreuzigung sollte nicht in erster Linie einen Verbrecher töten, sondern diente zur Abschreckung für diejenigen, die dem Staat trotzen wollten.“ Er betont, Jesus sei als *lestai* (Verbrecher, Bandit) bzw. „wegen eines Aufruhrs“ gekreuzigt worden.[16]

Aslan räumt ein, dass Jesus kein bekennender Zelot war – die Partei der Zeloten kam erst dreißig Jahre nach seiner Kreuzigung auf –, ist aber überzeugt, dass Jesus mit den im Verborgenen agierenden Messerstechern sympathisierte, aus denen später die Partei der Zeloten hervorging.[17]

Aslan argumentiert weiter: „Die Evangelien, die etwa 40 Jahre nach dem Tod von Jesus niedergeschrieben wurden, übertünchen die Gewalt (Jesu) mit süßem Friedensgerede, um nicht den Eindruck zu erwecken, die ersten Christen stellten eine politische Bedrohung für Rom dar."[18] Er sagt aber auch, es gäbe eindeutige, stichhaltige und unbestreitbare Hinweise dafür, dass Jesus auch ein fanatischer, gewalttätiger Revolutionär gewesen ist:

- Jesus kritisierte die Herrschenden (Markus 10,42; Lukas 13,32).
- Er wollte den Status quo stürzen (Lukas 6,19–22).
- Er wollte das System auf den Kopf stellen (Markus 9,35).
- Er vertrieb die Wucherer aus dem Tempel (Johannes 2,15).
- Er sagte, er sei nicht gekommen, um Frieden zu bringen, sondern das Schwert (Matthäus 10,34).
- Und er forderte seine Jünger auf, sich Schwerter zu kaufen (Lukas 22,36–38).[19]

Dieses Argument scheint durchaus plausibel, denn viele dieser Angaben sind unbestritten. Es gibt jedoch einige sehr ernsthafte hermeneutische Schwierigkeiten mit dieser biblizistisch-fehlerhaften, politisch-abstrusen und historisch-ungenauen (Falsch-)Darstellung von Jesus von Nazareth.[20]

„Kein Schwert, keine Überfälle, kein Blutvergießen"

Wir müssen uns sehr genau anschauen, was Jesus tatsächlich gesagt hat. Er bezog sich in den Evangelien fünfmal konkret auf „Schwerter". Einmal sagte Jesus: „Ihr sollt nicht meinen, dass ich gekommen sei, Frieden auf die Erde zu bringen. Ich bin nicht gekommen, Frieden zu bringen, sondern das *Schwert*!" (Matthäus 10,34). An anderer Stelle sagte Jesus seinen Jüngern: „Aber jetzt, wer einen Beutel hat, der nehme ihn, ebenso auch die Tasche; und wer es nicht hat, der verkaufe sein Gewand und kaufe ein *Schwert*" (Lukas 22,36). Als die Tempelwache kam, um ihn zu verhaften, sagte Jesus: „Wie gegen einen Räuber seid ihr ausgezogen mit *Schwertern* und mit Stöcken!"

(Lukas 22,52). Als Petrus sein Schwert zog, um Jesus zu beschützen, befahl dieser: „Stecke dein *Schwert* in die Scheide!" (Johannes 18,11). Jesu letzte Aussage zum Thema „Schwerter" finden wir am Ende des Matthäusevangeliums: „Stecke dein *Schwert* an seinen Platz! **Denn alle, die zum Schwert greifen, werden durch das Schwert umkommen!"** (Matthäus 26,52).

Was sollen wir mit all diesen Aussagen anfangen? Selbst die Jünger hatten Schwierigkeiten, einige seiner Aussagen zu verstehen. Jesus verwendete häufig eine wunderschöne, unvergessliche, aber metaphorisch poetische Sprache, um seine Botschaft in Worte zu fassen. Sie deuteten das, was er sagte, häufig falsch, denn sie nahmen seine Bilder allzu wörtlich. Er verzweifelte gelegentlich an ihnen, wenn sie ihn selbst nach Jahren noch nicht richtig verstanden.

Hier ein Beispiel:

Als seine Jünger ans jenseitige Ufer kamen, hatten sie vergessen, Brot mitzunehmen. Jesus aber sprach zu ihnen: Habt acht und hütet euch vor dem Sauerteig der Pharisäer und Sadduzäer! Da machten sie sich untereinander Gedanken und sagten: Weil wir kein Brot mitgenommen haben! Als es aber Jesus merkte, sprach er zu ihnen: Ihr Kleingläubigen, was macht ihr euch Gedanken darüber, dass ihr kein Brot mitgenommen habt? Versteht ihr noch nicht, und denkt ihr nicht an die fünf Brote für die Fünftausend, und wie viele Körbe ihr da aufgehoben habt? (Matthäus 16,5–9).

„Nur weil Jesus über *Sauerteig* sprach, der im wörtlichen Sinne zum Brotbacken verwendet wurde, heißt das nicht, dass er auch tatsächlich über *Brot* sprach."[21] Und entsprechend würde ich sagen: Nur weil Jesus über ein *Schwert* sprach, das im wörtlichen Sinne dazu verwendet wird, *Blut* zu vergießen, heißt das noch lange nicht, dass er auch jedes Mal davon gesprochen hat, das *Schwert* zu benutzen, um *Blut* zu vergießen.

Als Jesus sagte: „Ihr sollt nicht meinen, dass ich gekommen sei, Frieden auf die Erde zu bringen. Ich bin nicht gekommen, Frieden zu bringen, sondern das Schwert!" (Matthäus 10,34), erschließt sich aus dem Zusammenhang eindeutig, dass er hier kein Schwert meinte, mit dem man eine Familie vernichtet und ein Blutbad anrichtet. Er meinte ein geistliches Schwert, das eine Familie spaltet. Und genau das erläutert Lukas in seiner Parallelstelle in Lukas 12,51, wenn er Jesu Aussage über das „Schwert" als nicht wörtlich klarstellt. Wenn Lukas das in Kapitel 12,51 tut, warum sollte er dann in Lukas 22,36–38 dem Begriff „Schwert" eine andere inhaltliche Bedeutung geben?[22]

Mit dieser Bedeutung im Hinterkopf wollen wir einmal versuchen, den Text auszulegen, in dem Jesus seinen Jüngern sagte: „Aber jetzt, wer einen Beutel hat, der nehme ihn, ebenso auch die Tasche; und wer es nicht hat, der verkaufe sein Gewand und kaufe ein Schwert" (Lukas 22,36). Der Text steht in folgendem Kontext (Lukas 22,35–38):

Und er sprach zu ihnen: Als ich euch aussandte ohne Beutel und Tasche und Schuhe, hat euch etwas gemangelt? Sie sprachen: Nichts! Nun sprach er zu ihnen: Aber jetzt, wer einen Beutel hat, der nehme ihn, ebenso auch die Tasche; und wer es nicht hat, der verkaufe sein Gewand und kaufe ein Schwert. Denn ich sage euch: Auch dies muss noch an mir erfüllt werden, was geschrieben steht: „Und er ist unter die Gesetzlosen gerechnet worden." Denn was von mir [geschrieben steht], das geht in Erfüllung! Sie sprachen: Herr, siehe, hier sind zwei Schwerter! Er aber sprach zu ihnen: Es ist genug!

Eine wörtliche Übersetzung dieses Textes trifft es aus zwei Gründen nicht: Erstens lautet die offensichtliche Frage: *Wofür* sind zwei Schwerter genug? Kann man mithilfe zweier Schwerter einer Verhaftung entgehen? Dies kann wohl kaum gemeint sein, denn als Jesus verhaftet wurde, zog ein Jünger (nach Aussage von Johannes 18,10 war es Petrus) sein Schwert und schlug einem der Diener des Hohepriesters ein Ohr ab. Jesus wies Petrus daraufhin zurecht, er solle sein Schwert wieder einstecken: „Das reicht!" Darauf heilte er den Diener (Lukas 22,49–51). Wenn hier also zwei Schwerter erwähnt werden, dann kann es dabei nicht um den Widerstand gegen die Verhaftung gehen.

Zweitens stellt sich die Frage, ob man mit zwei Schwertern einen bewaffneten Aufstand anzetteln und die neue Jesus-Bewegung politisch und militärisch durchsetzen könnte. Jesus erteilt dieser Absicht eine klare Absage, als ihn die obersten Priester, die Offiziere der Tempelwache und die Ältesten verhaften wollen: „Bin ich denn ein Verbrecher, dass ihr euch mit Schwertern und Knüppeln bewaffnen musstet?" (Lukas 22,52; Hoffnung für alle). Dass die Antwort darauf Nein lautet, kann man an der Tatsache ablesen, dass er gefangen genommen und weggeführt wird, ohne sich mit Waffengewalt dagegen zur Wehr zu setzen. Die wörtliche Auslegung von Lukas 22,36 (die beiden Schwerter sollten erworben und benutzt werden) passt nicht in den erweiterten Kontext. ***Man kann mit zwei Schwertern bei einer Verhaftung keinen Widerstand leisten, geschweige denn irgendeine Art von Revolte anzetteln.***

Wahrscheinlicher ist, dass Jesus, als er „Es ist genug!" sagt (Vers 38), eigentlich meint: „Es ist genug. Ihr versteht immer noch nicht, dass ich hier über geistliche und nicht über greifbare Dinge spreche." Mit anderen Worten: „Ich habe genug von all diesem Unsinn!"[23]

Jesus würde wahrscheinlich zu allen, die diese Texte wörtlich verstehen und sich mit Schwertern bewaffnen, um einen Widerstand oder Aufruhr anzuzetteln, Ähnliches sagen![24]

Eine nicht wörtliche, ironisch-metaphorische Lesart dieser Verse passt aus zweierlei Gründen wesentlich besser: Erstens erinnerte Jesus seine Jünger an ihren Auftrag, *bevor* er in Jerusalem eintraf (Lukas 9,3; 10,1–17). Brauchten sie Geldbeutel, Tasche oder zusätzliche Sandalen? Nein, denn die Menschen waren ihnen gegenüber freundlicher gesinnt als erwartet, und der punktuelle Widerstand gegen Jesus verteilte sich über einen Zeitraum von drei Jahren. Nun stand er aber in Jerusalem und war der geballten Feindschaft religiöser Führer ausgesetzt, die ihn mit Worten in die Falle locken wollten. Waren die religiösen Anführer selbst nicht anwesend, schickten sie ihre Spione. Die Stimmung war angespannt und *die beiden Schwerter stehen für diese Spannung – für nichts anderes.* Der Auftrag Jesu war eindeutig gefährlicher geworden und die Jünger mussten vorsichtig sein. Dennoch wollte er auf keinen Fall, dass seine Jünger zu den Schwertern griffen, denn wie wir gesehen haben, befahl er Petrus zu einem späteren Zeitpunkt, er solle es wegstecken.

Zweitens bedeutet eine wörtliche Auslegung seiner Worte und der Kauf zweier Schwerter ironischerweise, dass er „unter die Gesetzlosen gerechnet" wurde (Lukas 22,37). Der Zweck dieser beiden Schwerter wird deutlich, als Jesus die Prophetie von Jesaja zitiert (Jesaja 53,12). Nach Aussage von Jesaja war er dazu bestimmt, wie ein Verbrecher gefangen genommen, wie ein Verbrecher angeklagt und wie ein Verbrecher gekreuzigt zu werden. Was trugen Verbrecher bekanntermaßen bei sich? Waffen, *und um zu solchen Verbrechern gezählt zu werden, musste Jesus auch eine Waffe haben.* Deshalb sprach er davon, dass zwei Schwerter ausreichen würden: um diese Prophetie zu erfüllen.[25]

Welche Ironie, dass dieser Mann, der dafür bekannt war, dass er Gewalt ablehnte, verhaftet und angeklagt wurde, weil zwei seiner zwölf Jünger mit Schwertern bewaffnet waren, was er aber eigentlich niemals wirklich wollte! Aber es war nötig...

Wir sollten uns aufmerksam anschauen, was Jesus tatsächlich *getan hat*. Und dann müssen wir das, was er wirklich sagen wollte, vor dem Hintergrund seiner Taten interpretieren. Im Bericht über die Verhaftung Jesu (Matthäus 26,51–52) wird erwähnt, dass einer seiner Jünger sein *Schwert* ergriff und damit dem Diener des Hohepriesters ein Ohr abschlug. „Stecke dein Schwert an seinen Platz!", sagte Jesus zu ihm. „Denn alle, die zum Schwert greifen, werden durch das Schwert umkommen!"

Tertullian, ein früher christlicher Kirchenschriftsteller aus Karthago in der römischen Provinz Afrika, schrieb: **„Als Jesus Petrus hier zurechtwies, entwaffnete Christus jeden Soldaten**." Besonders beachtenswert ist der folgende Satz: „Denn *alle*, die zum Schwert greifen, werden durch das Schwert umkommen." Jesus sprach hier zwar von Petrus, der seinen Herrn mit dem Schwert verteidigte. Der Begriff „alle" macht daraus jedoch ein allgemeingültiges Prinzip. Tertullian schrieb: „Kann es recht sein, das Schwert zu führen, wenn der Herr selbst verkündete, dass jeder, der das Schwert gebraucht, auch dadurch umkommen wird?" Das Zeugnis der ersten Kirche spricht deutlich gegen die Anwendung von Gewalt.[26]

Im Lukasevangelium wird Jesus mit einer weiteren Zurechtweisung zitiert: „Da antwortete Jesus und sprach: Lasst ab davon! Und er rührte sein Ohr an und heilte ihn" (Lukas 22,51). Dieser Satz mag vielleicht nur Petrus im Garten Gethsemane gegolten haben. Aber er könnte auch uns allen gelten, die wir versuchen, Jesus nachzufolgen:

Lasst ab von der gewaltsamen Selbstverteidigung und der gewaltsamen Verteidigung derer, die uns nahestehen.[27]

Sicher, Jesus war durchaus leidenschaftlich bei der Sache und sympathisierte mit vielen Ansichten der Zeloten. Dennoch besteht kein Zweifel daran, dass er doch eine äußerst unzelotische Grundhaltung gegenüber seinen Gegnern einnahm. Er sorgte sich um alle Menschen, um Zeloten wie Simon genauso wie um Steuereinnehmer wie Matthäus, den die meisten Zeloten wohl, ohne zu zögern, als Verräter umgebracht hätten. Er predigte nicht nur „Liebet eure Feinde", er praktizierte es auch und heilte den Diener des Hohepriesters, dessen Ohr von Petrus abgeschlagen worden war.

- Er kritisierte Korruption und Willkürherrschaft der Herrschenden (Markus 10,42; Lukas 13,32).
- Er wollte die bestehenden Verhältnisse umstürzen und eine neue Gesellschaft inmitten der alten erschaffen (Lukas 6,19–22).
- Er wollte die Gesellschaft auf den Kopf stellen. Die Ersten sollten die Letzten und die Letzten die Ersten sein (Markus 9,35).
- Er vertrieb die Wucherer mit einer Peitsche aus dem Tempel, schlug damit aber nicht auf Menschen ein (Johannes 2,15).
- Er sagte, er sei nicht gekommen, um Frieden zu bringen, sondern Veränderung, und diese Veränderung schneide wie ein Schwert durch bestehende Verpflichtungen (Matthäus 10,34).
- Und er forderte seine Jünger auf, ihre Schwerter wieder wegzustecken, denn „alle, die zum Schwert greifen, werden durch das Schwert umkommen!" (Matthäus 26,52).

Jesus war kein reaktiver, gewalttätiger Revolutionär! Er war ein proaktiver, gewaltfreier Revolutionär! Ein außergewöhnlich prophetischer und gleichzeitig mitfühlender Aktivist, der das ursprüngliche Modell des gewaltlosen Kampfes verkörperte, eines gewaltlosen Kampfes für vom Heiligen Geist geleitetes persönliches Wachstum und soziale Veränderung.

Wie Ahmad Shawqi sagt: „Güte, Tugend und Demut wurden an dem Tag geboren, an dem Jesus zur Welt kam. Sein Kommen erhellte die Welt und sein Licht erleuchtete sie. Wie das Licht der Morgendämmerung das Universum durchflutet, so leuchtete das Zeichen Jesu. Er erfüllte die Welt mit Licht und erleuchtete die Erde mit seiner Helligkeit. Er brauchte weder Drohung noch Tyrannei, Rache, Schwert, Raubzüge oder Blutvergießen, um zu dem neuen Glauben einzuladen."[28]

Mitgefühl, das frei von Gewalt und bereit ist, Opfer zu bringen

Jesus von Nazareth, den wir als Jesus, den *Masih* (Messias/Christus) kennen, lebte ein Leben, das völlig frei von Gewalt, aber dennoch bereit war, Opfer zu bringen. Nur wenn wir seinem Beispiel folgen, kann uns das vor unserer eigenen Zerstörung und der Zerstörung unserer Gesellschaft bewahren.

Viele Christen, Muslime und Juden nehmen den Vergeltungsmaßstab für sich in Anspruch, den wir in der hebräischen Bibel finden, um damit ihre Gewalttaten zu rechtfertigen, die dem Auge-um-Auge-Prinzip folgen. Schließlich, so argumentieren sie, hätte Mose ja gesagt: „Wenn aber ein Schaden entsteht, so sollst du geben: Leben um Leben, Auge um Auge, Zahn um Zahn, Hand um Hand, Fuß um Fuß, Brandmal um Brandmal, Wunde um Wunde, Beule um Beule" (2. Mose 21,23–25). Doch von Mahatma Gandhi ist dieser berühmte Ausspruch überliefert: **„Auge um Auge – und die ganze Welt wird blind sein."**

Jesus sprach sich für einen vollkommen anderen Umgang mit dem mosaischen Vergeltungsgesetz aus. Er sagte: „Ihr habt gehört, dass gesagt ist: ‚Auge um Auge und Zahn um Zahn!' Ich aber sage euch: Ihr sollt dem Bösen nicht widerstehen; sondern wenn dich jemand auf deine rechte Backe schlägt, so biete ihm auch die andere dar" (Matthäus 5,38–39). Jesus sagte seinen Jüngern, *sie sollten immer bereit sein, für ihren Glauben zu sterben, aber niemals für ihren Glauben zu töten* (Interpretation des Autors von Matthäus 16,24–25).

Jesus betrachtete die hebräische Bibel, die Christen das „Alte Testament" nennen, als seine Autorität (Matthäus 5,17–20). Aber er interpretierte das Gesetz anhand der Propheten, insbesondere Jesaja, den er zu Beginn seines Dienstes zitierte (Lukas 4). Jesu Leidenschaft dafür, Frieden zu stiften, war von Jesajas Friedensvision inspiriert. Jesus konnte den Vers auswendig: „Wie lieblich sind auf den Bergen die Füße des Freudenboten, der Frieden verkündigt, der gute Botschaft bringt, der das Heil verkündigt" (Jesaja 52,7). Er wusste, dass ein Überbringer guter Nachrichten entschlossen, aber sanft ist. „Er wird nicht schreien und kein Aufhebens machen, noch seine Stimme auf der Gasse hören lassen. Das geknickte Rohr wird er nicht zerbrechen, und den glimmenden Docht wird er nicht auslöschen" (Jesaja 42,2–3). Die Hoffnung, die er seinem Volk brachte, war: „Man wird in deinem Land von keiner Gewalttat mehr hören, noch von Verheerung und Verwüstung innerhalb deiner Grenzen" (Jesaja 60,18).

Ich erkundigte mich einmal bei meinem guten Freund Zalman Kastel, einem jüdischen Rabbi, was ihn persönlich an den Lehren Jesu am meisten herausfordere. Er antwortete sofort und ohne zu zögern, das sei seine von Hingabe motivierte absolut unerschrockene Gewaltfreiheit im Angesicht von Gewalt – die auf der bedingungslosen und ausnahmslosen Liebe zu Freund und Feind gründete.

Jesus sagte:

Euch aber, die ihr hört, sage ich: Liebt eure Feinde, tut Gutes denen, die euch hassen; segnet, die euch fluchen, und betet für die, welche euch beleidigen! Dem, der dich auf die eine Backe schlägt, biete auch die andere dar; und dem, der dir den Mantel nimmt, verweigere auch das Hemd nicht. Gib aber jedem, der dich bittet; und von dem, der dir das Deine nimmt, fordere es nicht zurück. Und wie ihr wollt, dass euch die Leute behandeln sollen, so behandelt auch ihr sie gleicherweise! Und wenn ihr die liebt, die euch lieben, was für einen Dank erwartet ihr dafür? Denn auch die Sünder lieben die, welche sie lieben. Und wenn ihr denen Gutes tut, die euch Gutes tun, was für einen Dank erwartet ihr dafür? Denn auch die Sünder tun dasselbe. Und wenn ihr denen leiht, von welchen ihr wieder zu empfangen hofft, was für einen Dank erwartet ihr dafür? Denn auch die Sünder leihen den Sündern, um das Gleiche wieder zu empfangen. Vielmehr liebt eure Feinde und tut Gutes und leiht, ohne etwas dafür zu erhoffen; so wird euer Lohn groß sein, und ihr werdet Söhne des Höchsten sein, denn er ist gütig gegen die Undankbaren und Bösen. Darum seid barmherzig, wie auch euer Vater barmherzig ist.

Und richtet nicht, so werdet ihr nicht gerichtet; verurteilt nicht, so werdet ihr nicht verurteilt; sprecht los, so werdet ihr losgesprochen werden! Gebt, so wird euch gegeben werden; ein gutes, vollgedrücktes und gerütteltes und überfließendes Maß wird man in euren Schoß schütten. Denn mit demselben Maß, mit dem ihr [anderen] zumesst, wird euch wieder zugemessen werden (Lukas 6,27–38).

Der berühmte schottische Theologe William Barclay schrieb:

Kein Gebot Jesu hat so viele Diskussionen und Debatten ausgelöst wie das Gebot der Feindesliebe. *Es gibt im Griechischen drei Verben für „lieben".* Eran, *das die leidenschaftliche Liebe eines Mannes zu* seiner Frau beschreibt. Philein, eine warmherzige Herzenszuneigung, ein Begriff, der unsere Liebe zu unseren Freunden und Verwandten beschreibt. An dieser Stelle wird jedoch keiner dieser beiden Begriffe benutzt; das Wort, das hier gebraucht wird, ist agapan, für dessen Übersetzung man einen ganzen Absatz benötigt.

Agapan beschreibt das aktive Gefühl von Güte für einen anderen Menschen. Das bedeutet: Unabhängig davon, was uns diese Person angetan hat, gestatten wir uns niemals etwas anderes, als ihm (oder ihr) Gutes zu wünschen. Und wir werden freiwillig und vorsätzlich unseren Weg verlassen, um ihm (oder ihr) Gutes zu tun. Dies ist ein äußerst inspirierender Gedanke. Wir können unsere Feinde nicht genauso lieben wie unsere Nächsten und Lieben. Das wäre unnatürlich, unmöglich und sogar falsch. Aber wir können dafür sorgen, dass wir nichts anderes im Blick haben als sein (oder ihr) Bestes – unabhängig davon, was uns ein Mensch angetan hat, selbst wenn er (oder sie) uns beleidigt, schlecht behandelt oder verletzt hat.

Dieser Abschnitt verdeutlicht zwei großartige Fakten über Jesu Ethik. Erstens: Jesus hat ein positives Ethos. Bei diesem Ethos geht es nicht darum, etwas nicht zu tun, sondern etwas zu tun. Jesus lädt uns mit der Goldenen Regel ein, andere Menschen so zu behandeln, wie wir von ihnen behandelt werden möchten.

Viele Philosophen formulierten diese Regel negativ. Hillel, ein großer jüdischer Rabbiner, wurde von einem Mann gebeten, ihm auf einem Bein stehend das ganze Gesetz zu erklären. „Was dir selbst verhasst ist, das tue auch keinem anderen. Dies ist das ganze Gesetz, alles andere sind Erläuterungen." Philon, der große Jude von Alexandria, sagte: „Was du selbst zu leiden hasst, tue auch keinem anderen." Sokrates, der griechische Philosoph, sagte: „Was dich wütend macht, wenn du es durch andere erleidest, tue auch keinem anderen Menschen an." Alle diese Formulierungen sind negativ. Es ist nicht übermäßig schwer, *etwas Negatives nicht zu tun. Aber es ist etwas ganz anderes, den eigenen Weg zu verlassen, um anderen das zu tun, was du möchtest, dass sie auch dir tun. Jesus geht es in seiner Ethik nicht nur darum, Schlechtes nicht zu tun, sondern aktiv Gutes zu tun.*

Zweitens: Die Ethik Jesu basiert auf dem Tun von etwas Zusätzlichem. Jesus beschrieb alltägliches achtsames Verhalten und entließ seine Zuhörer dann mit der Frage: „Welche besondere Gnade verbirgt sich darin?" Menschen behaupten häufig, genauso gut wie ihre Nachbarn zu sein, was sie wahrscheinlich auch sind. **Aber die Frage Jesu lautet: „Wie viel besser bist du als der gewöhnliche Mensch?"** *Wir sollen uns nicht mit unserem Nachbarn vergleichen. Wahrscheinlich würden wir diesem Vergleich auch noch einigermaßen standhalten. Es ist Gott, mit dem wir uns vergleichen sollen, und hier ziehen wir alle den Kürzeren.*

Was ist der Grund für diese Ethik? Soweit es Jesus betraf, stellt er uns in dieser Hinsicht damit auf die gleiche Stufe mit Gott, denn Gott handelt genau so. Gott lässt es auf Gerechte und auf Ungerechte regnen. Er begegnet der Person mit Güte, die ihm Freude macht, und genauso auch der Person, die ihn betrübt. Gottes Liebe gilt Heiligen genauso wie Sündern. Diesem Vorbild an Liebe sollen wir alle folgen. Wenn auch wir das Beste für unsere Feinde im Sinn haben, dann sind wir wirklich Kinder Gottes.[29]

Johannes der Täufer stellte Jesus zu Beginn seines Dienstes als „Lamm Gottes" vor, „das die Sünde der Welt hinwegnimmt" (Johannes 1,29). Wir wissen, dass hier das Wort „Lamm" nicht wörtlich zu verstehen ist. Dennoch wird das Wort „Lamm" gebraucht, um zu beschreiben, wie Jesus war. Er war so brav und unschuldig wie ein Lamm; er war rein, einfach und friedfertig. Aber nicht betrügerisch, heuchlerisch und gefährlich wie ein Wolf im Schafspelz.

Jesus, das Lamm Gottes, wollte einfache kleine Keimzellen gründen, die aus ähnlich gesinnten „Schafen" bestanden (Johannes 10,11–16). „Schaf" war ein scheinbar unverfänglicher Begriff, setzte aber doch gleichzeitig auch einen kulturellen Kontrapunkt. Jesus beschrieb damit Menschen, die unter „Wölfen" (die andere Menschen ausbeuten) lebten, sich aber weigerten, selbst wie Wölfe zu werden. Auch wenn das bedeutete, dass die Wölfe sie wegen ihrer Weigerung, Teil des Rudels zu werden und auch andere auszubeuten, in Stücke rissen.

Jesus sagte: „Ich möchte, dass ihr euer Leben als Schafe mitten unter Wölfen lebt." Oder um es mit seinen eigenen Worten zu sagen: „Darum seid klug wie die Schlangen und ohne Falsch wie die Tauben!" (Matthäus 10,16). „Alles nun, was ihr wollt, dass die Leute euch tun sollen, das tut auch ihr ihnen ebenso" (Matthäus 7,12). „Liebt eure Feinde, segnet, die euch fluchen, tut wohl denen, die euch hassen, und bittet für die, welche euch beleidigen und verfolgen" (Matthäus 5,44). „Fürchtet euch nicht vor denen, die den Leib töten, die Seele aber nicht zu töten vermögen", sagte er, „fürchtet vielmehr den, der Seele und Leib verderben kann in der Hölle!" (Matthäus 10,28).

Und Jesus, das Lamm Gottes, lebte, was er predigte. Er lebte als „Licht der Welt". Aber die Welt lehnte ihn ab. „Die Menschen liebten die Finsternis mehr als das Licht; denn ihre Werke waren böse. Denn jeder, der Böses tut, hasst das Licht und kommt nicht zum Licht, damit seine Werke nicht aufgedeckt werden."[30] Also entschlossen sich die Menschen, ihn zum *Sündenbock* zu machen. Wie Jesus vorhergesagt hatte, ergriffen sie ihn am Ende. Er gestattete ihnen, ihn wie ein Opferlamm wegzuführen und zu „schlachten".[31]

Jesus sagte: „Größere Liebe hat niemand als die, dass einer sein Leben lässt für seine Freunde" (Johannes 15,13). Die Vorstellung, dass jemand bereit ist, sich für seine Freunde zu opfern, kann als

Metapher im 21. Jahrhundert genauso kraftvoll sein wie im 1. Jahrhundert. Nichtjuden können die jüdische Denkweise wahrscheinlich oft nur schwer nachvollziehen. Aber die Vorstellung, dass Jesus bereit war, sein Leben für seine Freunde zu *opfern,* ist eine kraftvolle Geschichte, die bis heute noch Menschen in den tiefen, dunklen, verborgenen Winkeln ihrer Seele berührt, dort, wo sie sich am verlassensten und einsamsten fühlen.

Gale Webbe schrieb in *The Night and Nothing*: „Es gibt viele verschiedene Arten, mit dem Bösen umzugehen. Aber alle diese ‚Wege' sind Facetten der einen Wahrheit, dass man das Böse nur auf einem Wege besiegen kann: indem es in einem willigen, lebenden menschlichen Wesen erstickt wird. Wenn es dort aufgesogen wird, verliert das Böse seine Macht und Wirksamkeit."[32] Scott Peck schreibt in *The People of the Lie*: „Nur Liebe kann das Böse heilen. Dafür ist ein williges Opfer nötig. Der Heiler muss das Böse selbst opferbereit aufnehmen und absorbieren."[33] Jesus nahm das Böse am Kreuz auf sich. Er nahm es in sein Herz auf, wie den Speer, der in seine Seite gebohrt wurde. Er schrie auf: „Vater, vergib ihnen; denn sie wissen nicht, was sie tun!" (Lukas 23,34). Er stieg nicht wütend vom Kreuz herab. Forderte nicht Rache oder Vergeltung. Er hatte nur Gnade. Und so beendete er den Kreislauf der Gewalt für immer.

Nach Khalid Muhammad Khalid war Jesus „das Paradebeispiel für die Botschaft, die er hinterließ. Er war die Liebe, die keinen Hass, der Friede, der keine Ruhelosigkeit, die Erlösung, die keine Verlorenheit kannte."[34]

Mahatma Gandhi sagte: **„Das sanfte Wesen Christi** – so geduldig, so gütig, so liebevoll, so voller Vergebung, dass er seine Nachfolger lehrte, nicht zu vergelten, wenn sie geschlagen würden, sondern auch noch die andere Wange hinzuhalten – **war ein wunderbares Beispiel für einen vollkommenen Menschen.**"[35] Gandhi fuhr fort:

Jesus, der „Märtyrer, war der Inbegriff des persönlichen Opfers", und das Kreuz „ein großartiges Beispiel des stellvertretenden Leidens … Jesus verlor sein Leben am Kreuz, aber er verlor nicht den Kampf. Jesus siegte. Die Weltgeschichte legt davon Zeugnis ab. Und daher ist das Vorbild Christi auch ein entscheidender Faktor für meinen tief verankerten Glauben an die Gewaltfreiheit, die mein gesamtes Handeln bestimmt."[36]

Ein Kampf für Liebe und Gerechtigkeit

Hans Küng war sehr aktiv im interreligiösen Dialog und im Weltparlament der Religionen und hat sich in diesem Zusammenhang intensiv mit der Einzigartigkeit der Person Jesu auseinandergesetzt. Er sagt, wenn wir Jesus mit allen anderen Menschen bzw. Religionsvertretern vergleichen, können wir erkennen, dass er auf wirklich einzigartige Weise die Rolle *eines prophetischen, barmherzigen, opferbereiten Aktivisten in einem gewaltfreien Kampf für Liebe und Gerechtigkeit ausfüllte.*

Jesus hat nicht versucht, die Rolle eines Reformers zu übernehmen, denn er wollte die Gesellschaft gar nicht stürzen. Er versuchte auch nicht, den Part eines traditionellen Predigers zu übernehmen, denn er stellte sich gegen Gesetzlichkeit. Er übernahm auch nicht die Rolle eines klassischen Mönchs, denn er war kein Asket. Und er griff auch nicht zu den Waffen und kämpfte als Guerillero, denn er war gegen Gewalt – ob diese nun von links oder von rechts kam.[37]

Jesus war der Auffassung, dass die Menschen niemals durch die Einhaltung von pharisäischen Gesetzen und Regeln, sadduzäischen Ritualen und Zeremonien, qumranischen Praktiken oder zelotischen Strategien frei werden würden. Für Jesus erlangten sie Freiheit nur durch Liebe: wahre Liebe – sich aufopfernde, sich verschenkende und vergebende Liebe, die Liebe zu Gott und dem Nächsten, die Liebe zu unseren Freunden und unseren Feinden.

Jesus war kein Mystiker wie Buddha, kein Gelehrter wie Konfuzius, kein Gesetzgeber wie Mose oder militärischer Führer wie Mohammed. Er versuchte nicht, der Welt zu entsagen, und wollte sie auch nicht studieren und/oder gestalten und/oder kontrollieren.[38] Jesus liebte diese Welt einfach und zeigte den Menschen einen Weg, wie sie ihre Welt so lieben konnten, wie er seine Welt liebte.

Jesus hatte niemals vor, eine Religion zu gründen – erst recht keine monopolistische Religion, die mit anderen Religionen um potenzielle Nachfolger kämpfte. Jesus sagte einfach, er sei gekommen, „damit sie das Leben haben und es im Überfluss haben“ (Johannes 10,10). Er würde daher in den Religionen dieser Welt all das befürworten, was lebensbejahend ist, und sich alldem entgegenstellen, was lebensverneinend ist – insbesondere in der Religion, die nun seinen Namen trägt.

Jesus stand dominanter Autorität äußerst kritisch gegenüber – sei es in der römischen Religion oder seiner eigenen jüdischen (Markus 10,42–43). Das gilt auch für Autoritäten, die als geschlossene Gruppen agieren und anderen gegenüber nicht offen sind (Matthäus 5,47), die leere Rituale vollziehen, in denen kein Raum ist für Mitgefühl (Matthäus 6,7).

Gott war für Jesus größer als die eigene Religion und er war auch im Leben von Angehörigen anderer Religionen am Werk. So wurde beispielsweise Naeman der Syrer von Aussatz geheilt, nicht aber Juden, die damals ebenfalls unter dieser Krankheit litten (Lukas 4,16–30). Jesus war der Auffassung, dass Anhänger anderer Religionen nicht nur einen großen Glauben haben konnten, sondern auch größeren Glauben als viele seiner Religionsgenossen – wie die syrophönizische Frau, mit deren dreistem Glauben er konfrontiert wurde

(Markus 7,24–30). Und Jesus schätzte Menschen, die anderen Religionen angehören, weil sie oft bessere Beispiele für die wahre Religion waren als die Führer seiner eigenen Religion – wie z. B. der barmherzige Samariter (Lukas 10,29–37).

Wie Jesus als Jude mit der samaritanischen Frau am Brunnen umging (Johannes 4,4–42), kann uns als Vorbild dafür dienen, wie Menschen aus unterschiedlichen Religionen – beispielsweise Christen und Muslime – miteinander umgehen sollten:

- Anerkennen, wie viel wir den Juden zu verdanken haben, die vor uns lebten (Johannes 4,22).
- Unterschiede anerkennen – verschiedene Anbetungsrituale (Johannes 4,19-21).
- Gemeinsamkeiten bestätigen – alle Gläubigen beten mit Gottes Wahrheit erfüllt an (Johannes 4,23).
- Andere niemals verleumden – kein „Feuer auf andere" herabrufen (Lukas 9,54–55).
- Einen versöhnlichen Zugang wählen – „Wer nicht gegen uns ist, der ist für uns" (Lukas 9,50).
- Gastfreundschaft immer annehmen – Essen und Trinken miteinander teilen (Johannes 4,7).
- Respektvoll miteinander sprechen – die Bedeutsamkeit von *Isa*/Jesus als dem *Masih*/Messias erforschen –, aber nicht erwarten, dass andere ihre Religion wechseln (Johannes 4).

Jesus rief seine Jünger nicht dazu auf, andere zu bekehren, sie sollten einfach nur Zeugen sein. Er sagte: „… ihr werdet Kraft empfangen, wenn der Heilige Geist auf euch gekommen ist, und ihr werdet meine Zeugen sein in Jerusalem und in ganz Judäa und Samaria und bis an das Ende der Erde" (Apostelgeschichte 1,8). Und er regte an, dass der beste Weg, um ein solcher Zeuge zu sein, darin besteht, sich von ganzem Herzen für das Allgemeinwohl einzusetzen: „So soll euer Licht leuchten vor den Leuten, dass sie eure guten Werke sehen und euren Vater im Himmel preisen“ (Matthäus 5,16).

Maria, seine Mutter, wusste im Augenblick der Empfängnis, dass Jesus ein revolutionärer Mensch sein würde: ein König, der nicht nur andere Könige zu Fall bringen, sondern auch die landläufige Vorstellung von „Herrschaft“ auf den Kopf stellen würde. Ein außergewöhnlicher Mensch, der mit sanfter Würde auftreten und sich selbst im Angesicht unbarmherziger Grausamkeit für Gleichheit und Gerechtigkeit starkmachen würde. Maria war überzeugt: Jesus war die Antwort auf die Gebete der Menschen (Lukas 1,46–55).

Maria sang ein Lied, das ein Hinweis ist auf ihren starken, tiefen und persönlichen Glauben an Gott und auf ihre tiefe Wertschätzung seiner großen Treue allen Menschen gegenüber:

Meine Seele erhebt den Herrn, und mein Geist freut sich über Gott, meinen Retter, dass er angesehen hat die Niedrigkeit seiner Magd; denn siehe, von nun an werden mich glückselig preisen alle Geschlechter! Denn große Dinge hat der Mächtige an mir getan, und heilig ist sein Name; und seine Barmherzigkeit währt von Geschlecht zu Geschlecht über die, welche ihn fürchten (Lukas 1,46–50).

Stanley Jones beschrieb das Lied Marias als „das revolutionärste Schriftstück der Welt“.[39] Maria feierte Gottes Liebe und Gerechtigkeit und trat bei ihm dafür ein, dass er eines Tages die Reichen und Mächtigen stürzen und die Armen und Machtlosen erhöhen würde. Sie sang:

Er tut Mächtiges mit seinem Arm; er zerstreut, die hochmütig sind in der Gesinnung ihres Herzens. Er stößt die Mächtigen von ihren Thronen und erhöht die Niedrigen. Hungrige sättigt er mit Gütern, und Reiche schickt er leer fort. Er nimmt sich seines Knechtes Israel an, um an [seine] Barmherzigkeit zu gedenken, wie er es unseren Vätern verheißen hat, Abraham und seinem Samen, auf ewig! (Lukas 1,51–55).

Jesus wuchs in einem politischen Umfeld der Unterdrückung auf. Ganz Palästina wurde vom Römischen Reich kontrolliert, was durch einflussreiche jüdische Kollaborateure gestützt wurde. Die Herrschenden besteuerten das Einkommen der Menschen mit bis zu 40 Prozent. Und diese Steuereinnahmen flossen in den Unterhalt der Armee, die den Menschen das Leben schwermachte. Von Zeit zu Zeit brachen Revolten aus, und die Menschen versuchten, sich von den Mächtigen zu befreien, die ihr Leben kontrollierten. Die jüdischen Kollaborateure unterstützten die römischen Besatzer jedoch bei der Niederschlagung dieser Aufstände. Sie arbeiteten mit den Behörden zusammen, die ihre Landsleute unterdrückten, um ihre Position, ihr Eigentum und Marktmonopol halten zu können. Vor diesem Hintergrund überrascht es nicht, dass unter der *Pax Romana* Handel und Warenverkehr blühten und der großartige jüdische Tempel in Jerusalem, der zugleich Börse, Zentralbank und nationales Finanzministerium war, zum Symbol dieses Wohlstands wurde. Dennoch war Israel weiterhin eine landwirtschaftliche Gesellschaft. Landwirtschaft war nicht nur der wichtigste wirtschaftliche Faktor, sondern auch der gesellschaftlich angesehenste. Landbesitz war die Hauptquelle von Reichtum. Einige wenige Familien besaßen den größten Teil des Landes und kauften immer mehr dazu. Die armen Familien, die ihre Steuern nicht mehr zahlen konnten, waren wiederum gezwungen, ihr Land zu verkaufen. Am Ende stand die arme Bevölkerung vollkommen ohne Landbesitz da und blickte einer düsteren Zukunft entgegen. Sie war in einem Kreislauf der Armut gefangen. Die Armen, Gefangenen, Behinderten, Benachteiligten, Aussätzigen und andere an den gesellschaftlichen Rand gedrängte und benachteiligte Gruppen hatten in diesem System keinen Fürsprecher, an den sie sich wenden konnten. Sie waren hilflos.[40]

An einem lauen Sabbattag in den Anfängen seines Dienstes besuchte Jesus die Synagoge seiner Heimatstadt Nazareth. Als er gebeten wurde, einen Abschnitt aus der Heiligen Schrift zu lesen, schlug er eine Stelle im Propheten Jesaja auf:

Der Geist des Herrn ist auf mir, weil er mich gesalbt hat, den Armen frohe Botschaft zu verkünden; er hat mich gesandt, zu heilen, die zerbrochenen Herzens sind, Gefangenen Befreiung zu verkünden und den Blinden, dass sie wieder sehend werden, Zerschlagene in Freiheit zu setzen (Lukas 4,18).

Als Jesus diese Stelle vorlas, verkündete er damit gewissermaßen sein Manifest, seinen großen Auftrag: **sein radikales Engagement für Gottes Liebe und Gerechtigkeit.**

Jesus sorgte sich leidenschaftlich um das Wohl seines Volkes, insbesondere um das Wohl der Menschen, um die sich niemand sonst kümmerte. Seine Sorge galt den Armen und den Opfern des herrschenden Systems, all denen, die von der gesellschaftlichen Teilhabe ausgeschlossen waren. Er kümmerte sich voller Leidenschaft um die Aussätzigen, nicht nur wegen ihrer schmerzhaften Geschwüre, sondern auch wegen des Schmerzes über ihre Unberührbarkeit. Und seine leidenschaftliche Sorge galt den normalen Menschen, deren Hoffnungen zerstört wurden und die sich an langen Tagen und in noch längeren Nächten der Verzweiflung ausgeliefert sahen.

Für Jesus bedeutete leidenschaftliche Sorge *für* Menschen nichts weniger als leidenschaftliche Hingabe *an* diese Menschen. Er vergaß sich selbst und lebte für die Menschen, die selbst vergessen wurden. Sie sollten sich lebendig fühlen, grenzenlos geliebt und bedingungslos angenommen. Er stärkte die Entkräfteten, zerriss die Ketten der Armut, des Elends und der Schuld. Er hieß die Ausgestoßenen willkommen, half den Schwachen, heilte die Kranken und vergab den Sündern ihre Schuld. Er eröffnete jedem die Möglichkeit zu einem Neuanfang, gab niemals jemanden auf und ermutigte jeden, sich nicht aufzugeben. Er forderte jeden heraus, eigene Vorurteile niederzureißen, Rollenklischees abzulegen und radikale Gemeinschaft zu wagen: die „In-Group" mit den Ausgestoßenen, die Starken mit den Schwachen, die Reichen mit den Armen, die Heiligen mit den Sündern. Gemeinsam sollten sie um die eigene Menschlichkeit ringen und sich gegenseitig unterstützen.

Jesus war sich schmerzlich bewusst, dass die Menschen Gefangene von Politik und Ökonomie waren. Er erkannte, dass diese Gefangenschaft durch den Kampf um Macht, Position und Wohlstand auf Kosten des Lebens anderer aufrechterhalten wurde. „Was bei den Menschen hoch angesehen ist", sagte Jesus, „das ist ein Gräuel vor Gott" (Lukas 16,15). Seine Kritik war universal, aber Jesus hatte sich entschieden, diese Gefangenschaft auf nationaler statt auf internationaler Ebene herauszufordern. Ihm ging es um die Kontrollmechanismen seines eigenen Volkes. Würden diese Kontrollmechanismen nicht entlarvt und entmachtet werden, würde die Gefangenschaft bestehen bleiben, selbst wenn es den Menschen gelänge, das fremde Joch abzuwerfen. Also forderte Jesus die Menschen in seinem eigenen Land heraus – die Menschen seiner Kultur, Tradition und Religion. Sie sollten sich bewusst werden, dass sie Gefangene waren – und dass sie die Verantwortung sowohl für ihre eigene Gefangenschaft als auch für ihre eigene Befreiung trugen. „Beurteilt andere nicht“, sagte Jesus, „sondern beurteilt euch selbst“ (nach Matthäus 7,1–3). „Es ist wirklich traurig“, sagte er ihnen, dass „ihr euch nicht darum kümmert, dass eure Mitmenschen ihr Recht bekommen“ (nach Lukas 11,42). „Was nützt es euch, wenn ihr alle Reichtümer dieser Welt gewinnt, aber euer Leben verliert?“ (nach Matthäus 16,26).

In der ersten Phase seines gewaltfreien Dschihad für Liebe und Gerechtigkeit folgte Jesus Johannes dem Täufer und prangerte genau wie dieser die Ausbeutung der Armen durch die Reichen an.

Johannes riet den Soldaten: „Misshandelt niemand, erhebt keine falsche Anklage und seid zufrieden mit eurem Sold!“ Den Zolleinnehmern sagte er: „Fordert nicht mehr, als was euch vorgeschrieben ist!“ Und zu anderen meinte er: „Wer zwei Hemden hat, gebe dem, der keines hat; und wer Speise hat, der mache es ebenso!“ (Lukas 3,11–14). Jesus hielt Zachäus, einem berüchtigten Zolleintreiber, vor, den Menschen zu hohe Steuern abzuknöpfen. Als Folge dieser Begegnung versprach Zachäus: „… die Hälfte meiner Güter gebe ich den Armen“, und „wenn ich jemand betrogen habe, so gebe ich es vierfältig zurück“ (Lukas 19,8).

In der zweiten Phase seines gewaltfreien Dschihad für Liebe und Gerechtigkeit prangerte Jesus nicht nur die Unterdrückung der Machtlosen durch die Mächtigen an, sondern trat aktiv für die Befreiung entmachteter Gruppierungen ein, indem er sie mit dem Heiligen Geist bevollmächtigte.

Jesus griff die religiösen Führer seiner Zeit an und hielt ihnen vor, Geld mehr zu lieben als Gott (Lukas 16,13–15). Sie taten so, als seien sie unglaublich heilig, indem sie öffentlich lange Gebete sprachen, rissen aber in Wirklichkeit den Besitz der Witwen an sich (Lukas 20,47). Als er sah, wie eine Witwe „von ihrer Armut alles [in den Opferkasten legte], was sie hatte, ihren ganzen

Lebensunterhalt", verdammte Jesus den Tempel, der auch noch die letzte Münze aus den Menschen herauspresste, die er eigentlich schützen sollte (Markus 12,38–44). Jesus stürzte das Monopol zur Vergebung der Schuld, das der Tempel durch das von ihm kontrollierte Opfersystem etabliert hatte. Er taufte Menschen im Geist und verlieh ihnen die Autorität, Sünden zu vergeben. „Empfangt Heiligen Geist" und „welchen ihr die Sünden vergebt, denen sind sie vergeben" (Johannes 20,22–23).

In der dritten Phase seines gewaltfreien Dschihad für Liebe und Gerechtigkeit trat Jesus für Gemeinschaften ein, deren Führung den Menschen diente und sie nicht unterdrückte.

Jesus ermutigte die Menschen – in seiner dem gesellschaftlichen Trend in allem entgegengesetzten Gemeinschaft –, sich von der Sklaverei des politischen Systems zu befreien. Sie sollten Barmherzigkeit üben und dadurch die kranke, bedrückende, zwanghafte Beschäftigung mit Macht, gesellschaftlicher Stellung und Wohlstand ablegen, die damals die Gesellschaft prägte. „Darum seid barmherzig", sagte Jesus, „wie auch euer Vater barmherzig ist" (Lukas 6,36). Jede Form von Unterdrückung wurde angeprangert. „Ihr wisst, dass die Fürsten der Heidenvölker sie unterdrücken und dass die Großen Gewalt über sie ausüben. Unter euch aber soll es nicht so sein; sondern wer unter euch groß werden will, der sei euer Diener" (Matthäus 20,25–26). Alle Wirtschaftsformen wurden angeprangert, die die Menschen ausbeuteten. In dieser neuen Gemeinschaft wurde Freigiebigkeit gepredigt. Die Reichen sollten ihren Reichtum freiwillig mit den Armen teilen – als Ausdruck ihres ernsthaften Ringens um Gerechtigkeit. „Habt acht und hütet euch vor der Habsucht", sagte Jesus (Lukas 12,15); „Gib dem, der dich bittet, und wende dich nicht ab von dem, der von dir borgen will" (Matthäus 5,42); „Leiht, ohne etwas dafür zu erhoffen" (Lukas 6,35).

In der vierten Phase seines gewaltfreien Dschihad für Liebe und Gerechtigkeit schuf Jesus Gemeinschaften, die sich dafür einsetzten, dass die Ausgegrenzten und Benachteiligten zu ihrem Recht kamen.

In der damaligen jüdischen Gesellschaft war Reinheit sehr wichtig – doch bei Jesus war Inklusion viel wichtiger. Viele Juden verachteten die Heiden, doch Jesus verkündete: „Mein Haus soll ein Bethaus für alle Völker genannt werden" (Markus 11,17). Die Pharisäer machten einen Bogen um Sünder, doch Jesus lud die Ausgestoßenen zu seinen Festen ein (Markus 2,16). Jesus ermutigte seine neuartigen Gemeinschaften, zuallererst den Menschen zu sehen – nicht den Produzenten oder Konsumenten, sondern den Menschen mit persönlichen Rechten. Diejenigen, die am wenigsten Ansehen genossen, diejenigen, die am Rand der Gesellschaft standen, waren ihm am wichtigsten. Sie lud er explizit in seine Gemeinschaften ein: „Wenn du ein Mittags- oder Abendmahl machst, so lade nicht deine Freunde, noch deine Brüder, noch deine Verwandten, noch reiche Nachbarn ein, damit nicht etwa auch sie dich wieder einladen und dir vergolten wird; sondern wenn du ein Gastmahl machst, so lade Arme, Krüppel, Lahme, Blinde ein, so wirst du glückselig sein; denn weil sie es dir nicht vergelten können, wird es dir vergolten werden bei der Auferstehung der Gerechten" (Lukas 14,12–14).

Die von Jesus inspirierten Gemeinschaften stürzten nie das politische System, in dem die Gesellschaft gewissermaßen gefangen war. Auch reformierten sie das politische System niemals vollständig im Sinne der vollkommenen Befreiung, für die sie beteten. Dennoch wurden manche Kontrollmechanismen zerbrochen, in denen alle gefangen waren. Sie waren in der Lage, bis zu einem gewissen Grad eine befreite – und befreiende – alternative politische und wirtschaftliche Realität aufzubauen. Diese Erfahrungen der ersten Christen dienen seitdem als Vorbild für wahre Liebe und Gerechtigkeit.

Augenzeugenberichten zufolge trafen sie sich regelmäßig, hielten das Abendmahl und aßen miteinander. Sie besaßen alles gemeinsam, verkauften ihre Besitztümer und gaben denen, die sie um Hilfe baten. Keiner unter ihnen litt Not und alle Menschen sprachen wohlwollend von ihnen (Apostelgeschichte 2,44–47; 4,32–35).

In der fünften Phase seines gewaltfreien Dschihad für Liebe und Gerechtigkeit lebte Jesus eine aktive, radikale, opferbereite Gewaltfreiheit vor, die Menschen aus dem Kreislauf von Gewalt und Gegengewalt befreite, in dem sie gefangen waren.

Er sagte:

Der Dieb kommt nur, um zu stehlen, zu töten und zu verderben; ich bin gekommen, damit sie das Leben haben und es im Überfluss haben. Ich bin der Gute Hirte; der Gute Hirte lässt sein Leben für die Schafe. Der Mietling aber, der kein Hirte ist, dem die Schafe nicht gehören, sieht den Wolf kommen und verlässt die Schafe und flieht; und der Wolf raubt und zerstreut die Schafe. Der Mietling aber flieht, weil er ein Mietling ist und sich nicht um die Schafe kümmert. Ich bin der Gute Hirte und kenne die Meinen und bin den Meinen bekannt, gleichwie der Vater mich kennt und ich den Vater kenne; und ich lasse mein Leben für die Schafe (Johannes 10,10–15).

Jesus wandte sich an seine Freunde und sagte: „Größere Liebe hat niemand als die, dass einer sein Leben lässt für seine Freunde" (Johannes 15,13).

Die Jesus-Bewegung wurde unter seiner Führung zu einer aktiven, radikalen und opferbereiten Friedensbewegung.[41] Das Christentum war drei Jahrhunderte lang eine mehr oder weniger pazifistische Bewegung. Die Apostel lehrten die Christen das pazifistische Prinzip: „Die Liebe tut dem Nächsten nichts Böses" (Römer 13,10).

Paulus schrieb an die Gemeinde in Rom:

Vergeltet niemand Böses mit Bösem! Seid auf das bedacht, was in den Augen aller Menschen gut ist. Ist es möglich, soviel an euch liegt, so haltet mit allen Menschen Frieden. Rächt euch nicht selbst, Geliebte, sondern gebt Raum dem Zorn [Gottes]; denn es steht geschrieben: „Mein ist die Rache; ich will vergelten, spricht der Herr." „Wenn nun dein Feind Hunger hat, so gib ihm zu essen; wenn er Durst hat, dann gib ihm zu trinken! Wenn du das tust, wirst du feurige Kohlen auf sein Haupt sammeln." Lass dich nicht vom Bösen überwinden, sondern überwinde das Böse durch das Gute! (Römer 12,17–21).

Es spricht vieles dafür, dass die frühe Kirche Gewalt in jeder Form ablehnte. Hippolyt, der bedeutendste Theologe der christlichen Kirche in Rom im 3. Jahrhundert, schrieb in *Apostolische Überlieferung* (*Traditio Apostolica,* zwischen 210 und 235): „Ein Magistrat, der die Robe trägt und mithilfe des Schwertes regiert, soll damit aufhören. Wenn einem Gesetzesmann befohlen wird, in der Ausübung seines Amtes zu töten, soll er diesem Befehl nicht folgen."[42] Und Athenagoras von Athen, ein griechischer Philosoph des 2. Jahrhunderts, der sich zum Christentum bekehrt hatte, schrieb in *Bittschrift für die Christen* (*Legatio pro Christianis*): „(Uns) ist es nicht einmal gestattet, zurückzuschlagen, wenn wir geschlagen werden, und es wird von uns erwartet, nur freundliche Worte zu gebrauchen, wenn wir geschmäht werden! Gerecht zu sein allein reicht nicht, denn ‚gerecht' bedeutet, Gleiches mit Gleichem zu vergelten, aber uns wurde aufgetragen, weit darüber hinauszugehen, freundlich und geduldig zu sein."[43]

Jesus lebte uns beispielhaft vor, dass wir im Dschihad entschlossen, aber zugleich sanft sein müssen.

Jesu gewaltfreier Dschihad für Liebe und Gerechtigkeit lässt sich in den folgenden Punkten zusammenfassen:

1. In der ersten Phase seines gewaltfreien Dschihad für Liebe und Gerechtigkeit folgte Jesus Johannes dem Täufer und prangerte genau wie dieser die Ausbeutung der Armen durch die Reichen an.
2. In der zweiten Phase seines gewaltfreien Dschihad für Liebe und Gerechtigkeit prangerte Jesus nicht nur die Unterdrückung der Machtlosen durch die Mächtigen an, sondern trat aktiv für die Befreiung entmachteter Gruppierungen ein, indem er sie mit dem Heiligen Geist bevollmächtigte.
3. In der dritten Phase seines gewaltfreien Dschihad für Liebe und Gerechtigkeit trat Jesus für Gemeinschaften ein, deren Führung den Menschen diente und sie nicht unterdrückte.
4. In der vierten Phase seines gewaltfreien Dschihad für Liebe und Gerechtigkeit schuf Jesus Gemeinschaften, die sich dafür einsetzten, dass die Ausgegrenzten und Benachteiligten zu ihrem Recht kamen.
5. In der fünften Phase seines gewaltfreien Dschihad für Liebe und Gerechtigkeit lebte Jesus eine aktive, radikale, opferbereite Gewaltfreiheit vor, die Menschen aus dem Kreislauf von Gewalt und Gegengewalt befreite, in dem sie gefangen waren.

6

GEWALTFREIE KÄMPFER, DIE ENTSCHIEDEN, ABER ZUGLEICH SANFT SIND

Wenn wir uns auf gewaltfreie Kämpfe einlassen wollen, in denen wir entschieden und zugleich sanft vorgehen, hilft es uns, einen Blick auf die Geschichte von Menschen zu werfen, deren Vorbild uns inspirieren kann.

Ich möchte Ihnen in diesem Kapitel vier wahre Geschichten erzählen – zwei aus der Vergangenheit und zwei aus der Gegenwart, bei zweien geht es um Muslime, bei den anderen um zwei Christen. Diese Geschichten können als Vorbild für einen entschlossenen, aber doch gewaltfreien Kampf dienen.

Die erste Geschichte handelt von einem Christen namens Giovanni Battista Bernardone, besser bekannt als Franz von Assisi oder auch „der Gaukler". Die zweite handelt von einem Muslim, Khan Abdul Ghaffar Khan, besser bekannt als Badshah Khan oder nur Khan. Die dritte Geschichte erzählt von Leymah Gbowee, einer Christin, auch bekannt als „die Generalin". Die vierte erzählt wieder von einem Muslim, Muhammad Ashafa, besser bekannt als „der Imam".

Franz von Assisi: „Herr, mache mich zu einem Werkzeug deines Friedens"

Franziskus kam 1182 als Sohn einer französischen Mutter und eines italienischen Vaters zur Welt. Sein Vater gab ihm nach einer Frankreichreise den Rufnamen Francesco – „kleiner Franzose". Er wuchs mit romantischen französischen Balladen auf, die von fahrenden Troubadouren vorgetragen wurden. Als Sohn eines wohlhabenden Kaufmanns führte Franziskus ein ausschweifendes Leben; heute würde man wohl sagen, dass er ein Partylöwe war.

Franziskus wuchs auf mit dem Traum, eines Tages Ritter zu werden. Also ergriff er mit Anfang zwanzig die Gelegenheit und kämpfte für Assisi gegen eine benachbarte Stadt. Seine stolze Militärkarriere endete jedoch abrupt, als der junge Franziskus gefangen genommen und eingekerkert wurde.

Diese Zeit war der Wendepunkt in Franziskus' Leben. Während der Zeit im Gefängnis und der anschließenden einjährigen Genesung nach seiner Freilassung dachte Franziskus intensiv über sein Leben nach. Sein Traum vom Rittertum schien im Licht der harten Realität des Krieges, mit der er konfrontiert worden war, lächerlich zu sein.

Als Franziskus eines Tages eine Straße entlangritt, blieb er auf einmal wie angewurzelt stehen. Ihm wurde klar, dass er nicht länger so weiterleben konnte wie bisher. Also stieg er vom Pferd, legte seine Kleidung ab und gab dann alle seine ritterlichen Insignien weg – auch sein Pferd, sein Schwert und seine Rüstung.

Sein Vater war äußerst verärgert darüber, wie verschwenderisch Franziskus mit dem Familieneigentum umging, und arrangierte ein Treffen mit dem örtlichen Bischof, um ihn wieder auf Linie zu bringen. Doch dieser Schuss ging nach hinten los. Als Reaktion auf die Klagen seines Vaters wandte Franziskus sich ganz von seiner Familie ab und verzichtete auf das ihm zustehende Erbe. Noch an Ort und

Stelle gab er alles zurück, einschließlich der Kleidung, die er trug. Und so stand er da, splitternackt wie am Tag seiner Geburt, und wandte sich an seinen Vater: „Bis heute habe ich dich ‚Vater' genannt, von nun an kann ich jedoch, ohne zu zögern ‚unser Vater im Himmel' sagen. Er ist mein ganzer Reichtum. Auf ihn setze ich mein ganzes Vertrauen."

Um über seine Zukunft nachzudenken, entschloss sich Franziskus, als Eremit neben einer alten Kirche in San Damiano zu leben. Dort hörte er eine Stimme: „Geh und baue mein Haus wieder auf, das, wie du siehst, ganz und gar in Verfall gerät." Franziskus baute daraufhin die verfallene Kirche von San Damiano wieder auf und machte sich dann daran, die Kirche in ganz Italien zu reformieren.

Franziskus übernahm diese Aufgabe der Erneuerung der Kirche jedoch nicht als Anführer, sondern als Gaukler! Er war mit Troubadouren aufgewachsen, die im Haus seiner Familie ein und aus gingen und romantische Balladen sangen. Und so wollte er sein – er wollte wie einer dieser Gaukler Menschen anlocken, damit diese der herzergreifenden „Musik" Gottes lauschen konnten. Er wollte als *Le Jongleur de Dieu*, als „Gaukler Gottes", von Stadt zu Stadt reisen, wie ein namenloser Gaukler, der die Menschen mit der wahren *joie de vivre*, der wahren Lebensfreude, bekannt macht.

Schaut man sich seine Geschichte an, ist es bemerkenswert, dass Franziskus nicht gegen den pompösen Wohlstand der Reichen wetterte. Ganz der Romantiker, versuchte Franziskus stattdessen, die Menschen von ihrer Liebe zu Macht und Reichtum wegzulocken und dazu zu bringen, sich in die wunderschöne „Dame Armut" zu verlieben. Es ging ihm aber nicht darum, die Armut zu verherrlichen. Aber soweit es Franziskus betraf, sollten die Menschen bereitwillig und voller Freude die Armut umarmen, den Spuren Jesu folgen und die Armen voller Freude annehmen.

1210 erhielt Franziskus die Zustimmung zur Gründung einer Ordensgemeinschaft, die der apostolischen Armut verpflichtet war. Er nannte ihn den Orden der Minderen Brüder – eine Gruppe von Menschen, die dem Vorbild ihres Gründers im Dienst an den Armen folgte.

1212 gründete Klara – eine wohlhabende Freundin aus Assisi, die sich wie Franziskus Gott zugewandt und ihren gesamten Reichtum den Armen gegeben hatte – einen Frauenorden, der als die Klarissen bekannt wurde. Franziskus und Klara gingen mit einem solchen Enthusiasmus ans Werk, dass Hunderte, ja Tausende Menschen sich ihnen anschlossen. Diese demütig dienende Bewegung gewann immer mehr an Einfluss und veränderte schließlich das finstere Mittelalter, in dem sie lebten.

Franziskus und Klara unterwanderten den vorherrschenden Feudalismus einfach dadurch, dass sie ihre Brüder und Schwestern ermutigten, die Waffen niederzulegen, die Tore zu öffnen, Fremde willkommen zu heißen und ihren Reichtum voller Freude mit den Armen zu teilen. **Viele Christen setzten in dieser Zeit den Begriff „Mission" mit Kreuzzügen gleich** – die das Abschlachten unzähliger Muslime „im Namen des Herrn" zur Folge hatten. Franziskus selbst lehnte es nicht nur ab, Waffen zu tragen, er reiste selbst nach Ägypten, wo die Kreuzritter kämpften, und bat sie inständig, ihre Schwerter niederzulegen. Als sie sich weigerten, übertrat Franziskus bei Damiette die feindlichen Linien und sprach mit Sultan al-Khamil. Er erzählte ihm von dem „Fürst des Friedens" und versuchte, „in seinem Namen" einen Frieden auszuhandeln.

Während Franziskus außer Landes war, kam es unter den Brüdern zu Streitigkeiten. Ein Generalvikar wurde zur Leitung des Ordens bestimmt und neue organisatorische Ordensregeln festgelegt, die den Charakter der Bewegung einschneidend verändern sollten.

Franziskus blieb seiner ursprünglichen Berufung treu, zog sich aber aus der Führung des Ordens zurück und ging als Einsiedler auf den Berg La Verna. Dort starb der Mann, den wir heute als Franz von Assisi kennen, im Jahr 1226.

Der politische Philosoph John Ralston Saul sagt: „Franz von Assisi (und seine Nachfolger) waren die berühmtesten Aktivisten (ihrer Zeit). Sie legten eine entscheidende Grundlage für das moderne demokratische Modell der Inklusion – ein entscheidender Schritt in Richtung Gleichheit in der Gesellschaft. (Sie) übernahmen das Konzept der persönlichen Verantwortung, das im Neuen Testament dargelegt ist, und träumten von einem sozialen Lebensmodell, welches … unsere Gesellschaften verändern würde.“[1]

Wenn wir uns in dem sanften Kampf für Gerechtigkeit engagieren wollen, tun wir gut daran, das Gebet von Franziskus zu beten:

Herr, mach mich zu einem Werkzeug deines Friedens,
dass ich Liebe übe, wo man hasst;
dass ich verzeihe, wo man beleidigt;
dass ich verbinde, wo Streit ist;
dass ich die Wahrheit sage, wo der Irrtum herrscht;
dass ich den Glauben bringe, wo der Zweifel drückt;
dass ich die Hoffnung wecke, wo Verzweiflung quält;
dass ich Licht entzünde, wo die Finsternis regiert;
dass ich Freude bringe, wo der Kummer wohnt.

Herr, lass mich trachten:
nicht, dass ich getröstet werde, sondern dass ich tröste;
nicht, dass ich verstanden werde, sondern dass ich verstehe;
nicht, dass ich geliebt werde, sondern dass ich liebe.
Denn wer da hingibt, der empfängt;

wer sich selbst vergisst, der findet;
wer verzeiht, dem wird verziehen,
und wer stirbt, der erwacht zum ewigen Leben.

Die innere Dynamik dieses Dschihad

1. *Vertrauen auf Gott:* Ich setze meine Zuversicht auf ihn.
2. *Freude an Gott:* Bei ihm finde ich wahre Lebensfreude.
3. *Gottes Willen tun:* Mache mich zu einem Werkzeug.
4. *Wie Jesus sein:* Den Spuren von Jesus folgen.
5. *Status ablehnen:* Die Fallstricke der Macht vermeiden.
6. *Reichtum entsagen:* Alles weggeben.
7. *Proaktiv bleiben:* Wo Hass ist, Liebe säen.

Die äußere Dynamik dieses Dschihad

1. *Bewusstsein schaffen*: Wo Verzweiflung ist, bringe Hoffnung.
2. *Ermutigung zu Hingabe*: Wo Zweifel ist, bringe Glauben.
3. *Gruppen aufbauen*: Gruppen von Brüdern/Schwestern.
4. *Disziplin einführen*: Eine einfache Lebensregel.
5. *Erbarmen zum Ausdruck bringen*: Lieben und trösten.
6. *Gewaltfreiheit praktizieren*: Werkzeuge des Friedens einsetzen.
7. *Gewalt widerstehen*: Weigerung, Waffen zu gebrauchen.
8. *Gerechtigkeit fördern*: Inklusion und Gleichheit.
9. *Kreuzzügen widerstehen*: Ablehnung, gegen „Ungläubige“ zu kämpfen.
10. *Konflikte lösen*: Mit dem „Feind“ sprechen.

Badshah Khan: „Ich gelobe, der Menschheit im Namen Gottes zu dienen"

Abdul Ghaffar Khan wurde 1890 in Utmanzai geboren. Sein Vater, Behram Khan, war ein wohlhabender Paschtun, der an der Hauptstraße Peshawars ein großes Gästehaus führte. Behram Khan hatte viele Diener, jedoch war es niemals unter seiner Würde, seine Gäste persönlich zu bedienen. Ghaffar Khans Mutter lebte ihr Leben wie die meisten Frauen eines Paschtunen: in *purdah*, verborgen vor den neugierigen Blicken Fremder, hinter einem Vorhang der Verschwiegenheit. Sie war strenggläubig und lebte ihrem Sohn eine hingegebene Frömmigkeit vor.

1901 besuchte Ghaffar Khan die *Edwards Memorial School* in Peshawar. Der Schulleiter, Reverend Wigram, ein strenger, aber großzügiger Lehrer, hatte es sich zur Aufgabe gemacht, den Jungen dieser Gegend die bestmögliche Bildung zu vermitteln. Der junge Ghaffar Khan schätzte ihn sehr, und so war es keine Überraschung, als er 1910 in seiner Heimatstadt Utmanzai eine Schule gründete, nachdem er mehrere Jahre an der Islamischen Schule in Aligarh studiert hatte.

1913 nahm Ghaffar Khan an einer Konferenz progressiver Muslime in Agra teil. Er begegnete berühmten islamischen Führern wie Maulana Azad und nutzte die Gelegenheit, mit ihnen über sein Verständnis des Islam zu diskutieren. Er würde später rückblickend sagen: **„Es ist meine tiefste Überzeugung, dass der Islam Amal (Arbeit), Yakeen (Glaube) und Muhabat (Liebe) bedeutet und der Name ‚Muslim' ohne diese Eigenschaften wie eine blecherne Zimbel klingt."**[2]

Als Ghaffar Khan nach der Konferenz wieder an die Nordwest-Grenze Indiens zurückkehrte, entschloss er sich zu *Chilla* (Fasten), um göttliche Weisung zu bekommen, wie er das, was er über *Amal,*

Yakeen und *Muhabat* gepredigt hatte, in die Praxis umsetzen könnte. Niemand weiß, was während der *Chilla* tatsächlich geschah. Aber wir wissen, dass Ghaffar Khan nach diesem Fasten fest entschlossen war, Gott für den Rest seines Lebens mit allem, was er hatte, zu dienen.

1915 starb seine Frau, die er erst 1912 geheiratet hatte, an Grippe. Ghaffar Khan ging auf eine Pilgerreise, um jedes Dorf an der Nordwest-Grenze zu besuchen. Drei Jahre – und 500 Dörfer – später kehrte Ghaffar Khan nach Hause zurück und sagte:

In mir lebt eine tiefe Sehnsucht. Ich möchte diese sanften Menschen aus der Tyrannei der Fremden retten, die sie geschändet haben. Ich möchte die Erde küssen, wo ihre zerstörten Häuser einst standen. Ich möchte die Blutflecken aus ihren Kleidern waschen. Ich möchte eine freie Welt erschaffen, in der sie in Frieden leben und glücklich sein können.[3]

1919 wurde Ghaffar Khan von den britischen Behörden verhaftet, die in ihm eine Bedrohung für ihre Herrschaft in der Region sahen. Während der nächsten fünf Jahre wurde Ghaffar Khan wegen seines gewaltfreien Protests gegen die britische Besatzung immer wieder ins Gefängnis geworfen. Einmal musste er in Einzelhaft Mais mahlen. Seine Mithäftlinge boten ihm an, Schmiergeld für seine Freilassung zu bezahlen. Er aber lehnte ab. Der Gefängnisaufseher sagte ihm, er könne aufhören, Getreide zu mahlen, wenn er wolle. Darauf antwortete er: „Diebe mahlen Mais. Und ihre Sache ist unrein. Warum sollte es mir etwas ausmachen zu mahlen, wenn doch meine Sache vor Allah rein ist?“[4]

1924 wurde Ghaffar Khan nach dreijähriger Haft freigelassen und er nutzte die Gelegenheit zu einer Pilgerfahrt nach Mekka. Er war vom Leben des Propheten fasziniert und hier besonders von den frühen Jahren, die Mohammed in Mekka verbracht hatte. Nach seiner Hadsch war er bereit, den Kampf für die Freiheit mit der „Waffe des Propheten" aufzunehmen.

Er sagte: „**Die Waffe des Propheten ist Sabr und nicht ein Säbel." Sabr bedeutet wörtlich „Geduld"**, also: „Die Waffe des Propheten ist Geduld. Wenn du dich in Geduld übst und alle Mühsal erduldest, wird der Sieg am Ende dein sein. Keine Macht der Welt wird dir widerstehen können." Er zitierte den Koran und sagte: „Es gibt keinen Zwang in der Religion; vergib und sei duldsam; mache deine Almosen nicht durch Vorhaltungen und Beleidigungen zunichte; wer ein menschliches Wesen tötet – es sei denn in fahrlässiger Tötung –, so ist es, als ob er alle Menschen getötet hätte. Und wer es am Leben erhält, so ist es, als ob er alle Menschen am Leben erhält."[5]

1928 gründete Ghaffar Khan eine Zeitung mit dem Namen *Pakhtun*. Durch sie wollte er sein Volk für den lange andauernden Kampf mobilisieren. Ein Jahr später organisierte Ghaffar Khan eine der begeisterndsten, kreativsten und wirkungsvollsten Kampagnen für die Unabhängigkeit, die es jemals gegeben hat. Sie begann zuerst ganz unverfänglich damit, dass Khan die Paschtunen aufrief, sich ihm in einer Bewegung mit dem Namen *Khudai Khidmatgar* anzuschließen. Jeder Paschtune konnte Teil dieser Bewegung werden, vorausgesetzt, er schwor einen Eid, ein Diener Gottes zu werden:

Ich bin ein Khudai Khidmatgar. Weil Gott selbst meinen Dienst nicht braucht, gelobe ich, im Namen Gottes der Menschheit zu dienen.

Ich gelobe, mich von Gewalt und Rache fernzuhalten.

Ich gelobe, denen zu vergeben, die mich unterdrücken oder grausam behandeln.

Ich gelobe, mich nicht an Fehden und Streit zu beteiligen.

Ich gelobe, jeden Paschtunen als meinen Nachbarn und Freund zu behandeln.

Ich gelobe, ein einfaches Leben zu führen, Tugend zu praktizieren und mich des Bösen zu enthalten.

Ich gelobe, mich mindestens zwei Stunden täglich zu sozialer Arbeit zu verpflichten.[6]

Diese Idee war brillant, politisch klug und passte zu den kulturellen Gegebenheiten. Und die Paschtunen antworteten zu Tausenden auf den Aufruf Khans und versammelten sich unter dem Banner der Khidmatgar. Der Aufruf war derart erfolgreich, dass eine Zeit lang bis zu 100 000 Paschtunen – Männer wie Frauen – ihre berühmten roten Hemden anzogen und singend zur Arbeit in die Dörfer gingen:

Wir dienen und wir lieben unser Volk und unsere Sache.

Unsere Sehnsucht ist die Freiheit; unser Leben ist der Preis, den wir zahlen.[7]

Der Mut dieser Khudai Khidmatgar war legendär. Einmal befahl ein britischer Offizier einem Khidmatgar namens Faiz Mohammed, sein rotes Hemd auszuziehen. Dieser weigerte sich. Daraufhin befahl der Offizier seinen Soldaten, den Aufsässigen gewaltsam zu entkleiden. Faiz Mohammed leistete nicht gewaltsam Widerstand, aber er weigerte sich zu kooperieren. Neun Soldaten waren nötig, um ihm sein rotes Hemd auszuziehen. Und selbst dann mussten sie ihn erst bewusstlos schlagen. Bei einer anderen Gelegenheit ergriffen die Soldaten einen Khidmatgar namens Mohammed Naquib. Er wurde erbarmungslos geschlagen und sein Hemd hing nur noch in Fetzen an seinem Leib. Aber als ihm befohlen wurde, seine Hose auszuziehen, entschloss er sich zum Widerstand. Er machte Anstalten, sein Gewehr zu holen. Doch die Stimme seines Anführers ließ ihn innehalten. „Mohammed Naquib!", schrie dieser. „Ist deine Geduld so schnell am Ende? Du hast geschworen, bis zum Tod auf Gewalt zu verzichten!" Augenzeugen berichten, dass sich der gedemütigte Khidmatgar seinen Peinigern wieder zuwandte, nur noch mit innerer Stärke und Langmut bewaffnet, der „Waffe des Propheten".

In Kissa Khani Bazaar/Peshawar hatte sich einmal eine große Menschenmenge versammelt, um gegen die Brutalität der Briten zu protestieren. Die Truppen eines nahe gelegenen Armee-Stützpunktes forderten die Menge auf, sich aufzulösen. Als die Masse diesem Befehl langsam Folge leistete, rasten plötzlich drei bewaffnete Fahrzeuge ohne Vorwarnung mit voller Geschwindigkeit in die Menge. Mehrere Menschen waren auf der Stelle tot. Die Soldaten befahlen der Menge erneut, sich zu zerstreuen. Aber sie weigerten sich und antworteten, sie würden nur nach Hause gehen, wenn sich die bewaffneten Fahrzeuge zurückzögen und sie ihre gefallenen Kameraden mitnehmen könnten. Die Briten lehnten dies jedoch ab und verweigerten es den Menschen ebenfalls, ihre gefallenen Kameraden mitzunehmen. Dies führte dazu, dass auch die Menge sich nicht zerstreute. Daraufhin eröffneten die Truppen das Feuer und schossen wahllos auf die erste Reihe der Menschen. Als diese verwundet zusammenbrachen, trat die nächste Reihe vor und nahm ihren Platz ein. Von 11:00 Uhr morgens bis 17:00 Uhr nachmittags nahmen immer wieder die nächsten Khidmatgars den Platz ihrer gefallenen Kameraden ein, entblößten ihre Oberkörper und wurden von den Truppen erschossen. Zwischen 200 und 300 Menschen verloren an diesem Tag ihr Leben – weitaus mehr wurden verwundet – und der Bazar war mit toten und sterbenden Körpern übersät. Eine Eliteeinheit der *Garhwal Rifles* wurde nun hinzugerufen. Aber angesichts der unbewaffneten Männer und Frauen, die sich weigerten zu kämpfen, verweigerten sie es zu schießen. „Wir werden nicht auf unsere unbewaffneten Brüder schießen!", sagten sie. Dies war der Anfang vom Ende der britischen Besatzung.[8]

Kurze Zeit später wurde Ghaffar Khan verhaftet. Zwischen 1930 und 1945 kämpfte er die meiste Zeit vom Gefängnis aus für die Unabhängigkeit seines Landes. Nach der Unabhängigkeit wurde Ghaffar Khan aus dem Gefängnis entlassen – doch er wurde gleich wieder verhaftet und ins Gefängnis geworfen, diesmal von der pakistanischen Regierung.

Ghaffar Khan hatte Maulana Azad in dessen Kampf für ein liberales, säkulares, geeintes demokratisches Land immer unterstützt. Dadurch geriet er in Konflikt mit Muhammad Ali Jinnah und der Moslemliga, die einen muslimischen Staat gründen wollten.

Khan sagte, er fürchte einen Staat, der auf dem Fundament der Religion errichtet sei – gleichgültiger, welcher Religion –, denn dies würde immer die Unterdrückung von Minderheiten zur Folge haben. Als Jinnah ihm vorwarf, er würde seine Religion nicht ernsthaft leben, antwortete Khan: „Ich habe (meinen) Säkularismus aus dem Koran gelernt, Sharif." Doch der Präsident des „Landes der Reinen" war anderer Ansicht. Und in der Folge wurde der gefürchtete Dissident gezwungen, den größten Teil seines restlichen Lebens – von 1948 bis 1988 – entweder im Gefängnis in Pakistan oder im afghanischen Exil zu verbringen, wo er dann schließlich auch starb.

Als die Friedensnobelpreisträgerin Malala Yousafzai – die mutige junge pakistanische Menschenrechtsaktivistin, die von den Taliban beinah ermordet worden war – eine Rede vor den Vereinten Nationen hielt, bezog sie sich konkret auf Mohammed, Jesus, Buddha und andere, darunter auch Badshah Khan. Sie sagte:

Liebe Freunde, am 9. Oktober 2012 schossen mir die Taliban in die linke Seite meiner Stirn. Sie schossen auch auf meine Freunde. Sie dachten, Kugeln würden uns zum Schweigen bringen. Und dann erhoben sich aus dieser Stille Tausende Stimmen. Die Terroristen dachten, sie könnten unsere Pläne ändern und unseren Absichten Einhalt gebieten, aber in meinem Leben hat sich nichts verändert – bis auf eines: Schwäche, Angst und Hoffnungslosigkeit sind tot. Stärke, Kraft und Mut wurden geboren. Ich bin die gleiche Malala. Meine Absichten sind die gleichen. Meine Hoffnungen sind die gleichen. Meine Träume sind die gleichen.

Liebe Schwestern und Brüder, ich bin nicht gegen jemanden. Auch stehe ich hier nicht, um zu persönlicher Rache gegen die Taliban oder andere terroristische Gruppierungen aufzurufen. Ich stehe hier, um dafür aufzurufen, dass jedes Kind ein Recht auf Bildung hat. Ich möchte, dass alle Söhne und Töchter der Extremisten, insbesondere der Taliban, Bildung erhalten können.

Ich hasse auch den Talib nicht, der auf mich geschossen hat. Hätte ich ein Gewehr in meiner Hand und er würde vor mir stehen, ich würde nicht auf ihn schießen. Dieses Erbarmen habe ich von Mohammed (dem Propheten der Gnade), von Jesus Christus und Buddha gelernt… Dies ist die Philosophie der Gewaltfreiheit, die ich von (Mahatma) Gandhi, Badshah Khan und Mutter Teresa übernommen habe. Und zu vergeben habe ich von meiner Mutter und meinem Vater gelernt.

Meine Seele sagt mir: Sei friedfertig und liebe jeden.

Wir alle, die wir uns dem entschlossenen, aber dennoch sanften Kampf für Gerechtigkeit und gegen Ungerechtigkeit verschrieben haben, täten gut daran, den Schwur Badshah Khans aufzugreifen und „ein Diener Gottes“ zu werden:

Ich bin ein Khudai Khidmatgar. Weil Gott selbst meinen Dienst nicht braucht, gelobe ich, im Namen Gottes der Menschheit zu dienen.

Ich gelobe, mich von Gewalt und Rache fernzuhalten.

Ich gelobe, denen zu vergeben, die mich unterdrücken oder grausam behandeln.

Ich gelobe, mich nicht an Fehden und Streit zu beteiligen.

Ich gelobe, jeden Paschtunen als meinen Nachbarn und Freund zu behandeln.

Ich gelobe, ein einfaches Leben zu führen, Tugend zu praktizieren und mich des Bösen zu enthalten.

Ich gelobe, mich mindestens zwei Stunden täglich zu sozialer Arbeit zu verpflichten.[9]

Die innere Dynamik dieses Dschihad

1. *Handele im Sinne Gottes:* Im Geist von *Bismillah.*
2. *Setze dich für den Islam ein:* Wahrer *Yakeen* (Glaube).
3. *Verkörpere den Islam:* Echte *Muhabat* (Liebe).
4. *Lebe den Islam vor:* Harte *Amal* (Arbeit).
5. *Gib großzügig:* Allen Paschtunen und schließe niemanden aus.
6. *Vergib gnädig:* Entsage Auseinandersetzungen und Grausamkeit.
7. *Lebe einfach:* Erleide den Verlust vieler Dinge.
8. *Diene der Menschheit:* Das ist es, was wirklich zählt.

Die äußeren Dynamiken dieses Dschihad

1. *Starte eine Bewegung*: Freiheit von Tyrannei.
2. *Mobilisiere Mitstreiter: Khudai Kidmatgar.*
3. *Gewährleiste Hingabe:* Durch das Ablegen eines Eides.
4. *Gewährleiste richtiges Verhalten*: Gewaltfreier Verhaltenskodex für Kämpfer.
5. *Kritisiere den Status quo:* Auf vielfältige Weise.
6. *Zeige Alternativen auf*: Gesellschaftliche Programme.
7. *Leiste Ungerechtigkeit Widerstand*: Öffentliche Demonstrationen.
8. *Akzeptiere Konsequenzen*: Gefängnis, Folter, Tod.
9. *Praktiziere Vergebung*: Nimm niemals Rache.
10. *Übe dich in Geduld:* „Die Waffe des Propheten".

Leymah Gbowee: „Wir müssen die Frauen zusammenrufen und für Frieden beten!"

Leymah Gbowee wurde 1972 in Monrovia, Liberia, geboren. Sie besuchte eine Privatschule, engagierte sich in der dortigen Schülervertretung und träumte davon, Ärztin zu werden. 1989 brach der erste liberianische Bürgerkrieg aus und stürzte das Land ins Chaos. Alle ihre Träume wurden zerstört. Tausende Menschen wurden ermordet und viele Frauen vergewaltigt. Leymah floh gemeinsam mit ihrer Mutter und ihren Schwestern in einem Boot nach Ghana. Da sie dort im Flüchtlingslager beinahe verhungert wäre, entschloss sie sich, trotz der Risiken wieder nach Liberia zurückzukehren.

„Als der Krieg endete", sagt Leymah Gbowee, „erfuhr ich von einem UNICEF-Programm, in dem Menschen zu Sozialarbeitern ausgebildet werden, um traumatisierten Kriegsopfern helfen zu können."[10] Dieser Kurs half Leymah, eine Verbindung zwischen der Gewalt herzustellen, die sie zu Hause in mehreren missbräuchlichen Beziehungen erlebt hatte, und der Gewalt, die andere Frauen im Krieg von Regierungstruppen und Guerillamilizen erlitten hatten. Aus diesem Solidaritätsempfinden heraus begann Leymahs Kampf für Frieden und Gerechtigkeit.

1998 schrieb sie sich für ein Studium in Geisteswissenschaften ein und arbeitete als Freiwillige im Trauma-Heilungs- und Versöhnungsprogramm (THRP) mit. Dieses Programm wurde von der lutherischen Kirche St. Peter in Monrovia geleitet, die sie schon als Teenager besucht hatte. Seit Beginn des Bürgerkrieges war diese Gemeinde aktiv an den Friedensbemühungen beteiligt, und Leymah bekam die Aufgabe zugewiesen, ehemaligen Kindersoldaten bei der Wiedereingliederung zu helfen.

1999 brach der zweite liberianische Bürgerkrieg aus und stürzte das Land erneut ins Chaos. Angesichts eines weiteren „Kriegs der Jungen" erkannte Leymah Gbowee, „dass wir bei den Müttern beginnen müssen, wenn sich in unserer Gesellschaft irgendetwas verändern soll".[11] Ihr Mentor bei THRP – Leymah nannte ihn BB – ermutigte sie, sich mit Friedensarbeit zu beschäftigen. Sie sollte mit John Howard Yoders Buch *The Politics of Jesus*, den Werken von Mahatma Gandhi und Martin Luther King und „dem äthiopischen Autor und Konflikt- und Versöhnungsexperten Hizkias Assefa" beginnen.[12]

BB machte sie auch mit WANEP bekannt, dem westafrikanischen Dachverband für friedensengagierte NGOs.[13]

„WANEP versuchte aktiv, Frauen für die Mitarbeit zu gewinnen, und ich wurde zu einer Konferenz nach Ghana eingeladen", erzählt Leymah Gbowee.[14] Durch WANEP lernte Leymah wiederum Thelma Ekiyor aus Nigeria kennen, eine Rechtsanwältin, die sich auf alternative Konfliktlösungen verstand.[15] Thelma berichtete Leymah von ihrer Idee, eine Frauenorganisation zu gründen. „Thelma war eine Denkerin und Visionärin wie BB. Aber sie war auch eine Frau wie ich."[16] Innerhalb eines Jahres gelang es Thelma, die Unterstützung von WANEP zu bekommen, um das *Women in Peacebuilding Network* (WIPNET, Netzwerk Frauen als Friedensstifter) zu gründen, und Leymah Gbowee übernahm die ehrenamtliche Leitung von WIPNET in Liberia.

2002 beschäftigte Leymah Gbowee – sie hatte fünf Kinder, „darunter eine Adoptivtochter namens Lucia Malou, die in der Obhut ihrer Schwester in Ghana lebte"[17] – sich tagsüber mit der Traumaheilung und verbrachte ihre Abende in der Friedensarbeit. „Eines Abends schlief sie im WIPNET-Büro ein und hatte einen Traum, in dem Gott ihr sagte: **‚Versammle die Frauen und betet gemeinsam für Frieden!'**"[18]

Leymah Gbowee war zwar davon überzeugt, die Stimme Gottes gehört zu haben, nicht aber, dass sie für diese Aufgabe bestimmt war. „Sie hatte nicht das Gefühl, würdig zu sein. Schließlich lebte sie mit einem Mann zusammen, der mit einer anderen Frau verheiratet war. Sie dachte: ‚Wenn Gott mit jemandem spricht, der in Liberia lebt, dann mit Sicherheit nicht mit mir!' Ihre Freunde halfen ihr aber zu verstehen, dass diese Aufgabe nicht für andere gedacht war, sondern dass Gott sie berufen hatte, aktiv zu werden."[19]

Also organisierte Leymah Gbowee eine Friedensgebetskampagne. Da der Krieg zwischen dem „christlichen" Präsidenten und einer „muslimischen" Opposition geführt wurde, arbeitete Leymah, selbst Christin, bei dieser Aktion bewusst mit Asatu zusammen, einer muslimischen Frau. Beide begannen, „am Freitagmittag nach dem Gebet in die Moscheen, am Samstagmorgen auf die Marktplätze und jeden Sonntag in zwei Kirchen zu gehen".[20]

Die Mitglieder der *Women of Liberia Mass Action for Peace*-Bewegung arbeiteten über Religionsgrenzen hinweg („Kann eine Kugel zwischen Christen und Muslimen unterscheiden?“)[21] und „begannen, mit einigen Frauen auf einem Fischmarkt zu beten und zu singen“.[22] Daraus entwickelte sich eine Massenbewegung von Tausenden von christlichen und muslimischen Frauen, die sich über Monate in Monrovia versammelten. „Sie beteten muslimische und christliche Gebete für den Frieden. Jeden Tag fanden gewaltfreie Demonstrationen und Sitzblockaden statt, obwohl Präsident Charles Taylor diese verbot.“[23]

Um mehr Aufmerksamkeit zu erregen, „trugen alle Frauen weiße T-Shirts mit dem Friedenssymbol und weiße Schleifen im Haar“.[24] Sie verteilten Flugblätter, auf denen zu lesen war: „Wir sind es leid! Wir sind es leid, dass unsere Kinder ermordet werden! Wir sind es leid, vergewaltigt zu werden! Frauen, wacht auf – erhebt eure Stimme für den Frieden!“ Und weil es im Land auch viele Frauen gibt, die nicht lesen können, „verteilten sie einfache Zeichnungen, die ihre Ziele erklärten“.[25]

Sie weiteten ihre Proteste aus und traten auch in einen Sexstreik. **Die Frauen drohten, ihren Partnern den Sex so lange zu verweigern, bis die Männer aufhörten zu kämpfen,** die Waffen niederlegten und Frieden schlossen. Leymah Gbowee sagt: „Der (Sex-)Streik dauerte einige Monate. Er hatte kaum konkrete Auswirkungen, war aber enorm wertvoll und brachte unserer Kampagne große mediale Aufmerksamkeit.“[26]

Am 23. April 2003 gewährte Taylor den Frauen schließlich eine Anhörung. „Mehr als 2000 Frauen versammelten sich vor seinem Amtssitz“ und Leymah Gbowee wurde zu ihrer Sprecherin ernannt. Sie sagte:

Wir sind des Krieges müde. Wir sind es müde wegzulaufen. Wir wollen nicht länger um Weizen betteln. Wir haben es satt, dass unsere Kinder vergewaltigt werden. Wir stehen heute hier, um die Zukunft unserer Kinder zu sichern. Denn als Hüter unserer Gesellschaft glauben wir Mütter, dass unsere Kinder uns morgen fragen werden: „Mama, welche Rolle hast du denn während dieser Krise gespielt?"[27]

An diesem Tag verfolgten sie nur ein Ziel: dem Präsidenten das Versprechen abzuringen, in Ghana Friedensgespräche mit den Rebellengruppen LURD und MODEL zu beginnen, die gegen seine Regierung kämpften. Und sie hatten Erfolg. Doch die Friedensgespräche zogen sich ohne jeglichen Fortschritt über die Monate Juni und Juli hin, während in Liberia das Töten, Plündern und Vergewaltigen ungehindert weiterging. Also hielt Leymah Gbowee mit einer Gruppe von mehreren Hundert liberianischen Frauen (viele von ihnen Flüchtlinge in Ghana) eine Sitzblockade im Verhandlungshotel ab. Sie hielten schweigend Plakate hoch, auf denen in großen Lettern stand: „Schlächter und Mörder des liberianischen Volkes – STOPP!"[28]

Die Frauen erklärten, sie würden so lange in den Gängen sitzen bleiben und die Delegationen „gefangen halten", bis ein Friedensabkommen unterzeichnet worden sei. General Abubaka (ein ehemaliger Präsident Nigerias) zeigte Sympathie für die Frauen und verkündete mit einem Lächeln: „Die Halle des Friedens wurde von General Leymah und ihren Truppen besetzt." Als die Männer das Gebäude verlassen wollten, drohten Leymah und ihre Verbündeten, sich die Kleider vom Leib zu reißen: „Es ist in Afrika ein fürchterlicher Fluch, wenn sich eine verheiratete oder ältere Frau absichtlich entblößt." Mit der Unterstützung Abubakars blieben die Frauen während der nächsten Tage vor dem Verhandlungsraum sitzen, um sicherzustellen, dass die „Atmosphäre der Friedensgespräche nicht länger an einen Zirkus erinnerte, sondern ernsthaft wurde".[29]

Wenige Wochen später – am 18. August 2003 – endete der liberianische Bürgerkrieg offiziell mit der Unterzeichnung des *Accra Comprehensive Peace*-Abkommens.[30] **„Die Aktionen dieser Frauen markierten den Anfang vom Ende des Bürgerkrieges.**"[31] Ein Bestandteil der Friedensvereinbarungen war das Exil von Präsident Charles Taylor und die Wahl und Amtseinführung von Ellen Johnson Sirleaf als erster demokratisch gewählter Präsidentin Afrikas.

2011 wurden Leymah Gbowee und Ellen Johnson Sirleaf (zusammen mit Tawakei Karmen) „für ihren gewaltfreien Kampf für die Sicherheit der Frauen und deren Recht, gleichberechtigt an den Friedensbemühungen teilzuhaben, mit dem Friedensnobelpreis ausgezeichnet".[32]

Leymah Gbowee „setzte ihre Arbeit für Frieden und Konfliktlösung fort und leitet nun die ‚Liberia Reconciliation Initiative' als eine von sechs Organisationen, die den Weg zu einer Friedenslösung geebnet und angeführt haben. Sie ist die Vorsitzende der ‚Gbowee Peace Foundation Africa' mit Sitz in Monrovia und arbeitet zudem als leitende Direktorin des ‚Women, Peace and Security Network Africa' (WIPSEN-Africa)."[33]

Wir alle, die wir uns dem entschlossenen, aber dennoch sanften Kampf für Gerechtigkeit und gegen Ungerechtigkeit verschrieben haben, täten gut daran, uns die Dokumentation *Pray the Devil Back to Hell* („Den Teufel zurück in die Hölle beten") über Leymah Gbowee und die religionsübergreifende Frauen-Friedensbewegung Liberias anzuschauen. Wir können aus ihrer Geschichte viel für unseren Kampf lernen.

Die inneren Dynamiken dieses Dschihad

1. *Höre auf Gott:* Gott sagt: „Du musst handeln.“
2. *Schritt 1:* Lebe mit den Menschen.
3. *Schritt 2:* Höre den Menschen zu.
4. *Schritt 3:* Lerne von den Menschen.
5. *Schritt 4:* Beschäftige dich mit den aufgeworfenen Fragen.
6. *Schritt 5:* Suche nach gewaltfreien Lösungsmöglichkeiten.
7. *Schritt 6:* Suche nach Alternativen zum Krieg.
8. *Schritt 7:* Setze dich betend für den Frieden ein.

Die äußeren Dynamiken dieses Dschihad

1. *Bündnisse schließen:* Um Frieden zu stiften.
2. *Netzwerke bauen:* Indem man Brücken baut.
3. *Religionen zusammenbringen:* Christen und Muslime.
4. *Gemeinsam beten:* Für den Glauben daran, einen Bürgerkrieg beenden zu können.
5. *Proteste:* Sitzblockaden, Sexstreiks.
6. *Sich Anweisungen widersetzen:* Etwas unterlassen, zerstreuen und schweigen.
7. *Feinde konfrontieren:* Regierung und Guerillas.
8. *Versammlungen möglich machen:* Damit die Gegner miteinander reden.
9. *Die Verhandlungspartner überzeugen:* Um eine Friedensvereinbarung zu erreichen.
10. *Die Ergebnisse überwachen:* Exil des Diktators, Einführung der Demokratie.

Muhammad Ashafa: Ein Gott, gemeinsame Werte und moralische Grundsätze

Muhammad Ashafa wurde als Sohn einer strenggläubigen muslimischen Familie in Mani, einer Stadt im Bundesstaat Katsina State/Nordnigeria, geboren. Er war der älteste Sohn eines Islamgelehrten und *Tidschānīya*-Anführers und entstammt einer langen Ahnenreihe von Imamen, die seit 13 Generationen Widerstand gegen die Kolonialisierung leisteten.

Muhammad Ashafa erzählt, dass er nicht der Sufi-Tradition seines Vaters gefolgt sei, weil sie rein spirituell und anti-materialistisch war. Politik war in ihren Augen eine schmutzige Angelegenheit. Stattdessen wurde der junge Muhammad, wie viele seiner Generation, durch salafistische Prediger aus Saudi-Arabien, die Muslimbruderschaft Ägyptens und die Islamische Revolution im Iran beeinflusst. Er schloss sich einer extremistischen Reformbewegung an, die sich der vollkommenen Islamisierung des nördlichen Nigerias und der Vertreibung aller Nichtmuslime verpflichtet sah. Muhammad Ashafa wurde zum Generalsekretär des *Muslim Youth Councils* (MYCs) gewählt, „das die Gewalt in den Norden des Landes trug. Das wiederum führte dazu, dass die Christen der Region eine entsprechende Organisation gründeten, die ‚Youth Christian Association of Nigeria' (YCAN)."[34]

James Wuye, der Vorsitzende der YCAN im Kaduna Distrikt, war militanter Pastor der *Assemblies of God* und Sohn eines Soldaten, der im Biafra-Krieg gedient hatte. Er war zunehmend in die kämpferischen Auseinandersetzungen zwischen Christen und Muslimen verwickelt worden: **„Mein Hass auf Muslime war grenzenlos.**" James hasste es, zusehen zu müssen, wie Christen von Muslimen eingeschüchtert wurden. „Also meldete er sich jedes Mal, wenn Muslime beschuldigt wurden, einen gewalttätigen Konflikt in Kaduna begonnen zu haben, zu einem Gegenangriff."[35] Während einer der Auseinandersetzungen rivalisierender Kämpfer von MYC und YCAN, die von Muhammad und James angeführt wurden, wurden der Mentor von Muhammad und zwei seiner Cousins umgebracht, und James verlor seinen rechten Arm.[36] Beide schworen, Rache zu üben und den anderen bei nächstbester Gelegenheit umzubringen.

Muhammad besuchte regelmäßig das Freitagsgebet. Einmal predigte ein Imam über den Aufruf im Koran, keine Rache zu üben, sondern den Feinden zu vergeben. Er spürte an diesem Tag, dass Allah zu ihm sprach und ihm gebot, James zu vergeben.[37] Kurz darauf nutzte Idriaz Musa, ein gemeinsamer Freund, die Gelegenheit, Muhammad und James zusammenzubringen. Idriaz, der mit muslimischen und christlichen Jugendgruppen in der Drogenprävention arbeitete, lud beide zu einer Versammlung zum Thema „Drogenmissbrauch" ein. James erzählt darüber:

Er brachte uns während der Kaffeepause zusammen, nahm unsere Hände, legte sie übereinander und sagte: „Ich weiß, ihr beide könnt Frieden schließen. Ich möchte, dass ihr miteinander redet." Dann ließ er uns stehen. Wir hielten unsere Hände und schauten einander verwirrt in die Augen. (Muhammad) schlug ein gemeinsames Treffen vor. Ich gab ihm meine Büroadresse. Er kam und so begann die Reise.[38]

Zu Beginn war James Wuye Muhammad Ashafa gegenüber äußerst misstrauisch. Er dachte, Muhammad wolle ihn in einen Hinterhalt locken und Rache üben. James sagte, schließlich „sah Muhammad auch aus wie ein Fanatiker", und Fanatiker töten bedenkenlos. Muhammad besuchte jedoch die Mutter von James, als diese im Krankenhaus lag, und kam zur Beerdigung, als sie starb, um ihr die letzte

Ehre zu erweisen. Genauso sanftmütig gewann Muhammad allmählich James' Vertrauen und Freundschaft.[39]

1995 ging aus der Freundschaft dieser beiden ehemaligen Feinde das *Interfaith Mediation Center* (IMC) im Distrikt Kaduna/Nordnigeria hervor. Zu Beginn standen Muslime und Christen dem IMC äußerst misstrauisch gegenüber. Muhammad sagte, **die Vorurteile über Christen „sind im Herzen vieler Muslime tief verankert.** Wir sind mehr als eine Milliarde und viele von uns wurden von Kindheit an von diesen Vorurteilen und den Verdächtigungen geprägt".[40]

Dennoch arbeiteten sie zusammen. Und genau wie Muhammad das Misstrauen von James langsam überwand, so überwanden „der Imam und der Pastor" – wie sie nun genannt wurden – das Misstrauen ihrer Glaubensgemeinschaften. Was sie teilten, war ihr Glauben „an einen Gott, an gemeinsame Werte und moralische Grundprinzipien".[41]

Das IMC veranstaltete Seminare und Workshops an Schulen und Universitäten zu Themen wie „Demokratie" oder „interreligiöser Dialog". Religion ist „ein wichtiger Faktor der Wiederannäherung und Bestandteil ihrer Methode". Das IMC arbeitet mit religiösen und politischen Führern, Männern, Frauen und Jugendlichen zusammen und bildet sie in Mediation und Konfliktlösung aus.[42]

Häufig werden ausgebildete Teams des IMC zur Vermittlung in Konfliktsituationen eingesetzt. Frauen werden als Mediatoren ausgebildet und ebenfalls zur Konfliktintervention eingesetzt. (Das IMC hat) ein Schulcurriculum entwickelt, das den Religionsfrieden fördern soll und im Norden Nigerias in über 30 Schulen eingesetzt wird. Weiterhin veranstalten sie regelmäßige Friedenscamps mit dem Ziel, negative Feindbilder unter radikalen Jugendlichen abzubauen.[43]

Während der vergangenen 20 Jahre hat das IMC mit seinen mehr als 10 000 Mitgliedern Zugang zu Milizen bekommen und bildet diese zu Friedensaktivisten aus.[44]

Muhammad Ashafa und James Wuye arbeiten auch außerhalb der sicheren Hauptstadt, um überall in Nigeria zwischen Konfliktparteien zu vermitteln. Zwei ihrer wichtigsten Erfolge sind der Beitrag zum Abbau der Konflikte in Kaduna (2002) und in Yelwa (2004). Aufgrund der gemeinsamen Initiativen von Muhammad Ashafa und James Wuye „wurde ein Friedensabkommen unterzeichnet, das von den verschiedenen christlichen und muslimischen Vertretern getragen" wurde. „Diese Friedenserklärung (*Kaduna Peace Declaration of Religious Leaders*) gilt noch heute als Modell für den religiösen Frieden im Norden von Nigeria."[45]

Als im September 2005 „durch die Veröffentlichung von Mohammed-Karikaturen in der dänischen Tageszeitung *Jyllands-Posten* im Norden Nigerias ein regionaler Konflikt ausbrach, vermittelten Muhammad Ashafa und James Wuye schon einige Stunden nach seinem Ausbruch zwischen den verfeindeten Parteien. Sie überzeugten die christlichen Anführer davon, diese Karikaturen öffentlich zu verurteilen, womit eine mögliche Eskalation mit vielen Toten vermieden werden konnte. In anderen muslimischen Ländern brachen Aufstände aus, viele Christen wurden angegriffen, und mehr als 200 Menschen kamen ums Leben.[46]

Da es aktuell so viele Konflikte weltweit gibt, sind Muhammad Ashafa und James Wuye sehr gefragt. Sie führen regelmäßig Trainings in religionsübergreifender Konfliktlösung für Muslime und Christen durch – nicht nur in Nigeria, sondern auch in Kenia, dem Sudan (Nord und Süd), Burundi, Ghana, Sierra Leone und dem Libanon. Muhammad und James „haben es geschafft, ihre Botschaft der friedlichen Konfliktlösung in alle Winkel dieser Erde zu tragen".[47]

Die Arbeit von Muhammad Ashafa brachte ihm den Titel eines „der weltweit einflussreichsten Muslime" ein, und die Arbeit, die er gemeinsam mit James Wuye leistet,

erhielt zahlreiche Auszeichnungen, unter anderem die Heroes of Peace-*Auszeichnung in Burundi; den* Peace Activist Award *des* Tanenbaum Center of Interreligious Understanding*; einen Ehrendoktortitel für Philosophie an der Universität von Kalkutta, Indien; die Auszeichnung* Search for Common Ground on Interfaith Cooperation *in den USA; den* Bremer Friedenspreis *der Stiftung* die Schwelle *und den* Hessischen Friedenspreis.[48]

Erst kürzlich schrieb Imam Mohamed Magid einen offenen Brief an alle Muslime weltweit. Darin ermutigte er, dem Vorbild von Muhammad Ashafa und James Wuye zu folgen:

Im Namen Gottes des All-Gnädigsten, All-Erbarmendsten.

Liebe Brüder und Schwestern im Islam.

Schreckliche Gewalttaten fordern von uns Muslimen und von den Menschen jeden Glaubens weltweit, uns gegen all jene zu erheben, die solche schrecklichen Taten begehen. Keine Form von Gewalt darf ignoriert werden. Menschenrechtsverletzungen werden heute über sämtliche Landesgrenzen hinweg begangen. Unabhängig davon, was die Täter solcher Verbrechen ihren Gegnern vorwerfen: Sicherheit ist ein Menschenrecht, und wir alle müssen uns erheben und dieses Recht aller Menschen schützen. „Steht auf für Gerechtigkeit, auch wenn es sich gegen euch selbst richtet" (Koran 4:135).

Es sind diejenigen, die den wahren Islam kennen, die sich trotz all unserer Unterschiedlichkeit in Friedensgesprächen engagieren und solche Gewalttaten von ganzem Herzen verurteilen. Als hingegebene Gläubige erkennen wir, dass Ungerechtigkeit in einem Teil der Welt niemals durch andere Ungerechtigkeiten beendet werden kann. Menschliches Leben ist heilig, und das Leben eines anderen Menschen zu nehmen, um eine politische Agenda durchzusetzen, sollte nie hingenommen werden. Gewalt ist niemals die Antwort. Wir müssen eine Gemeinschaft erschaffen, in der Harmonie herrscht und alle Achtung voreinander haben.

Dies ist das Vorbild unseres Propheten Muhammad (Friede sei mit ihm) und dies sind auch die Lehren unseres Glaubens. An einem Punkt unserer Geschichte wurden Muslime verfolgt und mussten aus ihren Häusern fliehen. **Wir müssen uns daran erinnern, dass es der gnädige christliche König von Abessinien war, der seine Arme öffnete und die Muslime in seinem Land aufnahm,** *damit sie dort unter seinem Schutz in Sicherheit leben. Er half uns, die Tradition unseres Propheten und die friedliche und liebevolle Religion des Islam zu bewahren. Muslime müssen sich diesen König immer wieder zum Vorbild nehmen, wenn sie mit Menschen anderer Glaubensüberzeugungen zu tun haben. Umar ibn al-Chattab, der zweite Führer der muslimischen Gemeinschaft, entschloss sich aus Respekt vor den Christen, nicht in einer Jerusalemer Kirche zu beten, um Muslimen damit nicht den Eindruck zu vermitteln, sie hätten irgendeine Berechtigung, diese Kirche in Zukunft einmal zu übernehmen. Er lehrte uns, dass Muslime die Verantwortung haben, die Religionen und religiösen Gotteshäuser in den Ländern zu beschützen, in denen sie die Mehrheit oder auch Minderheit stellen.*

Der geliebte Prophet (Friede sei mit ihm) sagte: „Am Tag des Gerichts werde ich jeden anklagen, der die Rechte der Menschen des Buches verletzt." Niemand unter uns möchte von unserem geliebten

Propheten und Lehrer angeklagt werden. Wir teilen mit euch die Worte unseres geliebten Propheten Muhammad ibn Abdullah:

„Dies ist eine Botschaft von Muhammad ibn Abdullah,

über eine bindende Verpflichtung mit den Menschen nah und fern, die den christlichen Glauben angenommen haben.

Wahrlich, ich, die Diener, Helfer und meine Nachfolger verteidigen sie, denn die Christen sind meine Mitbürger; und bei Gott! Ich stelle mich gegen alles, was ihnen missfällt.

Es soll keinerlei Druck auf sie ausgeübt werden. Auch sollen ihre Richter nicht an der Ausübung ihrer Arbeit gehindert und ihre Mönche nicht aus ihren Klöstern vertrieben werden.

Niemand soll eines ihrer Gotteshäuser zerstören, es beschädigen oder etwas daraus in die Häuser der Muslime tragen. Nimmt jemand etwas mit, bricht er Gottes Bund und widersetzt sich seinem Propheten.

Wahrlich, sie sind meine Verbündeten und haben meine Unterstützung gegen alles, was sie hassen. Es soll sie niemand zur Ausreise oder zum Kampf zwingen. Die Muslime sollen für sie kämpfen.

Wird eine Christin einem Muslim verheiratet, darf das nicht ohne ihre Zustimmung geschehen. Sie soll nicht gehindert werden, zum Gebet in ihre Kirche zu gehen.

Ihre Kirchen sollen geachtet werden. Sie sollen weder gehindert werden, diese zu reparieren noch die Heiligkeit ihres Bundes zu praktizieren.

Niemand im Land (der Muslime) soll diesem Bündnis bis zum Letzten Tag (Ende der Welt) ungehorsam sein.“

Wir nehmen uns ein Beispiel an denen vor uns – wie dem König von Abessinien – und schauen auf die heutigen Beispiele unter uns – wie

Pastor James Wuye und sein Freund, der Imam Muhammad Ashafa. Beide verloren in Nigeria in jungen Jahren während gewaltsamer Auseinandersetzungen durch den jeweils anderen ihre Angehörigen. Nach jahrelangen Rachefeldzügen wurden beide miteinander versöhnt und legten ihr Verlangen nach Rache ab. Stattdessen entschieden sie sich für die Hoffnung auf Harmonie und Frieden. Heute haben sie als Freunde mit unterschiedlichen Glaubensüberzeugungen in Nigeria das Interfaith Mediation Center of the Muslim-Christian Dialogue Forum *ins Leben gerufen. Wir müssen ihrem Mut und ihrer Entschlossenheit, das Böse zu überwinden, folgen und nacheifern. Das ist die Lehre all unserer Glaubensrichtungen und der Weg zu einem friedlichen Zusammenleben.*[49]

Wir alle, die wir uns dem entschlossenen, aber dennoch sanften Kampf für Gerechtigkeit und gegen Ungerechtigkeit verschrieben haben, täten gut daran, uns die Dokumentation *Der Imam und der Pastor* über Imam Ashafa und Pastor Wuye und ihre religionsübergreifende Konfliktlösung anzuschauen. Wir können aus ihrer Geschichte einiges für unseren eigenen Kampf lernen.

Die inneren Dynamiken dieses Dschihad

1. *Betone die Bedeutung des Geistes:* Wichtiger als Politik.
2. *Bete:* Im Geist von *Bismillah.*
3. *Höre auf Gott:* Verkünde *as-salāmu 'alaikum* (Friede sei mit dir/euch).
4. *Misstraue Schubladendenken:* Schau über Vorurteile hinaus.
5. *Ergreife die Initiative:* Verlasse deinen Wohlfühlbereich.

6. *Such die Begegnung mit anderen Menschen:* Lerne die „anderen" persönlich kennen.
7. *Übe Gnade:* „Freunden" und „Feinden" gegenüber.
8. *Glaube:* An das Erbarmen eines gemeinsamen Gottes.

Die äußeren Dynamiken dieses Dschihad

1. *Suche Frieden:* In jeder Situation mit jedermann.
2. *Suche den Kontakt:* Besuche deine „Feinde".
3. *Drücke Mitgefühl aus:* Kümmere dich um sie und ihre Familien.
4. *Vertiefe die Beziehung:* Lade sie zu einem Gegenbesuch ein.
5. *Stärke die Gemeinsamkeiten:* Werde ein Freund deiner „Feinde".
6. *Würdige die Freundschaft:* Als Modell für Versöhnung.
7. *Ermögliche Training:* Um Menschen in Konfliktlösung auszubilden.
8. *Setze Freiwillige ein:* Um in Konfliktsituationen zu vermitteln.
9. *Ermögliche Dialog:* Zwischen Christen und Muslimen.
10. *Verhandle Abkommen:* Formale Friedensvereinbarungen.

SCHLUSSFOLGERUNG

DER JESUS-DSCHIHAD AUF DEN PUNKT GEBRACHT

Das Himmelreich auf Erden

Mit Jesus-Dschihad ist der Kampf gemeint, dessen Ziel es ist, das Himmelreich auf Erden sichtbar zu machen – gewissermaßen den Himmel hier auf diese Welt zu holen.

Jesus erklärte, dass sein Reich nicht von dieser Welt ist.[1] Sein Reich ist kein aufgezwungener, politischer, christlicher oder islamischer Staat, der von Eliten regiert wird, sondern eine freiwillige, geistliche Gemeinschaft, in die jeder eingeladen ist und in der alle gleich sind.

Jesus sagte auch: „Mein Königtum ist nicht von dieser Welt. Wenn es von dieser Welt wäre, würden meine Leute kämpfen", und zwar mit Gewalt, wie in jedem anderen irdischen Reich auch.[2] Es ist *in* dieser Welt, aber nicht *von* dieser Welt.[3] Es ist nicht etwas, das wir anderen Menschen aufzwingen, sondern etwas, das wir persönlich vorleben. Damit leben wir etwas vom „Himmel auf Erden" vor, wenn auch nur begrenzt und/oder vorübergehend. In der Bergpredigt können wir nachlesen, wie dieses Leben aussehen sollte.

Wenn wir genau hinschauen, werden wir merken, dass die erste und die letzte Seligpreisung von der Erfahrung des „Himmelreiches" sprechen, über das, was ich als *Königreich* – *ummah* – oder

Gemeinschaft Gottes bezeichnen würde. Vers 5 scheint nahezulegen, dass die Menschen, die Erben des Himmels sein werden, dies schon auf Erden sind:

Glückselig sind die geistlich Armen, denn ihrer ist das Reich der Himmel!
Glückselig sind die Trauernden, denn sie sollen getröstet werden!
Glückselig sind die Sanftmütigen, denn sie werden das Land erben!
Glückselig sind, die nach der Gerechtigkeit hungern und dürsten, denn sie sollen satt werden!
Glückselig sind die Barmherzigen, denn sie werden Barmherzigkeit erlangen!
Glückselig sind, die reinen Herzens sind, denn sie werden Gott schauen!
Glückselig sind die Friedfertigen, denn sie werden Söhne Gottes heißen!
Glückselig sind, die um der Gerechtigkeit willen verfolgt werden, denn ihrer ist das Reich der Himmel! (Matthäus 5,3–10).

Jesus sagt in den Seligpreisungen – die Abbas al Aqqad als „Shari'ah von Isa" bezeichnet –, das „Reich der Himmel" ist ein Ort, an dem die Sanftmütigen das Land erben werden (Matthäus 5,5); diejenigen, die barmherzig sind, Barmherzigkeit empfangen werden (Matthäus 5,7); die Hungrigen satt werden (Lukas 6,21) und diejenigen, die nach Gerechtigkeit dürsten, satt werden sollen (Matthäus 5,6). Es ist ein Ort, an dem die Trauernden getröstet werden (Matthäus 5,4) und diejenigen, die weinen, wieder lachen können (Lukas 6,21). An einem solchen Ort werden die Friedfertigen stolze Söhne (und natürlich auch Töchter) Gottes sein (Matthäus 5,9), und alle, die ein reines Herz haben, werden Gott sehen (Matthäus 5,8).

Dieses Reich, der Himmel auf Erden, erhoffen und erbeten sich die meisten Menschen – Muslime wie Christen. Und wir alle wünschen uns, dass das die Art von „Land" ist, in dem unsere Enkel einmal leben werden.

Selbst die Veränderung sein, die wir uns für diese Welt wünschen

Und so konfrontiert uns Jesus mit einer Entscheidung: Wollen wir die Veränderung sein, die wir uns für diese Welt wünschen, oder nicht? In der Version der Seligpreisungen, die wir im Lukasevangelium finden, macht Jesus deutlich, was geschieht, wenn wir uns nicht für diesen Lebensstil entscheiden:

Glückselig seid ihr Armen, denn das Reich Gottes ist euer!
Glückselig seid ihr, die ihr jetzt hungert, denn ihr sollt gesättigt werden! Glückselig seid ihr, die ihr jetzt weint, denn ihr werdet lachen!
Glückselig seid ihr, wenn euch die Menschen hassen und wenn sie euch ausschließen und schmähen und euren Namen als einen lasterhaften verwerfen um des Menschensohnes willen.
Freut euch an jenem Tag und hüpft! Denn siehe, euer Lohn ist groß im Himmel. Denn ebenso haben es ihre Väter mit den Propheten gemacht.
Aber wehe euch, ihr Reichen, denn ihr habt euren Trost schon empfangen!
Wehe euch, die ihr satt seid; denn ihr werdet hungern! Wehe euch, die ihr jetzt lacht, denn ihr werdet trauern und weinen!
Wehe euch, wenn alle Leute gut von euch reden! Denn ebenso haben es ihre Väter mit den falschen Propheten gemacht (Lukas 6,20–26).

In Lukas' Bericht über die Seligpreisungen nutzt Jesus den klassischen jüdischen Parallelismus, um zwei unterschiedliche positive und negative Szenarien miteinander zu vergleichen und einander gegenüberzustellen.

Positives Szenario	**Negatives Szenario**
Glückselig seid ihr Armen, denn das Reich Gottes ist euer!	Wehe euch, ihr Reichen (und die unter euch, die erfolgreich sind und einen gewissen Status erreicht haben), denn ihr habt euren Trost schon empfangen!
Glückselig seid ihr, die ihr jetzt hungert, denn ihr sollt gesättigt werden!	Wehe euch, die ihr satt seid; denn ihr werdet hungern!
Glückselig seid ihr, die ihr jetzt weint, denn ihr werdet lachen!	Wehe euch, die ihr jetzt lacht, denn ihr werdet trauern und weinen!
Glückselig seid ihr, wenn euch die Menschen hassen und wenn sie euch ausschließen und schmähen und euren Namen als einen lasterhaften verwerfen um des Menschensohnes willen.	Wehe euch, wenn alle Leute gut von euch reden! Denn ebenso haben es ihre Väter mit den falschen Propheten gemacht.

Jesus macht also deutlich, dass wir uns über die Konsequenzen unserer Entscheidungen im Klaren sein sollen.

Wir können entweder …	**Oder wir können …**
… arm sein (oder eins sein mit denen, die „arm sind im Geist“) und werden dann gesegnete Menschen sein, weil uns das Reich Gottes gehört.	… reich sein (gesellschaftlichen Status und Erfolg haben), aber dann werden wir verflucht sein, weil wir unser Vertrauen allein auf unseren Reichtum gesetzt haben.
… hungrig sein (und nach Gerechtigkeit hungern) und werden gesegnet sein, denn Gott wird unseren Hunger stillen.	… es uns gemütlich machen (und wohlhabend und gut genährt sein), aber dann werden wir verflucht sein, weil uns nichts mehr zufriedenstellt.
… traurig sein (mit denen weinen, die traurig sind) und werden gesegnet sein, weil wir zuletzt lachen werden.	… glücklich sein (mit denen lachen, die lachen), aber dann werden wir verflucht sein, weil es uns am Ende leidtun wird, dass wir uns nicht um Menschen gekümmert haben, denen es schlecht ging.
… wegen unseres Engagements unbeliebt sein (und negative Presse bekommen) und werden gesegnet sein, weil wir in der Tradition anderer Menschen stehen, die ebenfalls mutig und integer gelebt haben …	… beliebt sein (und positive Presse bekommen) sowie mit dem Status quo zufrieden sein, aber dann werden wir verflucht sein, weil wir zwar Berühmtheit erlangt, aber unsere Integrität verspielt haben.

Seien wir ehrlich: **Der Aufruf, arm, hungrig, traurig und unbeliebt zu sein, klingt auf den ersten Blick nicht gerade einladend, oder?** Es ist genau das Gegenteil von dem, was die meisten von uns sich eigentlich wünschen.

Wenn wir aber noch einmal darüber nachdenken, fängt ein solcher Aufruf, arm zu sein – um denen beizustehen, die „arm im Geist" sind –, hungrig zu sein – und nach Gerechtigkeit zu streben –, traurig zu sein – weil wir mit den Weinenden weinen – und unbeliebt zu sein – weil wir uns verpflichtet haben, Jesus mit Integrität zu folgen –, dieser Aufruf fängt an, faszinierend, herausfordernd und aufregend zu klingen.

Und je mehr wir darüber nachdenken, desto mehr wird uns langsam, aber sicher bewusst, dass diese Art zu leben der einzig wahre Weg ist, wenn wir Bürger von Gottes Reich sein wollen. Es ist die einzige Möglichkeit, in der großartigen Tradition der Menschen zu leben, die ihr Leben mit Integrität gelebt haben, die zwar mit Verachtung bedacht wurden, am Ende aber triumphiert haben. Wie mein Freund Brian McLaren sagt: **„Das Reich des Himmels kommt zu denen, die sich nicht nach Sieg sehnen, sondern nach Gerechtigkeit, die keine Rache, sondern Gnade suchen, nach Frieden streben und mutig um der Gerechtigkeit willen bereit sind, Leid auf sich zu nehmen und es nicht zu verursachen."**[4]

Jetzt werden wir eine Entscheidung treffen müssen: Wollen wir selbst die Veränderung sein, die wir uns für diese Welt wünschen – oder wollen wir nicht so leben?

Wenn wir so leben wollen, müssen wir Folgendes sein:

Arm: Und wir müssen uns mit denjenigen identifizieren, die arm im Geist sind.
Mitfühlend: Wir müssen trauern über die Ungerechtigkeit in dieser Welt.
Sanft: Wir müssen über Ungerechtigkeit wütend sein, aber nicht aggressiv.
Hungern und dürsten nach Gerechtigkeit: Und wir müssen für Gerechtigkeit kämpfen.
Barmherzig: Wir müssen denen mit Barmherzigkeit begegnen, die in Not sind.
Reinen Herzens: Wir müssen von ganzem Herzen entschlossen sein, das Richtige zu tun.
Friedensstifter: Wir müssen uns in einer Welt, in der Kriege herrschen, für den Frieden einsetzen.
Verfolgt um der Gerechtigkeit willen: Wir müssen für die gerechte Sache leiden.

Als ich meine Buchreihe *Plan Be* veröffentlichte – drei Bücher darüber, dass die Seligpreisungen der Handlungsrahmen sind, in dem sich Jesu gewaltfreier Kampf für Liebe und Gerechtigkeit abspielt –, bat ich Nora Amath, eine muslimische Freundin und Vorsitzende von *Australian Muslim Advocates of the Rights of All Humanity* (AMARAH), die Bücher einer Gruppe vorzustellen, deren Mitglieder unterschiedlichen Religionen angehören.

Hier einige Auszüge aus ihrer Ansprache:

Friede und Segen sei mit euch allen. Ich fühle mich geehrt, bei der Veröffentlichung der Bücher meines guten Freundes Dave Andrews über die Seligpreisungen dabei sein zu dürfen. Als Dave mich bat, ein paar Worte über seine Bücher zu sagen, dachte ich spontan: „Klaro!" Ich hatte Dave schließlich schon mehrmals über die Seligpreisungen sprechen hören. Eine einfache Sache, meinte ich. Ich las die Bücher und konnte sie nicht mehr aus der Hand legen. Innerhalb von nur zwei Tagen hatte ich sie alle gelesen. Und es waren keinesfalls zwei leichte Tage. Versteht mich nicht falsch: Die Bücher sind sehr gut geschrieben. Aber sie waren eine enorme Herausforderung.

Vor einigen Wochen nahm ich an einem öffentlichen Dialog in einer örtlichen Gemeinde teil, und einer der Teilnehmer fragte mich, ob ich eine „Jesus nachfolgende Muslimin" sei. Meine Antwort war ein ausdrückliches: „Ja! Natürlich bin ich das. Jeder Muslim sollte das sein. Es ist Teil unseres Glaubens. **Ja, ich und andere Muslime glauben daran, dass Jesus auf dieser Erde lebte, um den Menschen Gottes Botschaft zu bringen und sie einzuladen, ihr zu folgen. Also sind wir Nachfolger von Jesus."** *Aber erst nachdem ich Daves Bücher gelesen hatte, wurde mir die wahre Bedeutung dieser Worte bewusst. Drei Bücher später weiß ich nun, was dieser Ausdruck wirklich bedeutet – und mir wird bewusst, dass ich noch einen langen Weg vor mir habe.*

Ich nehme an, es entbehrt nicht einer gewissen Ironie, dass hier eine überzeugte Muslima vor euch steht (schließlich trägt sie einen Hidschab) und über ein Buch spricht, das ein überzeugter Christ über die Bergpredigt von Jesus geschrieben hat. Hier aber, meine Freunde, liegt die Schönheit dieser drei Bücher. Ich glaube, dass die Seligpreisungen ein ethisches Gerüst sind, die mit ihrer Kernaussage und ihrem Wesen sämtliche religiösen Mauern überwinden können und in jeder religiösen Tradition zu finden sind.

Ich dachte lange und intensiv darüber nach, was es bedeutet, als Muslima und als eine Dienerin Gottes die Seligpreisungen zu leben. Um es mit den Schlussfolgerungen aus Daves Buch zu sagen:

Ich möchte mich mehr mit den „Armen im Geist" identifizieren und mehr über die Ungerechtigkeit in dieser Welt trauern.

Ich darf wütend werden, gelobe aber, niemals aggressiv zu sein.

Ich strebe nach Gerechtigkeit, damit Gerechtigkeit geschehen kann, selbst gegenüber meinen Feinden.

Ich möchte allen Menschen in Not mit Erbarmen begegnen.

Ich möchte mit Integrität handeln, und das nicht nur, wenn ich im Licht der Öffentlichkeit stehe.

Ich möchte mich für den Frieden einsetzen, wenn Gewalt herrscht.

Und ich möchte lieber selbst Leid empfinden, als es anderen Menschen zuzufügen.

Ich glaube tatsächlich, nein, ich weiß, dass ihr, wenn ihr über die Bergpredigt nachgedacht habt, erkennen werdet, was ihr selbst tun könnt, um diese Welt zu einem besseren Ort zu machen.

Ihr werdet mit eurem eigenen Glauben eurem Schöpfer dienen und Teil dieser Revolution der Seligpreisungen sein.

Der barmherzige Samariter/Christ/Muslim

Von allen Gleichnissen, die Jesus erzählt hat, gibt es kein passenderes Beispiel für die Verkörperung der Seligpreisungen als die Geschichte des Mannes, den wir als den „barmherzigen Samariter" kennen.

Und siehe, ein Gesetzesgelehrter trat auf, versuchte ihn und sprach: Meister, was muss ich tun, um das ewige Leben zu erben?

Und er sprach zu ihm: Was steht im Gesetz geschrieben? Was liest du?

Er aber antwortete und sprach: „Du sollst den Herrn, deinen Gott, lieben mit deinem ganzen Herzen und mit deiner ganzen Seele und mit deiner ganzen Kraft und mit deinem ganzen Denken, und deinen Nächsten wie dich selbst!"

Er sprach zu ihm: Du hast recht geantwortet; tue dies, so wirst du leben!

Er aber wollte sich selbst rechtfertigen und sprach zu Jesus: Und wer ist mein Nächster?

Da erwiderte Jesus und sprach: Es ging ein Mensch von Jerusalem nach Jericho hinab und fiel unter die Räuber; die zogen ihn aus und schlugen ihn und liefen davon und ließen ihn halb tot liegen, so wie er war. Es traf sich aber, dass ein Priester dieselbe Straße hinabzog; und als er ihn sah, ging er auf der anderen Seite vorüber. Ebenso kam auch ein Levit, der in der Gegend war, sah ihn und ging auf der anderen Seite vorüber. Ein Samariter aber kam auf seiner Reise in seine Nähe, und als er ihn sah, hatte er Erbarmen; und er ging zu ihm hin, verband ihm die Wunden und goss Öl und Wein darauf, hob ihn auf sein eigenes Tier, führte ihn in eine Herberge und pflegte ihn. Und am anderen Tag, als er fortzog, gab er dem Wirt zwei Denare und sprach zu ihm: Verpflege ihn! Und was du mehr aufwendest, will ich dir bezahlen, wenn ich wiederkomme.

Welcher von diesen dreien ist deiner Meinung nach nun der Nächste dessen gewesen, der unter die Räuber gefallen ist?

Er sprach: Der, welcher die Barmherzigkeit an ihm geübt hat! Da sprach Jesus zu ihm: So geh du hin und handle ebenso! (Lukas 10,25–37).

Was ist Ihrer Meinung nach die eigentliche Aussage dieser Geschichte? Meiner Ansicht nach enthält das Gleichnis drei Hauptaussagen:

Erstens: Wir müssen *anderen Menschen mit Erbarmen begegnen.* (Ja. Aber das ist noch nicht alles).

Zweitens: Wir müssen *den Menschen mit Erbarmen begegnen, die nicht so sind wie wir.*

(Ja. Aber wenn das der einzige Punkt war, den Jesus verdeutlichen wollte, wäre in dieser Geschichte der Retter ein Jude und das Opfer ein Samariter).

Drittens und vielleicht der wichtigste Punkt, den Jesus durch diese Geschichte deutlich machen wollte (indem er dem Juden die Rolle des Opfers und dem Samariter die Rolle des Retters zuwies, wo doch die Juden auf die Samariter herabschauten und sie und ihre religiöse Praxis verachteten): **Manchmal werden wir durch einen Angehörigen einer anderen Religion lernen, wie wichtig es ist, den Menschen mit Erbarmen zu begegnen, die nicht so sind wie wir.**

Wenn wir die Geschichte des barmherzigen Samariters vor dem Hintergrund der Seligpreisungen lesen, wird einerseits deutlich, dass Jesus die Anführer seiner eigenen Religion verurteilte, weil sie nicht das praktizierten, was sie predigten. Und andererseits lobte er einen von allen verachteten Angehörigen einer anderen Religion als großartiges Beispiel für all das, worum es in seiner – Jesu – Botschaft ging.

Der barmherzige Samariter verkörperte die Seligpreisungen perfekt. Er identifizierte sich mit dem *armen Mann,* dem er unterwegs begegnete. Er war über das Unrecht, das dem anderen zugefügt worden war, so traurig, als wäre ihm dieses Unrecht selbst zugefügt worden. Er wurde *wütend genug, um zu handeln*, hatte aber seine Wut im Griff und konnte so seine Energie konstruktiv gegen diese Ungerechtigkeit einsetzen. Er *versuchte, dem Opfer gerecht zu werden*, indem er es rettete, obwohl die Samariter traditionell Feinde der Juden waren. Er *begegnete diesem gebrochenen Menschen mit Erbarmen,* indem er seine Wunden mit Öl wusch und ihm einen Verband anlegte. Dann brachte er ihn zur nächsten Herberge und zahlte nicht nur seine Versorgung, sondern bot an, noch mehr zu zahlen, sollte das Geld nicht reichen. Er *handelte mit Integrität*, nicht um der Publicity willen, sondern half dem Mann in aller Ruhe und ging dann wieder seiner Wege. Er baute damit *eine Brücke des Friedens* zwischen Samaritern und Juden und *ging das Risiko ein, von beiden Seiten verlacht zu werden*. Mit anderen Worten: *Der barmherzige Samariter verkörpert auf wunderbare Weise die Seligpreisungen, die in der Bergpredigt gefeiert werden.*

Und Jesus wies abschließend seine Zuhörer an: „Handle du genauso!“

Würde Jesus in der heutigen Zeit die Geschichte des barmherzigen Samariters erzählen, würde er die Rolle des barmherzigen Samariters mit Sicherheit jemandem geben, der von uns mindestens genauso verachtet wird, wie die Samariter von den Juden verachtet wurden.

Wem, glauben Sie, würde Jesus die Rolle des barmherzigen Samariters heute geben?

Ich glaube, er würde es abhängig machen von den Vorurteilen des Menschen, mit dem er sich unterhalten würde. Würde Jesus sich heute mit einem Muslim unterhalten, würde er für die Rolle des barmherzigen Samariters wahrscheinlich einen barmherzigen Christen heranziehen, wie etwa James Wuye oder Leymah Gbowee. Würde er sich mit Christen unterhalten, würde er für diese Rolle wahrscheinlich einen barmherzigen Muslim wählen, wie etwa Muhammad Ashafa oder Malala Yousafzai.

Und Jesus würde abschließend all seinen Zuhörern sagen: „Handle du genauso.“

NACHWORT

Die Befürworter von Gewaltlosigkeit treten traditionell für Gewaltlosigkeit ein, weil diese in ihren Augen an sich eine gute Tugend ist. Wir aber tun gut daran, uns vor Augen zu halten, dass eine Tugend erst dann wirklich gut und wertvoll ist, wenn sie umsetzbar und tragfähig ist – wenn sie aller Wahrscheinlichkeit nach gut „funktioniert", und das zum Wohle aller und über einen langen Zeitraum hinweg.

Erica Chenoweth und Maria Stephen haben in ihrer hervorragenden Studie *Why Civil Resistance Works* (Warum ziviler Ungehorsam funktioniert) …

… 323 historische Beispiele für zivilen Widerstand untersucht, die sich über einen Zeitraum von mehr als einhundert Jahren ereignet haben. In jedem einzelnen Fall handelte es sich um einen intensiven Konflikt, der manchmal mehrere Jahre dauerte und bei dem sozio-politische Bewegungen für den Sturz eines Regimes kämpften oder von der Regierung wichtige Zugeständnisse erzwingen wollten. Vergleicht man die Ergebnisse gewaltsamer und gewaltfreier Methoden, dann ergab die Studie von Chenoweth und Stephan, dass gewaltfreie Methoden wesentlich wirkungsvoller sind als bewaffnete Auseinandersetzungen. In den untersuchten Fällen waren gewaltlose Auseinandersetzungen in 53 % der Fälle erfolgreich, verglichen mit nur 26 %, in denen Gewalt angewendet wurde. Gewaltfreie Methoden waren in demokratischen Regierungsformen und in Diktaturen gleichermaßen erfolgreich.[1]

Die Untersuchung ergab auch, dass gewaltfreie Formen des Kampfes seltener in einen Bürgerkrieg münden und „soziale und politische Veränderungen wahrscheinlicher sind, die dann zu freieren und demokratischeren Gesellschaftsformen führen".[2]

David Cortright sagt über das Buch:

Alle bisherigen Studien über gewaltfreies Vorgehen beruhten auf Einzelfallstudien oder auf moralischer Argumentation. **Die vorliegende Untersuchung zeigt, dass gewaltfreie Aktionen nicht nur in moralischer Hinsicht richtig, sondern dass sie auch in politischer Hinsicht am effektivsten sind.** *Diese Erkenntnisse fordern die traditionelle Sicht von der Wirksamkeit militärischer Interventionen und politischer Macht grundlegend heraus. Die Autoren heben die Bedeutung politischer Legitimation hervor und zeigen auf, dass der Entzug sozialer Zustimmung durch breiten zivilen Ungehorsam Machtverhältnisse verschieben kann.*

Dies ist eine der wichtigsten Studien über den gewaltfreien Kampf seit Gene Sharps The Politics of Nonviolent Action.[3]

Ein großer Teil von *Why Civil Resistance Works* widmet sich der Untersuchung, welche Faktoren von gewaltfreiem Vorgehen am stärksten für den politischen Erfolg verantwortlich sind. „Der entscheidendste Faktor ist das, was sie als ‚Beteiligungsvorteil' bezeichnen: die Fähigkeit gewaltfreier Methoden, eine riesige Zahl von Menschen zu mobilisieren, die sich am politischen Kampf beteiligen". Sie argumentieren, dass „riesige Aktionen mit deutlich größerer Wahrscheinlichkeit erfolgreich sind als zahlenmäßig kleine Aktionen". Mit wachsender Teilnehmerzahl steigt auch die Wahrscheinlichkeit des Erfolges (S. 39). Die Beteiligung der Massen „kann die Machtfundamente eines Regimes untergraben, wenn die Teilnehmer die verschiedenen gesellschaftlichen Bereiche repräsentieren" (S. 30). Massenhafte Beteiligung erklärt auch, warum gewaltlose Bewegungen mit wesentlich größerer Wahrscheinlichkeit demokratische Ergebnisse hervorbringen. Gewaltlose Bewegungen sind ihrem Wesen nach der von der Masse ausgehende aktive Ausdruck des freien Willens. Kam in der Vergangenheit die Führung einer solchen Bewegung an die Macht, waren die Grundlagen eines demokratischen, repräsentativen Regierungssystems schon gelegt.[4]

Im Gegensatz dazu wird in einem bewaffneten Konflikt …

… der Widerstand von einer kleineren, spezialisierten Gruppe von Kämpfern geführt. Ein bewaffneter Aufstand muss mit militärischer Disziplin durchgeführt werden und sein Erfolg hängt von der Unüberwindbarkeit der jeweiligen Befehlsstruktur ab. Im Eifer des Gefechts gibt es keinen Raum für Debatten oder Meinungsverschiedenheiten. Es gelingt bewaffneten Bewegungen weniger gut, unterschiedliche Interessen zusammenzuführen. Darüber hinaus besteht die Gefahr, dass sie in gewaltsame politische Säuberungen umschlagen. Die meisten bewaffneten Revolutionen des 20. Jahrhunderts brachten diktatorische Regime und Unterdrückung hervor. Diejenigen, die mit dem Gewehr siegen, neigen auch dazu, mit dem Gewehr zu herrschen.[5]

Chenoweth und Stephan erfassen auch die politischen Dynamiken, mit denen es gewaltfreien Bewegungen oft gelingt, die Macht schwer bewaffneter Gegner zu untergraben.

Gewaltfreie Proteste können der Unterdrückung durch eine Regierung besser Widerstand leisten als gewalttätige Proteste. In 88 % der untersuchten Fälle wurden Widerstandsbewegungen durch ihre Gegner gewaltsam unterdrückt. Diese Unterdrückung erreichte jedoch in vielen Fällen das genaue Gegenteil und entwickelte sich zum Vorteil für die Herausforderer. Die gewaltsame Unterdrückung von unbewaffnetem Protest löst häufig eine Gegenreaktion aus. Diese führt dann zu einer sympathisierenden Reaktion Dritter, die wiederum zu wachsender Unterstützung der Protestierenden führt und zugleich die politische Legitimation und Unterstützung der Regierung untergräbt. Gewaltfreie Bewegungen führen mit weitaus größerer Wahrscheinlichkeit auch zu Loyalitätsverschiebungen und Seitenwechseln von Regierungsverantwortlichen und Sicherheitskräften. Anhand ihrer Untersuchung der Daten kamen die Autoren zu dem Schluss, dass Überläufe durch Sicherheitskräfte die Erfolgswahrscheinlichkeit eines Protests um bis zu 60 % erhöhen (S. 58).[6]

David Cortright sagt:

Entscheiden sich Widerstandsbewegungen für den bewaffneten Kampf, verringern sich ihre Erfolgsaussichten und erleichtern es der Regierung, selbst Gewalt gegen sie anzuwenden. Werden Soldaten, zivile Angestellte und Dritte mit Gewalt angegriffen, neigen sie dazu, sich hinter das Regime zu stellen. Darüber hinaus ist die Wahrscheinlichkeit geringer, dass ihre Loyalität sich auf die Seite der Regimegegner verschiebt. Wenn die Bevölkerung Angst und Wut empfindet, fordert sie sofort Vergeltungsmaßnahmen, was dazu führt, dass sie die gewaltsame Unterdrückung vonseiten der Regierung unterstützt. Werden Regierungsvertreter und Verantwortliche mit militärischen Mitteln angegriffen, sind sie weit weniger bereit, zu verhandeln und politische Zugeständnisse zu machen.[7]

Das Buch von Chenoweth und Stephan *geht in der Analyse gewaltfreier Vorgehensweisen und politischer Wissenschaft neue Wege, es bleibt aber auch vieles ungesagt. Das Buch beachtet kaum die Rolle von politischer Ideologie. Dabei sind die iranischen und palästinensischen Beispiele und auch die (militärische) Revolution in Ägypten offensichtlich Beispiele dafür, dass der politische Islam* der *Faktor ist, der Massen mobilisiert und politische Veränderungen bewirkt – und das nicht immer in Richtung demokratischer Modelle.*[8]

Deshalb ist es für Christen und Muslime so wichtig, den radikalen, bevollmächtigenden und gewaltfreien Dschihad von Jesus zu praktizieren, der alle Menschen einschließt, gleichgültig, welcher Religion sie angehören.

BIBLIOGRAFIE

Abaza, Ismail. „Baybars al-Bunduqdari: The First Great Slave Ruler of Egypt". http://www.touregypt.net/featurestories/baybars.htm.

Abi-Habib, Maria. „Iraq's Christian Minority Feels Militant Threat". *The Wall Street Journal*, 28. Juni 2014. http://online.wsj.com/articles/iraqs-christian-minority-feels-militant-threat-1403826576.

Adeyemo, Tokenboh. „Lessons from Rwanda". Abhandlung, veröffentlicht während der *Tear Australia Conference*, 1996.

Agnihotri, V. K. *Indian History*. Mumbai: Allied, 2010. Akcam, Taner. *A Shameful Act: The Armenian Genocide and the Question of Turkish Responsibility*. New York: Metropolitan, 2006.

Al-Ghazali. „The Sayings of Jesus". In: *Al-Ghazali Ihya Ulum al-Din*, Buch 4, Abschnitt 35. Karachi: Darul-Ishat, 1993.

Allport, Gordon, und Bernard Kramer. „Some Roots of Prejudice". In: *Journal of Psychology*, S. 22 (1946) S. 9–39.

Al-Mahdy, Amin. „The Muslim Brotherhood and the Egyptian State in the Balance of Democracy". *Metransparent*. http://www.metransparent.com/old/texts/amin_el_mahdi_the_muslim_brotherhood_and_the_egyptian_state.htm.

Alpert, Richard. *Be Here Now*. New York: Crown, 1971.

al-Salhy, Suadad. „Al Qaeda Tightens Grip on Western Iraq in Bid for Islamic State". Reuters. 11. Dezember 2013. http://www.reuters.com/article/2013/12/11/us-iraq-violence-al-qaeda-idUSBRE9BA0O820131211.

Andrews, Dave. *Bismillah – A Christian-Muslim Ramadan Reflection*. Melbourne: Mosaic, 2012.

Andrews, Dave. *Building a Better World*. Sutherland, Australia: Albatross, 1996.

Andrews, Dave. *Christi-Anarchy: Discovering a Radical Spirituality of Compassion*. Eugene, OR: Wipf and Stock, 2012.

Andrews, Dave. *Hey, Be and See: We Can Be the Change You Want to See in the World.* Milton Keynes, UK: Authentic, 2009.

Andrews, Dave. *Isa: A Christian-Muslim Ramadan Reflection*. Melbourne: Mosaic, 2013.

Andrews, Dave. *Plan Be: Be the Change You Want to See in the World.* Milton Keynes, UK: Authentic, 2008.

Andrews, Dave. *See What I Mean? See the Change We Can Be in the World.* Milton Keynes, UK: Authentic, 2009.

Arlandson, James. „A Brief Explanation of the Sword in Luke 22:36". http://www.answering-islam.org/Authors/Arlandson/luke_22_36.htm.

Armajani, Jon. *Modern Islamist Movements: History, Religion, and Politics.* New Jersey: Wiley-Blackwell, 2012.

Armstrong, Karen. *The Battle for God*. New York: Knopf, 2000.

Arnaz, Farouk. „Update: Explosion Was Suicide Attack, Indonesian Police Say". http://thejakartaglobe.beritasatu.com/archive/suicide-bomber-praying-as-he-detonates-bomb-survivor/435595/.

Ashafa, Muhammad. https://www.ashoka.org/fellow/mohammed-ashafa.

Aslan, Reza. *Zealot: The Life and Times of Jesus of Nazareth*. New York: Random House, 2013.

Astren, Fred. *Karaite Judaism and Historical Understanding*. Columbia: University of South Carolina Press, 2004.

Atwan, Abdel Bari. *The Secret History of Al Qaida*. Oakland, CA: University of California Press, 2006.

Auron, Yair. *The Banality of Indifference: Zionism and the Armenian Genocide*. New Brunswick, NJ: Transaction, 2000.

Austin, Greg, et al. *God and War*. Bradford, UK: Department of Peace Studies, 2003.

Babur. *The Baburnama: Memoirs of Babur, Prince and Emperor*. Übersetzt von Wheeler Thackston. Oxford: Oxford University Press, 1996.

Bakhash, Shaul. *Reign of the Ayatollahs*. New York: Basic, 1984.

Balakian, Peter. *The Burning Tigris: The Armenian Genocide and America's Response*. New York: HarperCollins, 2003.

Barclay, William. *Daily Study Bible – Luke 6*. http://www.studylight.org/commentaries/dsb/view.cgi?bk=41&ch=6. *The Gospel of Luke*. Edinburgh: St. Andrew, 1975.

Barraclough, Ray. *Land Rights*. Brisbane: Student Christian Movement, 1988.

Beker, Avi. *The Chosen: The History of an Idea and the Anatomy of an Obsession*. New York: Palgrave McMillan, 2008.

Ben Sills, „Spanish Court to Deliver Verdict in Madrid Train Bombing Case". 31. Oktober 2007. http://www.bloomberg.com/apps/news?pid=newsarchive&sid=a6OX 1U4VoJWM.

Bencheikh, Soheib. „Islam and Secularism". In: *Qantara.de*. http://en.qantara.de/content/interview-with-soheib-bencheikh-islam-and-secularism.

Bender, Jeremy. „Australia Is the Largest Per Capita Contributor of Foreign Fighters to ISIS". In: *Business Insider Australia*. 24. Juni 2014. http://www.businessinsider.com.au/australia-is-major-contributor-of-isis-fighters-2014–6.

Black, George. *Garrison Gautemala*. London: Zed, 1984.

Bloom, Jonathan, und Sheila Blair. „Islam – A Thousand Years of Faith and Power". http://www.socialistworld.net/doc/245.

Blum, William. „Great Moments in the History of Imperialism". *Information Clearing House*. 23. Juni 2006. http://www.informationclearinghouse.info/article13719.htm.

Bowker, John. „Al-Dajjal". In: *Oxford Dictionary of World Religions*. Oxford: OxfordUniversity Press, 1987.

Brinsmead, Robert. *The Two Sources of Morality and Religion*. New York: Henry Holt, 1989.

Broadbent, Edmund H. *The Pilgrim Church*. London: Pickering & Inglis, 1974.

Brown, Ian. *Khomeini's Forgotten Sons: The Story of Iran's Boy Soldiers*. London: Grey Seal, 1990.

Buck, Christopher. *Religious Myths and Visions of America*. Westport, CT: Praeger, 2009.

Budge, Ernest. *The Chronography of Bar Hebraeus*, Vol 1. Piscataway, NJ: Georgias, 2003.

Bulos, Nabih. „Islamic State of Iraq and Syria Aims to Recruit Westerners with Video". *LA Times.com*. 21. Juni 2014. http://www.latimes.com/world/middleeast/la-fg-isis-video-20140620-story.html.
Burke, Jason, und Paddy Allen. „The Five Ages of al-Qaida". *The Guardian*. 11. September 2009. http://www.theguardian.com/world/interactive/2009/sep/10/al-qaida-five-ages-terror-attacks.
Buzan, Barry. *Regions and Powers*. Cambridge: Cambridge University Press, 2003.
Campbell, John. *Nigeria: Dancing on the Brink*. Lanham, MD: Rowman & Littlefield, 2013.
Campbell, John. „Should U.S. Fear Boko Haram?" *CNN*. 1. Oktober 2010. http://edition.cnn.com/2013/10/01/opinion/campbell-boko-haram/index.html.
Canetti, Elias. *Crowds and Power*. London: Penguin, 1960.
Casper, Gretchen. *Fragile Democracies: The Legacies of Authoritarian Rule*. Pittsburgh, PA: University of Pittsburgh, 2009.
Chamieh, Jebran. *Traditionalists, Militants and Liberal in Present Islam*. Montreal: The Research and Publishing House, 1995.
Channer, Alan, Produzent/Regisseur. „The Imam and the Pastor Initiative of Change". London: FLT Films, 2006.
Chenoweth, Erica, und Maria J. Stephan. *Why Civil Resistance Works: The Strategic Logic of Nonviolent Conflict*. New York: Columbia University Press, 2011.
Chisholm, Hugh. „Constantinople, the Capital of the Turkish Empire". In: *The Encyclopædia Britannica*. London: Encyclopædia Britannica, 1911.
Collins, J., „Rwanda". In: *Target* 4. (1994) S. 16.
Conde, Carlos H. „400 Killed by Terrorism in Philippines since 2000, Report Says". *The New York Times*, 30 Juli 2007. http://www.nytimes.com/2007/07/30/world/asia/30iht-phils.4.6902202.htm.
Cortright, David. *Review of Why Civil Resistance Works, by Erica Chenoweth and Maria J. Stephan*. http://www.e-ir.info/2013/01/17/review-why-civil-resistance-works/.
Coulton, G. G. *Inquisition and Liberty*. Gloucester, UK: Peter Smith, 1969.

Cragg, Kenneth. *Jesus and the Muslim: An Exploration*. Oxford: OneWorld, 1999.

Dadrian, Vahakn. *The History of the Armenian Genocide: Ethnic Conflict from the Balkans to Anatolia to the Caucasus*. Oxford: Berghahn, 1995.

Daniel-Rops, Henri, *Cathedral and Crusade*. New York: Dutton, 1957.

Delanoue, Gilbert. „al-Ikhwānal-Muslimūn". In: *The Encyclopaedia of Islam*. Leiden: Brill. http://www.brill.com/publications/online-resources/encyclopaedia-islam-online.

Diamond, Sara. *Spiritual Warfare*. Boston: South End, 1989.

Dietl, Wilhelm. *Holy War*. New York: Macmillan, 1984.

Dixon, John. „How Reza Aslan's Jesus Is Giving History a Bad Name". http://www.abc.net.au/religion/articles/2013/08/09/3822264.htm.

Dominion, Jack. *Authority*. London: Darton, Longman & Todd, 1976.

Durand, Greg L. „Reconstructionism's Commitment to Mosaic Penology: Christian Reconstruction and Its Blueprints for Dominion". http://en.wikipedia.org/wiki/Christian_Reconstructionism.

Dyer, Gwynne. *War*. New York: Carroll & Graf , 2006.

Easwaran, Eknath. *A Man to Match His Mountains*. Petaluma, CA: Nilgiri, 1984.

Eikmeier, Dale. „Qutbism: An Ideology of Islamic-Fascism". In: *US Army War Quarterly*, Parameters (Frühjahr 2007), S. 85–98.

Elegant, Simon. „Indonesia's Dirty Little Holy War". *Time.com*. 17. Dezember 2001. http://content.time.com/time/world/article/0,8599,187655,00.html.

Ellerbe, Helen. *The Dark Side of Christian History*. San Rafael, CA: Morningstar, 1995.

Elliot, Henry M., und John Dowson. *The History of India, as Told by Its Own Historians. The Muhammadan Period, Vol. 1*. London: Trubner, 1867–1877.

Elliott, Charles. *Comfortable Compassion*. London: Hodder and Stoughton, 1987.

Ellul, Jacques. *The Ethics of Freedom*. Grand Rapids: Eerdmans, 1967.

Esack, Farid. *Koran, Liberation and Pluralism*. Oxford: OneWorld, 1997.

Evans, Dominic, und Isra' al-Rube'l. „Convert, Pay Tax, or Die, Islamic State Warns Christians". *Huffington Post*, 19. Juli 2014. http://www.huffingtonpost.com/2014/07/19/islamic-state-christians-_n_5601839.html?utm_hp_ref=religion.

Freud, Sigmund. *The Future of Illusion*. London: Hogarth, 1961.

Frey, Rebecca J. *Genocide and International Justice Global Issues*. New York: Infobase, 2009.

Gandhi, Mohandas. *The Message of Jesus*. Bombay: Bharitya Vidya Bhavan, 1971.

Gasiorowski, Mark J. „The Political Regimes Project". In: *On Measuring Democracy: its Consequences and Concomitants*, Alex Inketes (Hrsg.). New Bruswick: Transaction, 2006.

Gbowee, Leymah. *Mighty Be Our Powers*. New York: Best, 2011.

Gettleman, Jeffrey. „Sudanese Leader Mounts Charm Offensive". *NY Times.com*. 24. Juli 2008. http://www.scribd.com/doc/190795929/NYPD-Westgate-Report#dow.

Glew-Crouch, Peter. *Religion and Helping Behaviour*. Hobart, Tasmania: University of Tasmania, 1989.

Goldhagen, Daniel J. *Hitler's Willing Executioners: Ordinary Germans and the Holocaust*. New York: Knopf, 1996.

Graham, Lloyd. *Deceptions and Myths of the Bible*. New York: Citadel, 1975.

Grossman, Dave. *On Killing*. New York: Back Bay, 2009.

Hafiz, Yasmina. „Sunni and Siite British Imams Denounce ISIS together in New Video". *Huffington Post*, 12. Juli 2014. http://www.huffingtonpost.com/2014/07/12/imams-denounce-isis_n_5579370.html.

Hallett, Robin. *Africa since 1875*. Ann Arbor, MI: The University of Michigan Press, 1974.

Hambaryan, Azat S. *Hay Zhoghovrdi Patmut'yun 6*. Yerevan, Armenia: Armenian Academy of Sciences, 1981.

Hamlin, Rick. „Leymah Gbowee and the Hard Work of Faith". In: *Guideposts*. http://www.guideposts.org/blogs/journey/leymah-gbowee-and-hard-work-faith.

Haught, James A. *Holy Horrors*. Buffalo, NY: Prometheus, 1990.

Hiebert, Paul. „Conversion, Culture, and Cognitive Categories“. In: *Gospel in Context* 1.4 (1978). S. 24–29.

Hillgarth, N. J. *The Conversion of Western Europe*. Englewood Cliffs, NJ: Prentice Hall,1969.

Hosein, Imran N. *Jerusalem in the Qu'ran*. Long Island, NY: Masjid Dar al-Qu'ran, 2002.

Hovannisian, Richard. *The Armenian Genocide: History, Politics, Ethics*. Basingstoke, UK: Palgrave, 1992.

Husain, Muhammad Kamel. *City of Wrong*. Amsterdam: Djambatan, 1958.

Inalcik, Halil. *The Ottoman Empire: The Classical Age 1300–1600*. London: Phoenix, 2000.

Jones, Stanley. *The Way*. London: Hodder & Stoughton, 1947.

Kamen, Henry. *Inquisition and Society in Spain*. Bloomington, IN: Indiana University Press, 1985.

Kelly, Jack. „Egypt's Muslim Brotherhood is Not to be Trusted“. In: *Old Post-gazette*. 22. Januar 2012. http://old.post-gazette.com/pg/12022/1204878–373–0.stm.

Kelsey, Morton T. *The Other Side of Silence*. New York: Paulist, 1976.

Khalid, Khalid M. *Ma'an 'ala-l-Tariq: Muhammad wa-i-Masih*. Cairo: Dar alKutub al Haditha, 1958.

Khan, Maulana Wahiduddin. *The Prophet of Peace*. New Delhi: Penguin, 2009.

Kraybill, Donald. *The Upside Down Kingdom*. Scottdale, PA: Herald, 1978.

Kreider, Alan, und John H. Yoder. „Christians and War“. In: *The History of Christianity*, Tim Dowley (Hrsg.). Berkhamstead, UK: Lion, 1977.

Küng, Hans. *Christianity*. London: SCM, 1995.

Küntzel, Matthias. „Ahmadinejad's Demons, a Child of the Revolution Takes Over“. In: *The New Republic*, 24. April 2006. http://www.matthias-kuentzel.de/contents/ahmadinejads-demons.

Kurkjian, Vahan M. *A History of Armenia*. New York: The Armenian General Benevolent Union of America, 1958.

Lapidus, Ira M. *A History of Islamic Societies*. Cambridge: Cambridge University Press, 2002.

Latourette, Kenneth S. *A History of Christianity*, Bd. 2. New York: Harper & Row, 1975.

Lea, Henry C. *The Inquisition of the Middle Ages*. New York: MacMillan, 1961.

Leonard, Tom. „Osama bin Laden Came within Minutes of Killing Bill Clinton". In: *The Daily Telegraph*, 25. Dezember 2009. http://www.telegraph.co.uk/news/worldnews/asia/philippines/6867331/Osama-bin-Laden-came-within-minutes-of-killing-Bill-Clinton.html.

Levack, Brian P. *The Witch-Hunt in Early Modern Europe*. London: Longman, 1987.

Lewis, C. S. *Der innere Ring*. Basel: Brunnen-Verlag, 1982.

Lincoln, Bruce. *Holy Terrors*. Chicago: University of Chicago Press, 2002.

Lindt, Andreas. „John Calvin". In: *The History of Christianity*, Tim Dowley (Hrsg.). Berkhamstead, UK: Lion, 1977.

Mackey, Sandra. *The Iranians: Persia, Islam and the Soul of a Nation*. New York: Dutton, 1996.

Magid, Mohamed. „Muslims Must Stand Up against the Horrific Attacks against Christians in Nigeria". http://www.huffingtonpost.com/imam-mohamed-magid/muslims-stand-up-against-nigeria-anti-christian-violence_b_1171584.html.

Martin, Malachi. *Decline and Fall of the Roman Church*. New York: Putnam's Sons, 1981.

Marx, Karl. „Freedom of the Press". In: *Selected Writings*, David McLellan (Hrsg.). Oxford: Oxford University Press, 1971.

Massoumi, Mejgan, und Nezar Al Sayyad. *The Fundamentalist City? Religiosity and the Remaking of Urban Space*. New York: Routledge, 2010.

McAlpine, Thomas. *Facing the Powers*. Monrovia, Liberia: MARC, 1991.

McCoy, Terrance. „ISIS, Beheadings and the Success of Horrifying Violence". In: *Washington Post*. 13. Juni 2013. http://www.washingtonpost.com/news/morning-mix/wp/2014/06/13/isis-beheadings-and-the-success-of-horrifying-violence/.

McGirk, Tim, und Shomali Plain. „Lifting the Veil on Taliban Sex Slavery". In: *Time*, 10. Februar 2002. http://content.time.com/time/magazine/article/0,9171, 201892,00.html.

Mclaren, Brian. *Everything Must Change*. Nashville: Thomas Nelson, 2007.

Milgram, Stanley. „The Perils of Obedience". In: *Harper's Magazine* (1974).

http://www.age-of-the-sage.org/psychology/milgram_perils_authority_1974.html.
Milgram, Stanley. *Obedience to Authority: An Experimental View*. London: Tavistock, 1974.
Mir, Hamid. „Osama Claims He Has Nukes: If U.S. Uses N-arms It Will Get the Same Response". In: *Dawn: the Internet Edition*, 10. November 2001. http://www.oocities.org/stopamerica/articles/dawnvw.html.
Moin, Baqer. *Khomeini: Life of the Ayatollah*. New York: Dunne, 2000.
Mooney, Mick. „The Problem with Interpreting Jesus' Words Literally". http://mickmooney.com/literal-interpretation.
Morgan, Diane. *Essential Islam: a Comprehensive Guide to Belief and Practice*. Santa Barbara: ABC-CLIO, 2010.
Morgenthau, Henry. *Ambassador Morgenthau's Story*. New York: Doubleday, 1918.
Muir, William. *The Caliphate: Its Rise, Decline, and Fall from Original Sources*. Whitefish, MT: Kessinger, 2004.
Mulligan, Hugh A. „Columbus Saga Sinking Fast". Associated Press, 8. März 1992.
Murray, Micah J. „The God Who Bleeds" In: *Redemption Pictures*. http://redemptionpictures.com/2013/10/23/the-god-who-bleeds/#sthash.0Id4sOQq.dpuf.
Neill, Stephen. *A History of Christian Missions*. Harmondsworth, UK: Penguin, 1975.
Nigg, Walter. *The Heretics: Heresy through the Ages*. New York: Dorset, 1962.
Pagels, Elaine. *Adam, Eve and the Serpent*. New York: Random House, 1988.
Palmer, J. A. B. „The Origin of Janissaries". In: *Bulletin of the John Rylands Library* 35.1 (1952), S. 448–451.
Panati, Charles. *Panati's Extraordinary Endings of Practically Everything*. New York: Harper & Row, 1989.
Peck, M. Scott. *The People of The Lie*, Melbourne: Rider Books, 1983.
Pensar, Jed. „A Critique of Islamic Dschihad". http://www.krim.org/links/A_Critique_of_Islamic_Dschihad2.htm.
Peretti, Frank. *Die Finsternis dieser Welt*. Wiesbaden: Projektion J, 1990.
Peretti, Frank. *Licht in der Finsternis*. Wiesbaden: Projektion J, 1991.

Plaidy, Jean. *The Spanish Inquisition*. New York: Citadel, 1967.

Qutb, Sayyid. *Milestones*. Chicago: Kazi, 2003.

Radwan, Zahra, und Zoe Blumenfeld. „Surging Violence against Women in Iraq". In: *Inter Press Service*. 27. Juni 2014. http://www.ipsnews.net/2014/06/op-ed-surging-violence-against-women-in-iraq/.

Ramsay, W. M. *Impressions of Turkey during Twelve Years' Wanderings*. London: Hodder and Stoughton, 1897.

Rane, Halim. *Reconstructing Dschihad amid Competing International Norms*. New York: Palgrave Macmillan, 2009.

Robbins, Rossell H. *The Encyclopaedia of Witchcraft and Demonology*. New York: Bonanza, 1981.

Robinson, H. Wheeler. *Christian Doctrine of Man*. Edinburgh: T. & T. Clark, 1913.

Rokeach, Milton. *The Open and Closed Mind*. New York: Basic, 1960.

Roshandil, Jalil, und Chadha Sharon. *Dschihad and International Security*. New York: Macmillan, 2006.

Roth, Cecil. *The Spanish Inquisition*. New York: Norton, 1964.

Runciman, Steven. *A History of The Crusades*, Bd. 1. Cambridge: Cambridge University Press, 1951.

Russell, Jeffrey B. *A History of Medieval Christianity*. New York: Crowell, 1968.

Sardar, Ziauddin. „Rethinking Islam". In: *Islam for Today*. June 2002. http://islamfortoday.com.sardar01.htm.

Satha-Anand, Chaiwat. „The Nonviolent Crescent". In: *Islam and Nonviolence*, Glenn D. Paige et al. (Hrsg.). Honolulu: Center For Global Nonviolence Planning Project, 1993.

Saul, John Ralston. *The Unconscious Civilization*. New York: Simon & Schuster, 1995.

Schaff, Philip. *History of The Christian Church*, Bd. 5. Grand Rapids: Eerdmans, 1952.

Schirazi, Asghar. *The Constitution of Iran*. London: Tauris, 1997.

Sebeos. *The Armenian History attributed to Sebeos*. Übersetzt von R. W. Thomson. Liverpool: Liverpool University Press, 1999.

Sharp, Gene. *Power and Struggle*. Boston: Sargent, 1973.

Shawqi, Ahmand. *Al-Shawqiyyat*, Bd. 2. Beirut: Dar al-'Awah, 1988.

Silinsky, Markus. *Dschihad's Charisma: Mullah Omar, Osama bin Laden and Charismatic Leadership in Afghanistan*. London: Association for the Study of Ethnicity and Nationalities, London School of Economics, 2010. http://www.lse.ac.uk/researchAndExpertise/units/ASEN/Conference/PastConferences/2010/conferencepapers2010/Mark_Slinsky.

Simone, Samira. „Feared Basij Militia Has Deep History in Iranian Conflict". CNN. 22. Juni 2009. http://edition.cnn.com/2009/WORLD/meast/06/22/iran.basij.militia.profile/index.html.

Singer, Peter W. *Children at War*. Berkeley, CA: University of California Press, 2006.

Sly, Liz. „Al-Qaeda Disavows Any Ties with Radical Islamist ISIS group in Syria, Iraq". In: *The Washington Post*, 3. Februar 2014. http://www.washingtonpost.com/world/middle_east/al-qaeda-disavows-any-ties-with-radical-islamist-isis-group-in-syria-iraq/2014/02/03/2c9afc3a-8cef-11e3–98ab-fe5228217bd1_story.html.

Smith, Charles Merrill. *The Pearly Gates Syndicate*. New York: Doubleday, 1971.

Smith, John Holland. *The Death of Classical Paganism*. New York: Scribner, 1976.

Sookhdeo, Patrick. *Global Dschihad: The Future in the Face of Militant Islam*. McLean, VA: Isaac, 2007.

Spencer, Richard. „Iraq Crisis: UN Condemns ‚War Crimes' as Another Town Falls to Isis". In: *The Telegraph*, 16. Juni 2014. http://www.telegraph.co.uk/news/worldnews/middleeast/iraq/10904414/Iraq-crisis-UN-condemns-war-crimes-as-another-town-falls-to-Isis.html.

Stassen, Glen, und David Gushee. *Kingdom Ethics*. Downers Grove, IL: InterVarsity Press, 2003.

Stellaway, Richard. „Religion". In: *Christian Perspectives in Sociology*, Stephen A. Grunlan und Milton Reimer (Hrsg.). Grand Rapids: Zondervan, 1982.

Steward, John. „Rwanda Report". E-Mail eines australischen Arztes über seine Arbeit in Ruanda an den Autor, 1997.

Stewart, Catrina. „Illegal Ivory Trade Funds al-Shabaab's Terrorist Attacks". In: *The Independent*, 6. Oktober 2013. http://www.independent.co.uk/

news/world/africa/illegal-ivory-trade-funds-alshabaabs-terrorist-attacks-8861315.html.
Stouffer, Samuel. *Communism, Conformity and Civil Liberties*. Garden City, NY: Doubleday, 1955.
Stupperich, Robert. „Martin Luther“. In: *The History of Christianity*, Tim Dowley (Hrsg.). Berkhamstead, UK: Lion, 1977.
Stupperich, Robert. „The Taliban's War on Women“. Physicians for Human Rights, August 1998. https://www.law.georgetown.edu/rossrights/docs/reports/taliban.pdf.
Thomas, Keith. *Religion and the Decline of Magic*. London: Penguin, 1971.
Tibi, Basam. *Islam between Culture and Politics*. Basingstoke, UK: Palgrave Macmillan, 2005.
Tompkins, Peter. *The Magic of Obelisks*. New York: Harper, 1981.
Toynvbee, Arnold. Britisches Außenministerium, 371/2781/264888, Anhang B. Kew, UK: British Foreign Office Archives, 6.
Troll, Christian. „The Qu'ranic View of Other Religions: Grounds for Living Together“. In: *Islam and the Modern Age* 18.1 (1987), S. 5–19.
Tuchman, Barbara. *A Distant Mirror*. New York: Ballantine, 1978.
Vryonis, Seporos Jr. *Stanford J. Shaw, History of the Ottoman Empire and Modern Turkey, Vol 1, Empire of the Gazis, the Rise and Decline of the Ottoman Empire: A Critical Analysis*. Thessaloniki: Institute for Balkan Studies, 1983.
Walker, Andrew. „What is Boko Haram?“ US Institute of Peace. Juni 2012. http://www.usip.org/sites/default/files/resources/SR308.pdf.
Walker, Barbara G. *The Woman's Dictionary of Myths and Secrets*. San Francisco: Harper & Row, 1969.
Walker, Christopher. *Armenia: The Survival of a Nation*. London: Croom Helm, 1980.
Webbe, Gale. *The Night and Nothing*. New York: Seabury, 1964.
Weber, Max. *The Theory of Social and Economic Organisations*. Glencoe, IL: Free, 1947.
Whinfield, Edward Henry. *Masnavi-i-Ma'navi: Spiritual Couplets*. London: Trubner, 1887.
Wink, Walter. *Engaging the Powers: Discernment and Resistance in a World of Domination*. Minneapolis: Fortress, 1992.

Wink, Walter. *The Human Being: Jesus and the Enigma of the Son of the Man.* Minneapolis: Fortress, 2001.

Withey, Andree, und Leonie Mellor. „Brisbane Mosque Service Brings Christian and Muslim Leaders Together". ABC News. http://www.abc.net.au/news/2014–09–26/interfaith-service-at-kuraby-mosque-christians-muslims/5771034?&section=news.

Withnall, Adam. „Iraq Crisis: Isis Changes Name and Declares Its Territories a New Islamic State with ‚Restoration of Caliphate' in Middle East". In: *The Independent.* 29. Juni 2014. http://www.independent.co.uk/news/world/middle-east/isis-declares-new-islamic-state-in-middle-east-with-abu-bakr-albaghdadi-as-emir-removing-iraq-and-syria-from-its-name-9571374.html.

Wright, Derek. *Psychology and Moral Behaviour.* Baltimore: Penguin, 1971.

Wright, Lawrence. *The Looming Tower: Al-Qaeda and the Road to 9/11.* New York: Knopf, 2006.

Wright, Robin. *The Last Great Revolution: Turmoil and Transformation in Iran.* New York: Knopf, 2000.

Yar-Shater, Ehsan. „The Crisis of the Early Caliphate". In: *The History of al-Tahari,* Bd. 15. Übersetzt und kommentiert von R. Stephen Humphreys. New York: State University of New York Press, 1993.

York, Kevin. „Analysis of al-Shabaab's Attack at the Westgate Mall in Nairobi, Kenya". New York Police Department. http://www.scribd.com/doc/190795929/NYPD- Westgate-Report#dow.

Zaeef, Abdul Salam. „Taliban Spokesman: Cruel Behavior was Necessary". *Tolonews.com.* 31. Dezember 2011. https://www.youtube.com/all_comments?threaded=1&v=XAJwI-7KWLukas.

Zimbardo, Philip. *The Lucifer Effect.* London: Rider, 2009.

ANMERKUNGEN

Vorwort

1 Ahmed Shawqi, *Al-Shawqiyyat*, Band 2 (Kairo, 1930. Beirut: Dar al-'Awah, 1988), S. 12.

Einführung

1 Morgan, *Essential Islam*, S. 87.

Teil 1: Der Dschihad des Daddschal (Antichrist)

1 Bowker, *Oxford Dictionary of World Religions*, S. 43.
2 Andrews, *Christi-Anarchy.*
3 Khan, *The Prophet of Peace*, S. 155.

Kapitel 1

1 Ellerbe, *The Dark Side of Christian History.*
2 Hillgarth, *The Conversion of Western Europe, S. 49.*
3 Smith, *The Pearly Gates Syndicate, S. 27.*
4 Ebd., *S. 28.*
5 Nigg, *The Heretics, S. 127.*
6 Hillgarth, *The Conversion of Western Europe, S. 46.*
7 Smith, *The Death of Classical Paganism, S. 49.*
8 Ellerbe, *The Dark Side of Christian History, S. 29.*
9 Robinson, *Christian Doctrine of Man*, S. 180.
10 Broadbent, *The Pilgrim Church*, S. 27.
11 Pagels, *Adam, Eve, and the Serpent*, S. 125.
12 Ellerbe, *The Dark Side of Christian History*, S. 28.
13 Graham, *Deceptions and Myths of the Bible, S.* 444.

14 Ellerbe, *The Dark Side of Christian History*, S. 41.
15 Panati, *Panati's Extraordinary Endings*, S. 225–228.
16 Ebd., S. 225–28.
17 Ebd.
18 Ellerbe, *The Dark Side of Christian History*, S. 62.
19 Ebd., S. 52.
20 Schaff, *History of the Christian Church*, S. 775–776.
21 Russell, *A History of Medieval Christianity*, S. 92.
22 Ebd., S. 92.
23 Broadbent, *The Pilgrim Church, S.* 57.
24 Ebd., S. 43.
25 Ebd., S. 49.
26 Ebd., S. 53.
27 Ebd., S. 53–54.
28 Ebd., S. 52.
29 Ebd., S. 53.
30 Ellerbe, *The Dark Side of Christian History*, S. 59.
31 Ebd., S. 62.
32 Ebd., S. 62.
33 Daniel-Rops, *Cathedraland Crusade*, S. 241.
34 Ellerbe, *The Dark Side of Christian History, S.* 64.
35 Daniel-Rops, *Cathedraland Crusade*, S. 276.
36 Ellerbe, *The Dark Side of Christian History*, S. 68.
37 Daniel-Rops, *Cathedraland Crusade*, S. 439–441.
38 Russell, *A History of Medieval Christianity*, S. 159–160.
39 Ellerbe, *The Dark Side of Christian History*, S. 65.
40 Martin, *Decline and Fall of the Roman Church*, S. 134.
41 Haught, *Holy Horrors*, S. 25–26.
42 Daniel-Rops, *Cathedraland Crusade*, S. 547.
43 Lea, *The Inquisition of The Middle Ages*, S. 177.
44 Ebd., S. 174.
45 Robbins, *The Encyclopaedia of Witchcraft and Demonology*, S. 13.
46 Lea, *The Inquisition of the Middle Ages*, S. 214.
47 Plaidy, *The Spanish Inquisition*, S. 139.

48 Ellerbe, *The Dark Side of Christian History*, S. 83.
49 Coulton, *Inquisition and Liberty*, S. 155.
50 Ellerbe, *The Dark Side of Christian History*, S. 83.
51 Ebd., S. 81–82.
52 Ebd., S. 82.
53 Lea, *The Inquisition of the Middle Ages*, S. 233–236.
54 Nigg, *The Heretics*, S. 220.
55 Tompkins, „Symbols of Heresy“, S. 57.
56 Latourette, *A History of Christianity*, S. 689.
57 Ebd., S. 923.
58 Ebd., S. 924.
59 Stupperich, „Martin Luther“, S. 363.
60 Lindt, „John Calvin“, S. 381.
61 Kreider and Yoder, „Christians and War“, S. 24.
62 Mulligan, „Columbus Saga Sinking Fast“.
63 „Columbus“. In: *World Book*, S. 210.
64 „Cortes“. In: *World Book, S.* 368.
65 Neill, *A History of Christian Missions*, S. 169.
66 „Pizarro“. In: *World Book, S.* 530.
67 Latourette, *A History of Christianity, S.* 944.
68 Plaidy, *The Spanish Inquisition*, S. 165.
69 Latourette, *A History of Christianity*, S. 944.
70 Neill, *A History of Christian Missions*, S. 171.
71 Roth, *The Spanish Inquisition*, S. 221.
72 Barraclough, *Land Rights*, S. 2–3.
73 Russell, *A History of Medieval Christianity*, S. 173.
74 Nigg, *The Heretics*, S. 281.
75 Walker, *The Woman's Dictionary of Myths and Secrets*, S. 1004.
76 Thomas, *Religion and the Decline of Magic*, S. 278.
77 Ellerbe, *The Dark Side of Christian History*, S. 127.
78 Levack, *The Witch-Hunt in Early Modern Europe*, S. 105.
79 Kamen, *Inquisition and Society in Spain*, S. 164.
80 Robbins, *The Encyclopaedia of Witchcraft and Demonology*, S. 3.
81 Ebd., S. 241–242.

82 Goldhagen, *Hitler's Willing Executioners*, S. 434.
83 Ebd., S. 14.
84 Ebd., S. 43.
85 Ebd., S. 49–50.
86 Ebd., S. 111.
87 Ebd., S. 110.
88 Ebd., S. 108–109, 111.
89 Ebd., S. 114.
90 Ebd.
91 Diamond, *Spiritual Warfare*, S. 176.
92 Ebd., S. 176.
93 „Living Words Newsletter". *Paralife Ministries* (09/10 1986), S. 8.
94 Diamond, *Spiritual Warfare*, S. 170.
95 Ebd., S. 16–17.
96 Ebd., S. 171.
97 Ebd., S. 166.
98 Ebd., S. 164.
99 Ebd.
100 Ebd., S. 165.
101 Ebd.
102 „You Heard It Right: The Dictator Is an Evangelical Christian". In: *Christianity Today*, 23. April 1982, S. 33.
103 Diamond, *Spiritual Warfare*, S. 165.
104 Black, *Garrison Gautemala*, S. 144.
105 Ebd., S. 144.
106 Diamond, *Spiritual Warfare*, S. 166.
107 Collins, „Rwanda", S. 16.
108 Steward, *Rwanda Report*, S. 1.
109 Adeyemo, „Lessons from Rwanda".
110 Steward, *Rwanda Report*, S. 1.
111 Lincoln, „The Rhetoric of Bush and Bin Laden", *Holy Terrors*, http://www.press.uchicago.edu/Misc/Chicago/481921.html.
112 *BBC News* (6. Oktober 2005), http://www.globalresearch.ca/may-i-quote-you-mr-president/3907.

113 William Blum, „Great Moments in the History of Imperialism".

114 „Afghan Civilians". In: „Costs of War", Watson Institute For International Studies (27. Februar 2001), http://watson.brown.edu/costsofwar/costs/human/civilians/afghan.

115 Ebd.

Kapitel 2

1 Craig Considine, „Overcoming Historical Amnesia: Muslim Contributions to Civilization". http://www.huffingtonpost.com/craig-considine/overcoming-historical-amnesia_b_4135868.html.

2 Ebd.

3 Ebd.

4 Ebd.

5 „Alive and Kickin'". In: *New Internationalist* 370, August 2004. https://newint.org/features/2004/08/01/facts.

6 Arafat, W. N., „New Light on the Story of Banu Qurayza and the Jews of Medina". In: *Journal of the Royal Asiatic Society of Great Britain and Ireland*, 1976, S. 100–107.

7 Meine muslimische Kollegin Nora Amath sagt: „Dieser Vorfall wird im Koran überhaupt nicht erwähnt. Er wurde aufgrund seiner Ungenauigkeiten von einer Reihe von Gelehrten verworfen. Imam Malik, einer der vier einflussreichsten Juristen der islamischen Geschichte, sagt, dass Ibn Ishaq, der über diesen Vorfall berichtet, bekannterweise auch bei anderen Dingen häufig gelogen habe. Selbst wenn diese Geschichte glaubwürdig wäre, muss festgehalten werden, dass hier nicht Mohammed, sondern Sad bin Muadh der Richter war, den sich die jüdischen Stämme selbst zu ihrem Richter ernannt hatten. Bin Muadh sprach Recht auf Grundlage der Gesetze der Thora." Zur weiteren Untersuchung und Diskussion lesen Sie bitte einen Artikel des geschätzten Robert Crane, eines weithin bekannten muslimischen Gelehrten. http://theamericanmuslim.org/tam.php/features/articles/book-review-the-truth-about-muhammad-founder-of-the-worlds-most-intolerant.

8 Pensar, „A Critique of Islamic Dschihad".

9 Muir, *The Caliphate*, S. 261.

10 Lapidus, *A History of Islamic Societies*, S. 200–201.

11 Yar-Shater, „The Crisis of the Early Caliphate", S. 9.

12 Bloom and Blair, „Islam – A Thousand Years of Faith and Power".

13 Budge, *The Chronography of Bar Hebraeus*, S. 117.

14 Astren, *Karaite Judaism and Historical Understanding*, S. 33–35.

15 Siebers, *Religion and the Authority of the Past*, S. 113–115.

16 Meine muslimische Kollegin Nora Amaht sagte: „So verstehen ich und andere Muslime das Wort ‚Dschizya' nicht. Ich zitiere den bedeutenden Scheich Ali Gomma al-Azhar, der feststellt: ‚Wenn es um die Vorstellung von Dschizya geht, bedeutet dieser Begriff nicht, von Nichtmuslimen Strafzahlung zu fordern, weil diese den Islam nicht annahmen, oder als Gnadenmittel, damit diese ihr Leben behalten durften.' Diese Tatsache wird von Sir Thomas Arnold in seinem Buch *The Call to Islam* noch einmal wiederholt, worin er festhält: ‚Diese Steuer wurde, wie vielleicht manche unter uns dachten, den Christen nicht als Strafe für ihre Weigerung auferlegt, den muslimischen Glauben anzunehmen, sondern wurde von ihnen und anderen *Dhimmis* (nicht muslimischen Untertanen) gezahlt, deren Religion sie vom Kriegsdienst befreite. Dafür wurden sie im Gegenzug durch die Waffen der Muselmanen geschützt. Als das Volk von Hirah die vereinbarte Summe bezahlte, erwähnten sie ausdrücklich, dass sie diese Dschizya unter der Bedingung bezahlten, dass die ‚Muslime und ihre Führer uns vor denen beschützen, die uns unterdrücken würden, seien es nun Muslime oder andere' (Sir Thomas Arnold, *Call to Islam*, S. 79–81). Ebenfalls wird berichtet, dass Khaled ibn al-Walid in dem Vertrag, den er mit weiteren Städten in der Nähe von Hira schloss, festhielt: ‚Wenn wir es schaffen, euch zu beschützen, bekommen wir die Dschizya, und falls nicht, hätten wir darauf auch keinen Anspruch.' Als die Muslime die Bedingungen des Vertrages nicht einhalten und die Dhimmis nicht schützen konnten, gaben sie die schon gezahlten Dschizya wieder an diese zurück. Dies geschah während der Herrschaft von Umar ibn al-Chattab, als ihm mitgeteilt wurde, dass Gegenpapst Heraklius eine große Armee aufstellte, um gegen die Muslime zu kämpfen. Aufgrund dieser Umstände schrieb der Heerführer Abu 'Ubaida an sämtliche muslimischen Herrscher der

Städte in der Levante und befahl ihnen, das Dschadzya-Geld wieder zurückzuzahlen. Den Dhimmis schrieb er: ,Wir geben euch euer Geld zurück, weil wir in Kenntnis gesetzt wurden, dass die Römer ein großes Heer aufstellen. Ihr habt die Dschadzya unter der Bedingung bezahlt, dass wir euch beschützen. Das vermögen wir in dieser Situation nicht. Also zahlen wir euer Geld zurück. Dieser Vertrag wird erst wieder gültig, wenn wir den Sieg davongetragen haben.'" http://theamericanmuslim.org/tam.php/features/articles/were-christians-forced-to-pay-the-jizyah-to-spare-their-lives.

17 Pensar, „A Critique of Islamic Dschihad".

18 Runciman, *A History of The Crusades*, S. 35.

19 Ebd., S. 35.

20 Abaza, „Baybars al-Bunduqdari".

21 Sookhdeo, *Global Dschihad*, S. 262.

22 Agnihotri, *Indian History*, S. 23.

23 Elliot und Dowson, *The History of India*, S. 389.

24 Ebd., S. 389.

25 Sookhdeo, *Global Dschihad*, S. 263.

26 Babur, *The Baburnama*, S. 188.

27 Ahmad, „Tarikh-i-Alfi", S. 174.

28 Elliot und Dowson, *The History of India*, Bd. 7, *S. 205.*

29 Khan, „Muntakhabu-l Lubab", S. 300.

30 Sookhdeo, *Global Dschihad*, S. 243.

31 Ebd., S. 227.

32 Inalcik, *The Ottoman Empire*, S. 3.

33 Sookhdeo, *Global Dschihad*, S. 231.

34 Ebd., S. 232.

35 Palmer, „The Origin of Janissarie".

36 Vryonis, „A Critical Analysis of Stanford J. Shaw's *History of the Ottoman Empire and Modern Turkey*", S. 7–60, 62, 68.

37 Inalcik, *The Ottoman Empire*, S. 3.

38 Sebeos, *The Armenian History Attributed to Sebeos, S.* 100–101, S. 246–247.

39 Ebd., S. 150–51.

40 Ebd., S. 109.
41 Kurkjian, *A History Of Armenia*, S. 206.
42 Ebd., S. 206–209.
43 Wolff-Metternich, *German Ambassador to Turkey.* In: *Hovannisian, The Armenian Genocide, xii.*
44 Hambaryan, *Hay Zhoghovrdi Patmut'yun,* S. 6, 22.
45 Balakian, *The Burning Tigris,* S. 25.
46 Ramsay, *Impressions of Turkey,* S. 206–207.
47 Akcam, *A Shameful Act,* S. 24.
48 Balakian, *The Burning Tigris.* S. 445.
49 Akcam, *A Shameful Act,* S. 24.
50 Balakian, *The Burning Tigris,* S. 445.
51 Ebd., S. 57–58.
52 Der damalige deutsche Außenminister Ernst Jack schätzte, dass während des Hamiden-Aufstandes 200 000 Armenier umgebracht und weitere 50 000 aus ihren Heimatprovinzen vertrieben wurden. Französische Diplomaten schätzten die Zahl der Toten auf etwa 250 000. Der deutsche Pastor Johannes Lepsius war in seinen Schätzungen etwas genauer und verzeichnete den Tod von 88 000 Armeniern und die Zerstörung von 2500 Dörfern, 645 Kirchen und Klöstern und die Plünderung von Hunderten Kirchen, von denen 329 in Moscheen umgewandelt wurden. In: Dadrian, *The History of the Armenian Genocide,* S. 155.
53 Akcam, *A Shameful Act,* S. 69.
54 Ebd., S. 86–87.
55 Balakian, *The Burning Tigris,* S. 200.
56 Chisholm, „Constantinople, the Capital of the Turkish Empire".
57 Walker, *Armenia,* S. 200–203.
58 „Armenier werden zum Sterben in die Wüste geschickt; die Türken wurden angeklagt, die Auslöschung einer ganzen Bevölkerungsgruppe zu planen; die Menschen in Karahisar wurden hingerichtet". In: *New York Times,* 18. August 1915.
59 Morgenthau, *Ambassador Morgenthau's Story.*
60 Toynbee, Britisches Außenministerium.
61 Resolution der parlamentarischen Versammlung des Europarates.

„Armenian genocide". http://www.armenian-genocide.org/Affirmation.153/current_category.7/affirmation_detail.html.

62 Bis heute haben 23 Staaten die Geschehnisse dieser Zeit offiziell als Völkermord anerkannt und die meisten Fachleute und Historiker stimmen mit dieser Sicht überein. Die Türkei als offizieller Nachfolgestaat des Osmanischen Reiches lehnt das Wort „Völkermord" als Beschreibung der damaligen Ereignisse ab. In den vergangenen Jahren haben türkische Intellektuelle die Türkei immer wieder dazu aufgerufen, die „Große Katastrophe" anzuerkennen. Und über 30 000 Türken haben ihre Regierung dazu aufgefordert, sich bei den Armeniern zu entschuldigen, wie es die Kurden bereits getan haben. Auf der Grundlage privater Korrespondenz mit Dr. Armen Gakavian, 2014.

63 Beker, *The Chosen*.

64 „Likud-Platform". Knesset.gov.il. http://www.knesset.gov.il/elections/knesset15/elikud_m.html.

65 Hosein, *Jerusalem in the* Koran.

66 Die Palästinensische Nationalcharta vom 17. Juli 1968. Artikel 22, http://www.efg-hohenstaufenstr.de/downloads/texte/plo_charta.html.

67 „The Avalon Project: Hamas Covenant 1988". http://avalon.law.yale.edu/20th_century/hamas.asp.

68 Buzan, *Regions and powers,* S. 215.

69 „Total Casualties, Arab-Israeli Conflict". https://www.jewishvirtuallibrary.org/jsource/History/casualtiestotal.html.

70 „Arab-Israeli Conflict: Basic Facts". www.science.co.il/Arab-Israeli-conflict.asp.

71 Mackey, *The Iranians*, S. 371.

72 Schirazi, *The Constitution of Iran*, S. 151.

73 Bakhash, *Reign of the Ayatollahs*, S. 73.

74 Ebd., S. 73.

75 Moin, *Khomeini: Life of the Ayatollah*, S. 208.

76 Bakhash, *Reign of the Ayatollahs*, S. 61.

77 Mackey, *The Iranians*, S. 291.

78 Bakhash, *Reign of the Ayatollahs*, S. 111.

79 Ebd., S. 111.

80 Ebd., S. 221–222.

81 Wright, *The Last Great Revolution*, S. 126.

82 Roshandil und Sharon, *Dschihad and International Security*, S. 10.

83 Küntzel, „Ahmadinejad's Demons, A Child of the Revolution Takes Over".

84 Singer, *Children at War*, 22; Brown, *Khomeini's Forgotten Sons*, 2; Armstrong, *The Battle for God*, S. 327–328.

85 „Basij Attacking People's Condo at Night". 17. Juni 2009. https://youtu.be/RZae_Q-NpJE.

86 Singer, *Children at war*, S. 22.

87 Simone, „Feared Basij Militia has Deep History in Iranian Conflict". CNN. 22. Juni 2009. http://edition.cnn.com/2009/WORLD/meast/06/22/iran.basij.militia.profile/index.html.

88 „IRAN: Judiciary Official Says Woman to be Stoned for Husband's Murder Not Just Adultery…" In: *LA Times*, Juli 2010. http://latimesblogs.latimes.com/babylonbeyond/2010/07/iran-stoning-sakineh-ashtiani.html.

89 Al-Mahdy, „The Muslim Brotherhood and the Egyptian State in the Balance of Democracy". http://www.metransparent.com/old/texts/amin_el_mahdi_the_muslim_brotherhood_and_the_egyptian_state.htm. Kelly, „Egypt's Muslim Brotherhood Is Not to be Trusted". In: *Old Post Gazette*. 22. Januar 2012. http://old.post-gazette.com/pg/12022/1204878-373-0.stm.

90 Hallett, *Africa Since 1875*, S. 138.

91 Delanoue, „Al-Ikhwānal-Muslimūn".

92 Chamieh, *Traditionalists, Militants and Liberal in Present Islam*, S. 140.

93 Qutb, *Milestones*, S. 63–69.

94 Ebd., S. 130, 134.

95 „Sayyid Qutb's Milestones", Fußnote 24. http://gemsofislamism.tripod.com/milestones_qutb.html#footnote_24.

96 Atwan, *The Secret History of Al Qaeda*, S. 233.

97 Burke und Allen, „The five Ages of al-Qaida".

98 Sookhdeo, *Global Dschihad*, S. 277.

99 Eikmeier, „Qutbism: An Ideology of Islamic-Fascism", S. 89.

100 Burke und Allen, „The five Ages of al-Qaeda".

101 „1986–1992: CIA and British Recruit and Train Militants Worldwide to Help Fight Afghan War". http://www.historycommons.org/context.jsp?item=a86operationcyclone.

102 Wright, *The Looming Tower.*

103 „February 1993 Bombing of the World Trade Center in New York City". http://cns.miis.edu/pubs/reports/wtc93.htm.

104 Ebd., S. 106.

105 Leonard, „Osama bin Laden Came within Minutes of Killing Bill Clinton".

106 „African Embassy Bombings". In: *Online News Hour.* PBS.org. 7. August 1998. http://www.pbs.org/newshour/bb/africa-july-dec98-bomb_8-7.

107 Lincoln, *Holy Terrors.*

108 Lincoln, „The Rhetoric of Bush and Bin Laden". In: *Holy Terrors.*

109 Mir, „Osama Claims He Has Nukes".

110 „El Mundo". http://www.elmundo.es/documentos/2006/04/11/auto_11m.html.

111 Sills, „Spanish Court to Deliver Verdict in Madrid Train Bombing Case".

112 Dietl, *Holy War*, S. 10.

113 „Taliban Massacres Outlined for UN". In: *Chicago Tribune*, 12. Oktober 2001. http://articles.chicagotribune.com/2001-10-12/news/0110120312_1_taliban-fighters-massacres-in-recent-years-mullah-mohammed-omar.

114 Armajani, *Modern Islamist Movements*, S. 48.

115 Zaeef, „Taliban Spokesman: Cruel Behavior was Necessary".

116 „The Taliban's War on Women". *Physicians for Human Rights*, August 1998. https://www.law.georgetown.edu/rossrights/docs/reports/taliban.pdf.

117 Massoumi und AlSayyad, *The Fundamentalist City*, S. 223.

118 McGirk und Plain, „Lifting the Veil on Taliban Sex Slavery".

119 Walker, „What Is Boko Haram?"

120 „Dozens Killed in Nigeria Clashes". Al Jazeera, 24. Dezember 2011. http://www.aljazeera.com/news/africa/2011/12/20111224124241652788.html.

121 „Nigeria: Dozens Dead in Church Bombings and Rioting". BBC, 17. Juni 2012. http://www.bbc.co.uk/news/world-africa-18475853.

122 Campbell, „Should U.S. Fear Boko Haram?“

123 Campbell, *Nigeria: Dancing on the Brink*, S. 139.

124 „Nigeria Violence: ‚Boko Haram‘ Destroy Village“. BBC, 22. Mai 2014. http://www.bbc.com/news/world-africa-27526620.

125 „Al-Shabaab Joining al Qaeda, Monitor Group Says“. CNN, 9. Februar 2012. http://edition.cnn.com/2012/02/09/world/africa/somalia-shabaab-qaeda.

126 Stewart, „Illegal Ivory Trade Funds al-Shabaab's Terrorist Attacks“.

127 York, „Analysis of al-Shabaab's Attack at the Westgate Mall in Nairobi, Kenya“. November 2013. http://s3.documentcloud.org/documents/894158/westgate-report-for-shield-website.pdf

128 Frey, *Genocide and International Justice Global Issues*, S. 365.

129 „Genocide in Dafur“. UN-Menschenrechtsrat. http://www.unitedhumanrights.org/genocide/genocide-in-sudan.htm.

130 Ebd.

131 Gettleman, „Sudanese Leader Mounts Charm Offensive“.

132 „Genocide in Dafur“. UN-Menschenrechtsrat. http://www.unitedhumanrights.org/genocide/genocide-in-sudan.htm.

133 „Lives Destroyed: Attacks on Civilians in the Philippines“. *Human Rights Watch*, Juli 2007. http://www.hrw.org/reports/2007/philippines0707/index.htm.

134 Conde, „400 Killed by Terrorism in Philippines since 2000“.

135 Elegant, „Indonesia's Dirty Little Holy War“.

136 „Who are the Laskar Dschihad?“. BBC News Asia-Pacific, 20. Juni 2000. http://news.bbc.co.uk/2/hi/asia-pacific/770263.stm.

137 „Suicide Bomber Praying as He Detonates Bomb: Survivor“. In: *The Jakarta Globe*, 15. April 2011. http://thejakartaglobe.beritasatu.com/archive/suicide-bomber-praying-as-he-detonates-bomb-survivor/435595/.

138 Arnaz, „Update: Explosion Was Suicide Attack“.

139 Withnall, „Iraq Crisis“.

140 „Islamic State of Iraq and al-Sham“. In: *The Wall Street Journal*, 12. Juni 2014. http://blogs.wsj.com/briefly/2014/06/12/islamic-state-of-iraq-and-al-sham-the-short-answer/.

141 „Islamic State of Iraq and al-Sham“.

142 Bulos, „Islamic State of Iraq and Syria aims to recruit Westerners with video".
143 McCoy, „ISIS, Beheadings and the Success of Horrifying Violence".
144 Abi-Habib, „Iraq's Christian Minority Feels Militant Threat".
145 Al-Salhy, „Al Qaeda tightens Grip on Western Iraq in Bid for Islamic State".
146 Sly, „Al-Qaeda Disavows Any Ties with Radical Islamist ISIS Group in Syria, Iraq".
147 „ISIL Militants Killed More Than 1000 Civilians". RTT News, 24. Juni 2014. http://www.rttnews.com/2340932/isil-militants-killed-more-than-1000-civilians-in-recent-onslaught-in-iraq-un.aspx.
148 Spencer, „Iraq Crisis: UN Condemns ‚War Crimes' as Another Town Falls to Isis".
149 Radwan und Blumenfeld, „Surging Violence against Women in Iraq".
150 Evans und al-Rube'l, „Convert, Pay Tax, or Die. Islamic State Warns Christians".
151 Hafiz, „Sunni and Shiite British Imams Denounce ISIS Together in New Video".
152 Withey und Mellor, „Brisbane Mosque Service Brings Christian and Muslim Leaders Together".

Kapitel 3

1 Zimbardo, *The Lucifer Effect*, S. 5.
2 Peck, *The People of the Lie*, S. 69.
3 Elliot,*The History of India*, S. 389.
4 Sharp, *Power and Struggle*, S. 11–12, S. 18–24.
5 Lewis, *Der innere Ring*, S. 32 und 36.
6 Ebd., S. 35 ff.
7 Ebd., S. 38.
8 Qutb, *Milestones*, S. 130, 134.
9 Ebd., S. 63–69. *Religious Rehabilitation Group*, „Our Message". http://www.rrg.sg/index.php?option=com_content&view=article&id=15%3Aour-message&catid=2%3Aour-message&Itemid=6&limitstart=6.
10 Astren, *Karaite Judaism and Historical Understanding*, S. 33.

11 Ellerbe, *The Dark Side of Christian History*, S. 4.
12 Yar-Shater, „*The Crisis of the Early Caliphate*", S. 9.
13 Ebd., S. 80.
14 Andrews, *Christi-Anarchy*, S. 34.
15 Ebd., S. 34.
16 „Authoritarian Personality-Extremism". In: *A Road to Peace*. http://www.roadtopeace.org/research.php?itemid=366.
17 Ebd.
18 Dominion, *Authority*, S. 11.
19 Kreider und Yoder, „Christians and War", S. 24.
20 Wright, *The Last Great Revolution*, S. 126.
21 Küntzel, „Ahmadinejad's Demons".
22 Rawshandil und Chadha, *Dschihad and International Security*, S. 10.
23 Ebd., S. 12.
24 Andrews, *Building a Better World*, S. 115.
25 Tuchman, *A Distant Mirror*, S. 322.
26 Frey, *Genocide and International Justice*, S. 365.
27 Ebd.
28 Zimbardo, *The Lucifer Effect*, S. 7.
29 Canetti, *Masse und Macht*.
30 Thomas, *Religion and the Decline of Magic*, S. 551.
31 „The Stoning of Soraya M". http://www.mpowerpictures.com/films/the_stoning_of_soraya_m.
32 „Stoned to Death with Her Lover". In: *Daily Mail Australia*, 28. Januar 2011. http://www.dailymail.co.uk/news/article-1350945/Horrific-video-emerges-Taliban-fighters-stoning-couple-death-adultery.html#ixzz2zymVvBao.
33 Weber, *The Theory of Social and Economic Organizations*.
34 Diamond, *Spiritual Warfare*, S. 166.
35 Silinsky, „Jihad's Charism".
36 Sharp, *Power and Struggle*, S. 12.
37 Kamen, *Inquisition and Society in Spain*, S. 161.
38 Khan, „Muntakhabu-l Lubab", S. 300.
39 Sookhdeo, *Global Dschihad*, S. 243.

40 Casper, *Fragile Democracies*, S. 40–50.
41 Gasiorowski, „The Political Regimes Project", S. 110–111.
42 McAlpine, *Facing the Powers*, S. 15.
43 Ebd., S. 12.
44 Milgram beschrieb seine Forschungen 1963 in einem Artikel des *Journal of Abnormal and Social Psychology* und behandelte seine Entdeckungen später ausführlich in seinem 1974 erschienenen Buch *Obedience to Authority: An Experimental View*.
45 Milgram, „The Perils of Obedience".
46 Zimbardo, *The Lucifer Effect*, S. 274.
47 Ebd., S. 275.
48 Ebd., S. 285.
49 Ebd., S. 286.
50 Ebd., S. 287.
51 Ebd., S. 286–287.
52 Ebd., S. 276.
53 Ebd., S. 288.
54 Ebd., S. 273.
55 Levack, *The Witch-Hunt*, S. 97.
56 Ebd., S. 97.
57 Koran 7:27.
58 Buck, *Religious Myths and Visions of America*, S. 136.
59 Ram Dass (Richard Alpert), *Be Here Now*, S. 107.
60 „Sufism: The Mystical Side of Islam". http://www.rim.org/muslim/sufism.htm.
61 Ellerbe, *The Dark Side of Christian History*, S. 12.
62 Freud, *The Future of an Illusion*, S. 30.
63 Marx, „Debates on Freedom of the Press". In: *Early Texts*, S. 35.
64 Kelsey, *The Other Side of Silence*, S. 147.
65 Wink, *Engaging the Powers*, S. 6.
66 Elliott, *Comfortable Compassion*, S. 153.
67 Hiebert, „Conversion, Culture, and Cognitive Categories".
68 Ebd., S. 26–27.
69 Brinsmead, *The Two Sources of Morality and Religion*, S. 5–7.

70 Rokeach, *The Open and Closed Mind.*
71 Wright, *Psychology and Moral Behaviour.*
72 Stouffer, *Communism, Conformity and Civil Liberties.*
73 Ellul, *The Ethics of Freedom*, S. 88–90.
74 Allport und Kramer, „Some Roots of Prejudice".
75 Glew-Crouch, *Religion and Helping Behaviour.*
76 Stellaway, „Religion". In: *Christian Perspectives in Sociology*, S. 54.
77 Ebd., S. 255.
78 Ebd., S. 7.
79 Jones, *The Way*, S. 59.
80 Ebd., S. 57.
81 Ebd., S. 56.
82 „A Common Word Between Us and You. An Open Letter" (2007). http://www.acommonword.com/.

Teil II

1 Khalid, *Ma'an 'ala-l-Tariq*, S. 188–189.
2 Shawqi, *Al-Shawqiyyat*, S. 12.
3 Khalid, *Ma'an 'ala-l-Tariq*, S. 52.

Kapitel 4

1 Grossman, *On Killing.*
2 Ebd., S. 31.
3 Ebd., S. 189.
4 Ebd., S. 110.
5 Ebd., S. 1.
6 Ebd., S. 3.
7 Ebd., S. 23.
8 Ebd., S. 20.
9 Ebd., S. 29.
10 Ebd., S. 6.
11 Ebd., S. 16.
12 Ebd., S. 1.
13 Ebd., S. 162.

14 Ebd., S. 161.
15 Ebd., S. 165.
16 Ebd., S. 142.
17 Ebd., S. 143.
18 Ebd., S. 144.
19 Ebd., S. 31.
20 Ein Armeekorps britischer Streitkräfte im Ersten Weltkrieg, das aus Australiern und Neuseeländern bestand.
21 Ebd., S. 306.
22 Ebd., S. 255.
23 Ebd., S. 254.
24 Ebd., S. 255.
25 Ebd.
26 Ebd.
27 Ebd., S. 256.
28 Ebd.
29 Ebd., S. 36.
30 Ebd., S. 256.
31 Ebd., S. 52.
32 Ebd., S. 150.
33 Ebd., S. 151.
34 Ebd., S. 152.
35 Ebd., S. 111.
36 Ebd., S. 151.
37 Ebd., S. 325.
38 Ebd., S. 329.
39 Ebd., S. 319.
40 Ebd., S. 117.
41 Ebd., S. 58.
42 Ebd., S. 58.
43 Ebd., S. 108.
44 Ebd., S. 170.
45 Religious Rehabilitation Group, „Our Message". R.R.G. Singapore, 2014. http://www.rrg.sg/index.php?option=com_content&view=article&id=

15%3Aour-message&catid=2%3Aour-message&Itemid=6&limitstart =1

46 Ebd., S. 2.

47 „Suicide Bomber Praying as He Detonates Bomb: Survivor“. In: *The Jakarta Globe*, 15. April 2011. http://thejakartaglobe.beritasatu.com/archive/suicide-bomber-praying-as-he-detonates-bomb-survivor/435595.

48 Religious Rehabilitation Group, S. 6.

49 Ebd., S. 1.

50 Ebd., S. 3.

51 Eikmeier, „Qutbism“, S. 85–98.

52 Religious Rehabilitation Group, S. 6.

53 Dyer, *War*, S. 31.

54 Grossman, *On Killing*, S. 150.

55 Religious Rehabilitation Group, S. 1.

56 Grossman, *On Killing*, S. 151.

57 Religious Rehabilitation Group, S. 2.

58 Ebd., S. 6.

59 https://de.wikipedia.org/wiki/Dominionismus.

60 Durand, „Reconstructionism's Commitment to Mosaic Penology“.

61 Religious Rehabilitation Group, S. 6.

62 „Bismillah al rahman al Rahim“, http://wahiduddin.net/words/bismillah.htm. Deutsche Schreibweise nach https://de.wikipedia.org/wiki/Bismillah_ir-Rahman_ir-Rahim.

63 Ebd.

64 Khan, *The Prophet of Peace*, xi.

65 „Bismillah al rahman al Rahim“.

66 Khan, *The Prophet of Peace*, S. 41.

67 Ebd., S. 41–42.

68 Ebd., S. 37.

69 Ebd., S. 157.

70 Ebd., S. 158. Maulana Whahiduddin Khan spricht sich nicht für eine moderne Spaltung zwischen „religiös“ und „säkular“ aus, sondern für eine Unterscheidung zwischen persönlich-moralischer und politisch-imperialer Ebene.

71 Ebd., S. 158.

72 Ebd., S. 161.

73 Ebd., S. 53.

74 Ebd., S. 161.

75 Ebd., S. 158.

76 Sardar, „Rethinking Islam".

77 Tibi, *Islam zwischen Kultur und Politik*, S. 271, 266.

78 Bencheikh, „Islam and Secularism".

79 „Bismillah al rahman al Rahim". http://wahiduddin.net/words/bismillah.htm.

80 Khan, *The Prophet of Peace*, S. 16.

81 Esack, *Qu'ran, Liberation and Pluralism*, S. 114–115.

82 Ebd., S. 118.

83 Ebd., S. 125.

84 Troll, „The Qu'ranic View of Other Religions: Grounds for Living Together".

85 Esack, *Qu'ran, Liberation and Pluralism*, S. 166.

86 Ebd., S. 118.

87 Ebd., S. 151.

88 Dieser Abschnitt erinnert mich an eine Geschichte, die Jesus in den Evangelien erzählte: „Es war aber ein reicher Mann, der kleidete sich in Purpur und kostbare Leinwand und lebte alle Tage herrlich und in Freuden. Es war aber ein Armer namens Lazarus, der lag vor dessen Tür voller Geschwüre und begehrte, sich zu sättigen von den Brosamen, die vom Tisch des Reichen fielen; und es kamen sogar Hunde und leckten seine Geschwüre. Es geschah aber, dass der Arme starb und von den Engeln in Abrahams Schoß getragen wurde. Es starb aber auch der Reiche und wurde begraben. Und als er im Totenreich seine Augen erhob, da er Qualen litt, sieht er den Abraham von ferne und Lazarus in seinem Schoß. Und er rief und sprach: Vater Abraham, erbarme dich über mich und sende Lazarus, dass er die Spitze seines Fingers ins Wasser tauche und meine Zunge kühle; denn ich leide Pein in dieser Flamme! Abraham aber sprach: Sohn, bedenke, dass du dein Gutes empfangen hast in deinem Leben und Lazarus gleichermaßen das

Böse; nun wird er getröstet, du aber wirst gepeinigt. Und zu alledem ist zwischen uns und euch eine große Kluft befestigt, sodass die, welche von hier zu euch hinübersteigen wollen, es nicht können, noch die, welche von dort zu uns herüberkommen wollen. Da sprach er: So bitte ich dich, Vater, dass du ihn in das Haus meines Vaters sendest – denn ich habe fünf Brüder –, dass er sie warnt, damit nicht auch sie an diesen Ort der Qual kommen! Abraham spricht zu ihm: Sie haben Mose und die Propheten; auf diese sollen sie hören! Er aber sprach: Nein, Vater Abraham, sondern wenn jemand von den Toten zu ihnen ginge, so würden sie Buße tun! Er aber sprach zu ihm: Wenn sie auf Mose und die Propheten nicht hören, so würden sie sich auch nicht überzeugen lassen, wenn einer aus den Toten auferstände!" (Lukas 16,19–31).

89 Esack, *Qu'ran, Liberation and Pluralism*, S. 134.

90 Khan, *The Prophet of Peace, S.* 207.

91 Ebd., xi.

92 Easwaren, *A Man to Match His Mountains*, S. 117, 209.

93 Qutb, *Milestones*, S. 63–69.

94 Religious Rehabilitation Group, S. 2.

95 Qutb, *Milestones*, S. 130, 134.

96 Rane, *Reconstructing Jihad amid Competing International Norms*, S. 165.

97 Ebd., S. 168–170.

98 Ebd., S. 186.

99 Ebd., S. 186.

100 Ebd., S. 186–187.

101 Ebd., S. 193.

102 Ebd., S. 141–142.

103 Ebd., S. 178.

104 Ebd., S. 178.

105 Ebd., S. 181.

106 Ebd., S. 190.

107 Ebd., S. 184.

108 Ebd., S. 179.

109 Ebd., S. 183.

110 Ebd., S. 189.

111 Satha-Anand, „The Nonviolent Crescent", S. 10.
112 Ebd., S. 11.
113 Ebd., S. 23.
114 Chenoweth und Stephan, *Why Civil Resistance Works.*
115 Rane, *Reconstructing Jihad amid Competing International Norms*, S. 114–126.
116 Ebd., S. 123–24.

Kapitel 5

1 Andrews, *Isa*, S. 11.
2 Shawqi, *Al-Shawquiyyat*, S. 12.
3 Wink, *The Human Being*, xi.
4 Whinfield, *Masnavi-i-Ma'navi: Spiritual Couplets*, S. 116.
5 Ebd., S. 116.
6 Al-Ghazali, „The Sayings of Jesus". In: *Ihya Ulum al-Din,* Buch 4, Abschnitt 35.
7 Cragg, *Jesus and the Muslim*, S. 167.
8 Ebd., S. 172.
9 Husain, *City of Wrong*, S. 222.
10 Cragg, *Jesus and the Muslim*, S. 177.
11 Khalid, *Ma'an 'ala-l-Tariq*, S. 52.
12 Ebd., S. 52.
13 Cragg, *Jesus and the Muslim*, S. 62.
14 Murray, „The God Who Bleeds".
15 Aslan, *Zealot*, S. 78.
16 Ebd., S. 155–158.
17 Ebd., S. 41.
18 Kraybill, *The Upside-Down Kingdom*, S. 60.
19 Aslan, *Zealot*, S. 78.
20 Dixon, „How Reza Aslan's Jesus Is Giving History a Bad Name".
21 Mooney, „The Problem with Interpreting Jesus' Words Literally".
22 Arlandson, „A Brief Explanation of the Sword in Luke 22,36".
23 „Answers to objections to Christian Pacifism". Plow Creek Mennonite Church. http://www.plowcreek.org/answers.htm.

24 Und damit sind auch Leute wie Mark Driscoll gemeint, der die Passage aus der Offenbarung ganz bewusst aus dem Kontext reißt, in dem davon die Rede ist, dass das „Schwert" Jesus „aus seinem Mund hervorgeht" (Offenbarung 19,21). Gemeint ist aber „das Schwert des Geistes", womit „das Wort Gottes" (Epheser 6,17) gemeint ist. „... denn unser Kampf richtet sich nicht gegen Fleisch und Blut, sondern gegen ... die geistlichen [Mächte] der Bosheit in den himmlischen [Regionen]" (Epheser 6,12).
25 „Answers to Objections to Christian Pacifism".
26 Ebd.
27 Ebd.
28 Shawqi, *Al-Shawquiyyat*, S. 12.
29 Barclay, *Daily Study Bible – Luke 6*. http://www.studylight.org/commentaries/dsb/view.cgi?bk=41&ch=6.
30 Johannes 3,19–20.
31 Matthäus 20,17–19.
32 Webbe, *The Night and Nothing*, S. 109.
33 Peck, *People of the Lie*, S. 269.
34 Khalid, *Ma'an 'ala-l-Tariq*, S. 188–189.
35 Gandhi, *The Message of Jesus*, Vorwort.
36 Ebd., S. 7.
37 Küng, *Christianity*, S. 34.
38 Ebd., S. 35.
39 Barclay, *The Gospel of Luke*, S. 9.
40 Andrews, *Christi-Anarchy*, S. 108–113.
41 Stassen und Gushee, *Kingdom Ethics*, S. 152.
42 „Answers to Objections to Christian Pacifism". http://www.plowcreek.org/answers.htm.
43 Ebd.

Kapitel 6

1 Saul, *The Unconscious Civilization*, S. 136–137.
2 Easwaran, *A Man to Match His Mountains*, S. 63.
3 Ebd., Vorwort.
4 Ebd., S. 88–89.

5 Ebd., S. 117, 209.
6 Ebd., S. 110–112.
7 Ebd., S. 113.
8 Ebd., S. 122–124.
9 Ebd., S. 110–112.
10 Gbowee, *Mighty Be Our Powers*, S. 50.
11 *2009 Gruber Foundation Women's Rights Prize*: http://gruber.yale.edu/womensrights/press/2009-gruber-womens-rights-prize-press-release.
12 Gbowee, *Mighty Be Our Powers*, S. 88.
13 WANEP: http://www.wanep.org/wanep/about-us-our-story/about-us.html.
14 Gbowee, *Mighty Be Our Powers*, S. 101.
15 Ebd., S.107–108.
16 Ebd., S. 109.
17 Ebd., S. 148.
18 Ebd., S. 122.
19 Hamlin, „Leymah Gbowee and the Hard Work of Faith".
20 Gbowee, *Mighty Be Our Powers*, S. 126.
21 Ebd., S. 129.
22 „Peace warrior for Liberia". *Intent blog*, 20. Juli 2009. http://intentblog.com/leymah-gbowee-peace-warrior-liberia.
23 Gbowee, *Mighty Be Our Powers*, S. 128, 135.
24 Ebd., S. 136.
25 Ebd., S. 127.
26 Ebd., S. 147.
27 Ebd., S. 140–141.
28 Ebd., S. 161.
29 Ebd., S. 161–162.
30 Ebd., S. 164.
31 Ebd., S. 163.
32 „The Nobel Peace Prize for 2011 – Press Release". Nobelprize.org. http://www.nobelprize.org/nobel_prizes/peace/laureates/2011/press.html.
33 „Leymah Gbowee". In: *Nobel Peace Laureates,* Peace Jam. http://www.peacejam.org/laureates/Leymah-Gbowee-13.aspx.

34 „Imam Muhammad Ashafa". *Ara Pacis Initiative.* http://www.arapacis-initiative.org/en/events-ans-news/35-imam-mohammad-ashafa.

35 Ebd.

36 Ebd.

37 Channer, *The Imam and the Pastor Initiative of Change,* FLT Films, 2006.

38 „A Discussion with Pastor James Wuye and Imam Muhammad Ashafa". Berkley Center. http://berkleycenter.georgetown.edu/interviews/a-discussion-with-pastor-james-wuye-and-imam-muhammad-ashafa.

39 Channer, *The Imam and the Pastor Initiative of Change.*

40 „A Discussion with Pastor James Wuye and Imam Muhammad Ashafa".

41 Ebd.

42 „Imam Muhammad Ashafa and Pastor James Wuye, Laureates of the Foundation".

43 Ebd.

44 Ebd.

45 „Hessischer Friedenspreis 2013 für Imam Dr. Muhammad Ashafa und Pastor Dr. James Wuye". https://www.hsfk.de/no_cache/service/news/news/hessischer-friedenspreis-2013-fuer-imam-dr-muhammad-ashafa-und-pastor-dr-james-wuye.

46 Ebd.

47 https://www.ashoka.org/fellow/mohammed-ashafa.

48 http://themuslim500.com/profile/imam-muhammad-ashafa.

49 Magid, „Muslims Must Stand Up against the Horrific Attacks against Christians in Nigeria".

Der Jesus-Dschihad auf den Punkt gebracht

1 Nachzulesen in Johannes 18,36.

2 Johannes 18,36 (Einheitsübersetzung).

3 Nach Johannes 15,19.

4 Mclaren, *Everything Must Change*, S. 177.

Nachwort

1 Cortright, *Review of Why Civil Resistance Works.* http://www.e-ir.info/2013/01/17/review-why-civil-resistance-works.

2 Ebd.

3 Ebd.

4 Ebd.

5 Ebd.

6 Ebd.

7 Ebd.

8 Ebd.

Der Verlag weist ausdrücklich darauf hin, dass im Text enthaltene externe Links nur bis zum Zeitpunkt der Buchveröffentlichung eingesehen werden konnten. Auf spätere Veränderungen hat der Verlag keinerlei Einfluss. Eine Haftung des Verlags für externe Links ist stets ausgeschlossen.

MIX
Papier aus verantwortungsvollen Quellen
FSC® C014496

Originally published in the U.S.A. under the title: *The Jihad of Jesus*

1. Auflage 2017
Bestell-Nr. 817245
ISBN 978-3-95734-245-4

Überarbeitung: Mohamed Laabdalaoui und Kai Sutrisno Scheunemann
Umschlaggestaltung: Björn Steffens
Satz: Uhl + Massopust, Aalen
Druck und Verarbeitung: GGP Media GmbH, Pößneck
Printed in Germany

www.gerth.de